I0605079

Devocional para la Familia

Creciendo juntos en Cristo

Tomo 1

Por Michael Grady

Devocional para la Familia - Tomo 1
Creciendo juntos en Cristo
Publicado por Monsgo® 2024 una división de Vida Trading company LLC
1218 Interstate Blvd. Florence, SC 29501
www.monsgo.com

Originally published in english by Morgan James Publishing under the title "Making God Part of your Family. The Family Bible Study book"
Escrito por Michael Grady

ISBN: 978-1-949206-62-3

Diseño y diagramación: Alejandro Aparicio
Fotografía: Vyshnova

Traducción por World Connect Lima SAC

Impreso en Colombia

A mi madre

Dedico este libro a mi madre, la ya fallecida Martha Grady. Cuando tenía cinco años, empezó a contarme historias bíblicas. Cuando tenía doce años, me convenció de que era lo suficientemente grande para leer la Biblia por mi cuenta cada día, un hábito que he mantenido durante los últimos cincuenta y tres años. El año en que cumplí diecisiete años me desafió diciendo que era tiempo de estudiar la Biblia. Al mismo tiempo me dio un libro que abrió mis ojos a las verdades que la Biblia comparte con nosotros si tan solo nos tomáramos el tiempo de buscar la Palabra de Dios. En todo momento me animó a compartir mis conocimientos y mi amor por Dios con los demás. Además, ella fue una narradora de la que he aprendido mucho. Así que, en su memoria, le ofrezco este libro de estudio en forma de cuento como mi regalo para usted.

Tabla de Contenidos

Agradecimientos

A la edad de diecisiete años leí mi primer libro de estudio bíblico, *Portraits of Christ in Genesis [Retratos de Cristo en Génesis].* Este libro revela desde el principio que Dios tiene un plan para la humanidad que incluye nuestra necesidad de Jesús como nuestro Salvador. El autor, Dr. M. R. DeHaan, que fundó Radio Bible Class, me proporcionó una base de verdades bíblicas que no ha cambiado en los últimos cuarenta y ocho años. Por consiguiente, mi libro presenta una gran influencia por parte del Dr. DeHaan. Si bien los dos libros no son similares en cuanto a propósito, utilicé algunas de sus descripciones al elaborar los retratos de Cristo.

Agradezco mucho a *Free Bible Images (www.freebibleimages.org)* por la generosa contribución de sus ilustraciones en este libro. Es importante que las familias tengan una perspectiva visual mientras leen y escuchan las verdades presentadas en cada historia. Además, también me han influido mucho los niños de primaria a los que he tenido el privilegio de enseñar durante los últimos treinta años, y les agradezco todas sus palabras de aliento.

Muchas de las citas bíblicas de este libro han sido parafraseadas por mí para facilitar la lectura de la historia.

Introducción a Devocional para la Familia

Si usted es como la mayoría de familias, probablemente su agenda esté más ocupada que nunca. Las prácticas deportivas y de baile, los deberes, los juegos de computadora, los proyectos escolares, las responsabilidades familiares y los horarios de trabajo de los padres en conjunto, hace que sea muy difícil encontrar tiempo para pasar juntos en familia, lo que deja poco o ningún tiempo para Dios. Si una relación con Dios y aprender más sobre Él es importante para usted y su familia, este libro es para usted.

La lectura de la Biblia puede convertirse fácilmente en un deber o una tarea, y cuando los hijos nos dicen lo aburrida que es, resulta fácil dejarla de lado. Así, lo que debería ser una alegría puede convertirse en una discusión familiar y en una carga que no vale la pena. ¿Pero qué pasaría si el tiempo dedicado fuera agradable? La verdad es que la Biblia está llena de historias sobre familias como la nuestra. Si los acontecimientos de la Biblia ocurrieran hoy, veríamos titulares de periódicos como "Joven detenido acusado de matar a su hermano", o "Esposo y esposa obligados a abandonar su país por no seguir los ritos religiosos", o "Diez hombres acusados de vender a su hermano como esclavo". Pero también son importantes las historias familiares de amor y romance, de perdón y comprensión.

Desde el principio, aprendemos que los cristianos son miembros de la familia de Dios, desde Adán y Eva, e introducidos directamente en el árbol genealógico de Dios a través de la cruz de Jesucristo. Así que estas no son solo historias sobre familias tan imperfectas como la suya, sino que son historias sobre su familia, la familia de Dios.

Un libro devocional para la familia: no un simple libro de cuentos

Si ha estado buscando una forma de leer la Biblia a sus hijos o con ellos que sea de interés para una variedad de grupos de edad, esta puede ser su respuesta. La mayoría de los libros de cuentos están orientados a niños pequeños y son demasiado simplistas para que los adultos y los niños mayores los disfruten. Por otro lado, los que están escritos como libros de estudio bíblico son para estudiantes de la Biblia mayores y más serios.

Como profesor metodista unido de la Biblia para niños y adultos durante más de treinta años, he descubierto que muy pocas personas tienen siquiera un conocimiento básico de la Biblia. Al tratar de ayudarlos a aprender fuera de la mañana del domingo, he luchado por encontrar recursos que involucren a toda la familia. Además, he descubierto que demasiadas personas caen en la trampa de creer que estos relatos tienen poco que ver con la vida cotidiana o la historia personal, o peor aún, los descartan como meras historias. A lo largo de la Biblia, Dios tiene un mensaje que nos cambiará la vida si nos tomamos el tiempo de leer y escuchar su Palabra.

Por eso, aunque este libro cuenta las historias de la Biblia, no es solo un libro de cuentos bíblicos. Puede ser un libro de estudio en pequeñas dosis que inviten a la reflexión, principalmente para la familia que desea familiarizarse más con la Biblia, especialmente con el Antiguo Testamento. Por esta razón, las historias están escritas para que resulten atractivas para toda la familia: padres, adolescentes y, sobre todo, niños en edad escolar.

Haga que Dios forme parte de su familia es ideal para la familia que desea una herramienta bíblica flexible para mejorar el camino cristiano de todas las edades. Por ejemplo, el texto está diseñado para que su familia lea y debata las historias juntos. En este sentido, mi experiencia al leer estas historias a niños de primaria y adolescentes ha demostrado que entre treinta a cuarenta y cinco minutos es una buena cantidad de tiempo para dedicar a la lectura y al debate de cada historia. Sin embargo, el libro también se puede usar para una lectura nocturna con niños de primaria mayores (de ocho a doce años). Cada historia puede leerse en diez o doce minutos y les dejará "alimento para la reflexión". Finalmente, este libro de historias bíblicas se puede utilizar como un estudio profundo para los cristianos maduros que quieran ahondar en la Palabra de Dios buscando las escrituras que se proporcionan al final de cada historia.

Ya sea si utiliza las historias para estructurar un extenso debate familiar, leer las historias al momento de dormir con sus hijos, o dedicar el tiempo para el estudio personal de la Biblia y luego compartir lo que aprendió, su familia:

- desarrollará un mejor y más profundo entendimiento de Dios, nuestro Padre, y su Hijo, Jesús
- aprenderá cómo somos parte de la familia de Dios
- aprenderá cómo Dios espera que vivamos entre las alegrías y penas de la vida
- aplicará las lecciones prácticas y verdades eternas a las situaciones que enfrentamos en la actualidad

Espero que este libro una a su familia, estableciendo claramente su identidad familiar no solo por su apellido, sino como hijos de Dios y hermanos y hermanas de Jesús. Estas historias ofrecen una combinación única: son lo suficientemente sencillas para que sus hijos las entiendan y lo suficientemente profundas para ayudar a los padres a crecer en el conocimiento y la sabiduría de la Palabra de Dios. Cada miembro de la familia puede comprender las verdades según su nivel individual de comprensión. Puede leer las historias una y otra vez, obteniendo cada vez una comprensión más profunda de nuestra identidad como hijos de Dios y su propósito para nuestras vidas.

Con mucha frecuencia he escuchado a la gente decir que la Biblia es difícil de entender. Si su familia piensa que la Biblia es aburrida, es probablemente porque se enredan mucho en los detalles. Por eso, este libro se mantiene en la línea argumental principal. Muchas de las historias son todo menos aburridas. Pero quiero que sean más que historias. Quiero que su familia vea realmente cómo estas son sus historias familiares con mensajes útiles, incluso que cambian la vida, preservados por Dios mismo. El propósito es presentar toda la verdad de la Biblia, dejando fuera las partes que hacen que muchos pierdan el interés y añadiendo ideas para ayudar al lector/oyente a desarrollar una mejor comprensión de la Palabra de Dios.

Aunque no es fácil encontrar el momento, este libro puede ayudar a que todos disfruten del tiempo juntos. Es más, puede descubrir que pasar tiempo con Dios realmente crea tiempo. Una vez que conozca cuáles son las prioridades de Dios para su familia, será mucho más fácil dejar de lado las actividades que considere menos importantes, lo que resultará en una vida familiar más tranquila, más rica y más pacífica. Pasar tiempo con Dios es una inversión que no puede dejar pasar.

Panorama bíblico: preparándonos para el estudio

La Biblia (la Palabra) es el mensaje de Dios para todas las personas. A través de su Palabra encontramos que su mensaje comienza y termina con la revelación de Jesucristo; es decir, Dios diciéndonos quién es Jesús. Dentro de cada historia bíblica, Dios comparte con nosotros:

- la historia de la humanidad desde principio a fin (nuestra historia familiar)
- una guía para vivir nuestras vidas en la tierra
- lo más importante para nosotros, quién es Dios y su plan de salvación

El Antiguo Testamento está dividido en tres secciones principales: (1) La historia y la Ley, (2) poesía y sabiduría, y (3) los profetas. Sin embargo, todos los libros señalan a Jesús, el Hijo de Dios. Jesús, en sus enseñanzas, nos dice que todo el Antiguo Testamento es un libro profético, o de mensajes de Dios sobre el futuro. Jesús les dijo a los líderes religiosos de su época que Moisés había escrito sobre Él, lo que confirma que Génesis es un libro de profecías e historias ilustradas que nos muestran quién es Jesús. Además, Jesús nos dice que los Salmos y otros libros del Antiguo Testamento hablan de su vida y de cómo nos salvará. Estos pronunciamientos de Jesús son afirmados por Pablo y otros autores de los libros del Nuevo Testamento.

Retratos de Cristo

Podemos ver cómo esto se desarrolla a medida que Dios presenta la historia de la humanidad a través de su Palabra. Vemos imágenes o retratos de Jesús ocultos en las historias del Antiguo Testamento de los patriarcas, los antiguos padres (la familia de Dios de la que se habla en la Biblia). En estas imágenes no solo vemos a Jesús, sino que también conocemos el plan de Dios para rescatarnos. Además, a través de estas historias aprendemos cómo Dios nos llama a vivir a su manera. Muchas de estas revelaciones están rodeadas de misterio hasta que se revelan en el Nuevo Testamento. Es posible que algunas aún no las entendamos. Afortunadamente, una vez que la luz de Dios se ha derramado sobre estas historias del Antiguo Testamento, vemos cómo se desarrolla el plan de Dios.

Las imágenes que Dios nos presenta en el Antiguo Testamento tienen diferentes formas, tamaños y matices. Algunas son audaces y claras, como el retrato de Abraham sacrificando a su hijo Isaac, como un increíble símbolo de Dios sacrificando a su propio Hijo por nosotros. Otros retratos son como siluetas, lo que hace algo difícil determinar quién está en la imagen. Pero para quienes profundizan y estudian la Biblia, las siluetas se convierten en la innegable imagen que Dios quiso pintar para nosotros.

Por ejemplo, supongamos que a alguien que no me conoce muy bien se le muestra una imagen de mi hija. Esta persona no podría ser capaz de decir quién es y, sin duda, no sabría mucho sobre ella. Pero si a alguien que ha pasado tiempo conmigo y mi familia le muestro las imágenes, fácilmente podría reconocer a mi hija y llamarla por su nombre. De la misma forma sucede con nuestras lecturas del Antiguo y Nuevo Testamento. Cuanto más nos acercamos a ellas, más claras se vuelven las imágenes, aunque algunas sigan siendo un misterio. Con un estudio más profundo de la Biblia, somos capaces de entender las imágenes que Dios nos ha presentado: un retrato sobre cómo debemos vivir.

Entonces, ¿por qué ha elegido Dios hablar con imágenes y misterios en lugar de ser más directo? Jesús dio la respuesta a los discípulos cuando le preguntaron: "¿Por qué hablas en parábolas?". Su respuesta fue que quería que estudiáramos sus historias. Aquellos que pensaban que las historias eran tontas o sin importancia se perderían el verdadero significado y las ignorarían. Solo los que estuvieran verdaderamente interesados en Él se tomarían el tiempo de comprender. Al abrir los ojos y los oídos a la Palabra de Dios, descubrimos su significado; quien nos guía en este esfuerzo es el Espíritu Santo. El Espíritu Santo es Dios en forma de espíritu enviado para vivir dentro de los corazones de todos los que creen que Jesús murió y resucitó de nuevo por nosotros.

¿Qué tan ciertas son estas historias?

De acuerdo, entonces nos presentan estas historias para mostrarnos quién es Dios y cuál es su plan para nosotros. Pero, ¿son solo imágenes e historias o son sobre personas reales? En los Evangelios, Jesús habla sobre hombres, mujeres y niños del Antiguo Testamento como personas reales que vivieron en la historia. Algunos ejemplos pueden ser de ayuda. Él dijo: "Como fue en los días de Noé, así también será en los días del Hijo del Hombre". Señaló a otros: "Antes que Abraham fuese, yo soy" (Yo Soy es el nombre principal de Dios en el Antiguo Testamento). Incluso habla sobre historias que son difíciles de creer, como cuando dijo: "Asimismo como sucedió en los días de Lot [...] salió de Sodoma, llovió del cielo fuego y azufre [...] así será el día en que el Hijo del Hombre se manifieste [...]. Acordaos de la mujer de Lot [quien se convirtió en una estatua de sal]", y finalmente: "Porque como estuvo Jonás en el vientre del gran pez tres días y tres noches, así estará el Hijo del Hombre en el corazón de la tierra tres días y tres noches". Jesús compara los sucesos de su vida personal con historias del Antiguo Testamento sensacionalistas y a veces difíciles de creer. Jesús afirma que sus futuros acontecimientos fueron tan reales como estas historias del Antiguo Testamento. Por lo tanto, si Jesús habló de ellos como personas reales, ¿por qué no habríamos de hacerlo nosotros? Sin embargo, el hecho de que usted crea o no que estas historias fueron eventos históricos no cambiará las importantes aplicaciones prácticas que le proporcionarán a usted y a su familia, y el mensaje que Dios revela con respecto a su plan para todos nosotros.

Tomo 1: El Pentateuco

Devocional para la Familia (Tomo 1) abarca las historias principales de los cinco primeros libros de la Biblia, llamado Pentateuco. Las historias comienzan con el plan de Dios de crear a la humanidad a su imagen y de formar parte de su familia. Sin embargo, con mucha frecuencia los humanos actuamos tan mal que Dios tuvo que proporcionar una forma de salvarnos de nosotros mismos. Finalmente, Dios decide tratar con una persona, Abraham, y a través de una serie de milagros Abraham y sus descendientes se convierten en una familia que Dios trata como su pueblo escogido. A través de estas historias, Dios revela su plan para que todos nosotros, no solo los hijos de Abraham, volvamos a tener una relación con Él a través del propio Hijo de Dios. Aprendemos que se trata de personas reales con problemas reales que no difieren de los nuestros. Hay grandes victorias militares en batallas con sus enemigos, una enorme riqueza seguida de pobreza, e incluso esclavitud. El tomo 1 de esta serie de libros termina con el pueblo de Dios siendo guiado desde la esclavitud hacia un nuevo comienzo en la tierra prometida.

Cómo usar este libro

Si lee este libro en familia, le animo a que simplemente lea las historias en voz alta. Siéntase libre de hacer una pausa en medio de cada lectura para discutir un punto específico o para relacionar la historia con un evento o situación en la vida de su familia, convirtiéndose así en sus historias familiares. Después de cada historia hay dos secciones. La primera sección incluye preguntas y comentarios para seguir analizando, ayudando así a que los detalles de la historia penetren de forma más profunda en sus vidas. La segunda sección incluye notas y referencias a otros pasajes bíblicos relacionados, para que su familia pueda aprender más sobre el significado y la importancia detrás de ciertas partes de la historia. Siéntase libre de buscar y leer estas referencias en conjunto, dependiendo de la edad, las necesidades y los intereses de su familia.

No basta con percibir estas historias como su propia historia familiar; también son la Palabra de Dios escrita para usted. Dios le ha dado el regalo de la Biblia para ayudarle a desarrollar una relación estrecha con Él y para darle instrucción y consuelo en cada circunstancia de su vida, ya sea significativa, abrumadora o aparentemente sin importancia. Espero que cada vez que lea este libro, no solo encuentre nuevos detalles que antes no veía, sino que, aún más importante, crezcan juntos como familia y en su relación con Dios.

1

La historia de la creación

Génesis 1

En el principio creó Dios los cielos y la tierra. Y la tierra estaba desordenada y vacía, y las tinieblas estaban sobre la faz del abismo, y el Espíritu de Dios se movía sobre la faz de las aguas. Y dijo Dios: "Sea la luz; y fue la luz". Y vio Dios que la luz era buena; y separó Dios la luz de las tinieblas. Y llamó Dios a la luz Día, y a las tinieblas llamó Noche. Y fue la tarde y la mañana: Día[1].

¡Qué Dios tan poderoso tenemos! Él habló y fue la luz. Observe que la creación ocurrió cada día mientras Dios hablaba. Dios es alguien a quien debemos honrar y respetar como creador de todas las cosas.

Línea de tiempo de la creación

Cuando crecía entre los años 1950 y principios de 1960, me enseñaron que la creación de Dios ocurrió en seis días terrestres. En esa época, mucha gente empezó a cuestionar este período de seis días de la creación. La ciencia y la historia de la creación en seis días no coincidían. A lo largo de los años, mientras estudiaba la Biblia, descubrí que es la interpretación del hombre la que se equivoca en lugar de que haya una inconsistencia en la Biblia. Aunque hay muchas cosas que no podemos explicar, muchas otras cosas de la Biblia pueden ser explicadas. Exploremos más a fondo esta historia de la creación de seis días para ver si podemos llegar a una explicación aceptable.

Es cierto, la Biblia dice que los cielos y la tierra fueron creados en un período de seis días. Pero, ¿cuánto duró cada día? ¿Moisés escribe sobre períodos de veinticuatro horas? Bueno, el primer capítulo del Génesis deja bastante claro que no son días de veinticuatro horas. ¿Cómo puedo decir esto con tanta seguridad? En los primeros cinco versículos de Génesis 1, Dios llama a la luz día y a las tinieblas noche; por lo tanto, parecería que se trataría de "un día". Sin embargo, esta luz que se crea en el Día 1 no es el sol porque no fue hasta el Día 4 que el sol y la luna fueron creados.

Así que esta luz inicial que Dios creó no era el sol como mucha gente creía; era alguna otra luz que Dios creó. Esta luz, que es el día, y esta oscuridad, que es la noche, eran el día y la noche de Dios, no un período de veinticuatro horas. Más adelante aprendemos que para Dios un día es como mil años, y mil años son como un día para Él[2]. ¿Significa esto que Dios creó los cielos y la tierra en seis mil años terrestres? No estamos seguros. Lo que la ciencia nos dice es que se necesitaron más de seis mil años terrestres para hacer todo lo que ocurrió durante la creación. Así que nos quedamos con un misterio, y tendremos que esperar hasta que en algún momento en el futuro Dios decida revelarnos más detalles.

En el Día 2 descubrimos que la tierra no era más que un charco de agua. En este día Dios separó "las aguas de las aguas" y puso los cielos en medio. Este cielo significa nuestro cielo, donde se colocaron el sol, la luna y las estrellas. Y aprendemos en el Día 3 que Dios separó las aguas debajo de los cielos en una sección y dejó que el resto fuera la tierra seca, y así fue.

Nunca he escuchado a nadie hablar sobre la separación de las aguas en el Día 2. ¿Hacia dónde fue el agua encima de los cielos? Nunca se nos dice. Algún día la ciencia podrá darnos una explicación. Una de las explicaciones que tengo es que se trata del agua que llovió del cielo cuando Dios inundó toda la tierra en la historia de Noé (Génesis 6-9). Ahora, no hay ningún apoyo bíblico específico para esta idea, pero podemos deducir algunas cosas de otros versículos de las Escrituras que pueden apoyar esta idea. En primer lugar, vemos en Génesis 2:5 que el Señor aún no había enviado la lluvia sobre la tierra, pero un vapor se elevó de la tierra y regó toda la superficie del suelo. Y no llovió hasta la época de Noé, más de mil quinientos años después. Vemos esto en el libro de Hebreos donde dice lo siguiente: "Por la fe Noé, cuando fue advertido por Dios acerca de cosas que aún no se veían, con temor preparó el arca"[3]. Creo que las "cosas que aún no se veían" era la lluvia. Y, finalmente, en Génesis 8:2, las Escrituras nos dicen: "Y se cerraron las fuentes del abismo y las cataratas de los cielos; y la lluvia de los cielos fue detenida". Entonces, ¿fueron estas "cataratas" el agua que se había puesto por encima de los cielos, explicando así cómo pudo inundar toda la tierra?

Recuerde, es la Palabra hablada por Dios lo que resulta en la nueva creación. Dios dijo: "Sea la luz; y fue la luz"; Dios dijo: "Haya expansión en medio de las aguas, y separe las aguas de las aguas"; Dios dijo: "Júntense las aguas que están debajo de los cielos en un lugar, y descúbrase lo seco. Y fue así". Y así fue cada día. Cuando Dios habla, lo que dice se hace realidad. Hay poder en su Palabra[4,5]. Y luego aprendemos que esta Palabra es Jesús, el Hijo de Dios[6]. Este es un misterio del que sabremos más en nuestras historias posteriores.

Crecí con profesores de la escuela que nos decían que no nos molestáramos si alguien decía algo malo o hiriente. Decían: "Los palos y las piedras pueden romper mis huesos, pero las palabras nunca me harán daño". Aunque esto pretendía ser bien intencionado, simplemente no es cierto. En la mayoría de los casos, un corazón roto o unos sentimientos heridos son mucho más difíciles de reparar que un hueso roto. Hemos sido creados a imagen de Dios y heredamos sus características. Por eso, el poder de nuestras palabras es grande, así que debemos utilizar nuestra capacidad de hablar para crear bondad, alegría y amor entre nuestros semejantes.

La ciencia y la Biblia

¿Qué aprendió en la escuela acerca de cómo se creó la tierra?

Hoy en día se habla mucho y se escriben muchos libros sobre cómo la ciencia contradice la Biblia. La gente dice que no se puede confiar en la ciencia de la Biblia. Yo no creo que sea así. Es importante darse cuenta de que la Biblia no intenta ser un libro de ciencia, pero es notablemente consistente con lo que hemos aprendido de la ciencia y el estudio de la tierra. Sin duda, en la escuela ha leído o leerá sobre la teoría de la evolución. Lo primero que hay que recordar es que las teorías se basan en suposiciones que pueden ser ciertas o no. Se basan en la construcción de pruebas.

Y, es cierto, hay muchas pruebas científicas sobre cómo se creó la tierra y en qué orden ocurrió esa creación. Igualmente interesante es que Moisés, que escribió el Génesis alrededor del año 1500 a. C., no sabía nada sobre la evolución y, sin embargo, registró los acontecimientos de la creación en un orden similar al que la ciencia nos dice sobre la creación de la tierra. Primero hubo tierra cubierta de agua; las plantas y la vegetación se establecieron antes que los animales; los peces fueron los primeros seres vivos, seguidos por las aves (Día 5); luego vinieron los animales; y por último, el hombre (Día 6). ¿Cómo logró Moisés hacer esto correctamente? Es evidente que Dios se lo reveló[7].

Los científicos nos dicen que muchos de los pasos de la creación presentados en la Biblia no corresponden con la evidencia científica. Si Moisés hubiera tratado de escribir un libro de ciencia, tal vez podríamos preocuparnos por los detalles que faltan, pero no era así, y su historia es notablemente similar al orden en que los científicos creen ahora que ocurrió la creación. No pretendo apoyar la teoría de la evolución, simplemente señalo que la ciencia verdadera y Dios son consistentes entre sí. Algún día la teoría de la evolución probablemente sea reemplazada por una nueva teoría a medida que la humanidad crezca en su comprensión de la creación de los cielos y la tierra por parte de Dios. Asimismo, espero que todo nos sea revelado cuando pasemos a la vida eterna con nuestro Creador. Pero hasta entonces podemos construir nuestra fe sabiendo que la Biblia, aunque no es un libro de ciencia, se apoya en la ciencia, y es un libro en el que podemos confiar cuando permitimos que Dios nos ayude en la interpretación adecuada. ¿De qué manera cree que Dios puede ayudarlo a entender la Biblia?

La responsabilidad de la humanidad

¿Por qué los seres humanos son tan importantes dentro del plan de creación de Dios? Somos creados para tener comunión y amistad con Dios. En términos humanos, Él quería una familia para amar y ser amado. Dios eligió amarnos y quiere que nosotros escojamos amarlo. Así como los padres aman a sus hijos a pesar de sus acciones, Dios nos ama incluso cuando nos equivocamos. Ya que somos su familia y la Biblia es un libro sobre la familia de Dios, estas historias son también sobre nuestra familia. Por lo tanto, mientras leemos estas historias, podemos disfrutar el hecho de que son sobre nuestra familia, como si leyera un libro ancestral.

Pero no solo son sobre nuestra familia porque todos venimos de Adán y Eva y de Noé. Posteriormente aprenderemos en la historia de Abraham que, como creyentes en Dios, somos escogidos y separados por Dios para ser su "pueblo especial", su familia. Así que, a pesar que no tengamos la sangre humana de Abraham en nuestras venas, los verdaderos hijos de Abraham y, por ende, los verdaderos hijos y familia de Dios[8], son aquellos que creen que Dios envió a su Hijo, Jesús, para convertirse en un hombre que murió en la cruz y resucitó para salvarnos para estar con Dios para siempre. Además, Dios no es nuestro tatarabuelo; Él es nuestro Padre.

Como parte de nuestra relación con Dios, nos ha dado ciertas responsabilidades mientras vivimos nuestras vidas en esta tierra. En primer lugar, Dios nos llama a adorarle y servirle como parte de su familia. Es nuestra elección servirle o servirnos a nosotros mismos. A ninguna otra de sus creaciones terrenales le dio la capacidad y/o la elección.

En segundo lugar, en este primer capítulo de Génesis aprendemos que Dios nos formó a su imagen y semejanza. Asimismo, nos creó con autoridad: "señoree en los peces del mar, en las aves de los cielos, en las bestias, en toda la tierra, y en todo animal que se arrastra sobre la tierra [...] varón y hembra"[9]. Por lo tanto, se nos da el privilegio y la responsabilidad de cuidar la tierra y a todos sus habitantes. Somos llamados a actuar y responder de una manera en que Dios lo haría cuidando de nosotros mismos, nuestros semejantes y de todas las cosas sobre la tierra. Jesús vino a la tierra para mostrarnos cómo comportarnos siendo nuestro ejemplo perfecto. Gracias a que murió y resucitó, podemos ser perdonados por nuestros errores y volver a señorear como Él nos creó originalmente[10,11]. Dios nos ha encomendado una tarea impresionante; honrémosle pensando cómo viviría Jesús si estuviera en nuestro lugar, y luego hagámoslo.

Preguntas para profundizar

- ¿Qué le han enseñado en su escuela sobre la evolución? ¿En qué cree? ¿Hay algo en la historia que le haya ayudado a entender cómo concuerdan Dios y la ciencia?
- ¿Cómo cree que el mundo era antes de que lloviera? Imagine el sol brillando y calor cada día sin tormentas, huracanes ni tornados.
- Cada persona necesita tomar una decisión con respecto a lo que cree en relación con la Biblia. A medida que lea la Biblia (la Palabra de Dios) y estas historias, decídase por lo que cree. ¿Confiará en lo que dice Dios o en lo que dicen otras personas? ¿Cómo sabrá la diferencia? Creo que su conocimiento llegará a medida que crezca en su relación con Dios; mientras crecemos aprendemos cuándo y cómo nos habla. Puede empezar leyendo la Biblia.
- La Biblia nos dice que cuando Dios habla se crea algo nuevo. Si hemos sido creados a imagen de Dios, ¿podemos mostrar bondad, paz y amor cuando le hablamos de la Palabra de Dios a nuestros semejantes? ¿O podemos, por el contrario, hablar de destrucción y odio?
- Comente esta idea de creación cuando hablamos y cómo eso debería enseñarnos a tener cuidado con lo que le decimos a Dios y a los demás.
- ¿Qué podemos hacer para cuidar el mundo que Dios nos ha confiado? ¿Cómo debemos tratar a los animales? ¿Qué podemos hacer para mantener limpio el medio ambiente, conservando la belleza de la tierra? ¿Y cómo debemos tratar a nuestros semejantes?

Para estudio adicional

1. Génesis 1:1-5: El comienzo de Dios para la tierra.
2. 2 Pedro 3:8: Un día para Dios es como mil años para el hombre.
3. Hebreos 11:6, 24-27: Cosas que no se ven (no llueve).

4. La Palabra de Dios:
   a. Hebreos 11:3
   b. Juan 1:1-3
   c. Hebreos 1:2
   d. Salmos 33:6, 9
5. Romanos 4:17: Dios llama a la existencia a lo que no existe.
6. Juan 1:1-3, 14: El Verbo estaba con Dios, era Dios, y el Verbo se hizo humano.
7. Hebreos 11:6: Se necesita fe para agradar a Dios.
8. Gálatas 3:26-29: Los creyentes son hijos de Abraham, y por la promesa de Dios nos convertimos en hijos de Dios.
9. Salmos 8:4-8: El hombre fue creado para señorear la tierra.
10. Hebreos 2:6-18: Esta escritura muestra a Jesús como nuestro hermano y compañero y, sin embargo, sigue siendo Dios.
11. Romanos 8:16-18: Como creyentes, somos hijos de Dios y coherederos con Jesús (y, por lo tanto, gobernaremos el mundo con Jesús).

2

Adán y Eva
El huerto y la caída

Génesis 3

Hombre y mujer: Adán y Eva

En el primer capítulo de Génesis aprendemos que Dios creó al hombre en el sexto día. Para darle al hombre un lugar para vivir, Dios creó un hermoso huerto llamado Edén. En este huerto, Dios proveyó todas las necesidades del hombre. Sería el trabajo del hombre cuidar del huerto y proteger a los animales que vivían en él. Dios llamó al hombre Adán, que significa “de la tierra”.

Además de darle la responsabilidad de cuidar el Edén, el Señor le dijo a Adán: “De todo árbol del huerto podrás comer; mas del árbol de la ciencia del bien y del mal (el árbol prohibido) no comerás; porque el día que de él comieres, ciertamente morirás”. A Adán se le dio la opción de comer o no de este árbol prohibido; en otras palabras, era su decisión obedecer o no el mandato de Dios.

Dios quería encontrar una compañera para Adán, una compañera con la que pudiera compartir todas las cosas buenas de su nueva vida. Después de buscar en toda su creación, Dios no encontró nada adecuado para Adán. Así que hizo que Adán entrara en un sueño profundo. Mientras Adán dormía, Dios sacó una de sus costillas, formó una mujer y se la trajo.

Adán se despertó y con gran emoción dijo: "¡Vaya! Esto es exactamente lo que quería; es la compañera perfecta para mí". Bueno, eso no es exactamente lo que dice la Biblia, sino: "Esto es ahora hueso de mis huesos y carne de mi carne; esta será llamada Varona, porque del varón fue tomada". Pero realmente significa que estaba emocionado por esta mujer que Dios creó para él. ¿Puede pensar en alguna ocasión en la que se haya despertado y haya visto algo que le haya emocionado tanto? ¿Qué tal una mañana especial de Navidad? Así se sintió Adán cuando vio por primera vez a la nueva creación de Dios, a la que llamó Eva.

La Biblia nos dice que porque esta era una pareja perfecta, "dejará el hombre a su padre y a su madre, y se unirá a su mujer, y serán una sola carne", para formar una familia juntos con Dios. Adán y su esposa, Eva, estaban desnudos y no tenían vergüenza. En ese momento no había pecado en el mundo; Adán y Eva no habían sido introducidos a los dos lados del "bien y el mal".

La caída

Durante un tiempo la vida era maravillosa, con Adán y Eva disfrutando el uno del otro y cuidando del huerto y de todos los animales que había en él. Pero pronto apareció otro personaje en el Edén: la serpiente, que era más astuta que todas las demás criaturas del huerto. Más tarde nos enteramos de que es el diablo, al que también se le llama satanás, el malvado[1]. Su astucia se revela en sus disfraces y trucos, mezclando la mentira con la verdad para confundirnos. Este malvado puede hacerle dudar de lo que Dios quiere mediante preguntas sencillas y aparentemente inocentes. Veamos cómo se desarrolla esto con Eva.

Un día la serpiente visitó a Eva y le dijo: "¿Conque Dios os ha dicho: No comáis de todo árbol del huerto?". Eva le dijo a la serpiente que en realidad podían comer de cualquier árbol, excepto de uno que estaba en el centro. Ella dijo que si comían de ese árbol o si incluso lo tocaban, morirían.

Observe cómo Eva añadió algo a lo que Dios dijo. Le dijo a la serpiente que ni siquiera podían tocar el fruto del árbol. Anteriormente, en Génesis 2, antes de que Eva fuera creada, Dios le habló a Adán sobre el árbol de la ciencia del bien y del mal. Así que cuando Adán se lo dijo a Eva, puede que le haya indicado que ni siquiera lo tocara para que no fuera tentada. O tal vez la idea se le ocurrió a ella misma. Sea cual sea la razón, Eva le dijo a la serpiente que no podían tocar ni comer de ese árbol. Creo que esto nos ayuda a entender por qué la serpiente se acercó a Eva en lugar de a Adán; ella no había escuchado de primera mano las instrucciones de Dios sobre este árbol prohibido. Por lo tanto, ella sería más vulnerable que Adán para caer en los trucos y mentiras del diablo.

Note también la sabiduría de la serpiente; fue inteligente al hacerle a Eva una pregunta que pretendía crear dudas. No atacó inmediatamente a Dios. Hizo una pregunta para ver qué sabía Eva. No preguntó sobre "el árbol"; preguntó sobre "cualquier árbol". Dejó que Eva sacara el tema, y ella lo hizo. Una vez que tuvo su atención puesta en el árbol de la ciencia del bien y del mal, estuvo listo para atacar.

Nuestro villano, satanás (el diablo), engañó a Eva con una mentira combinada con verdad. Él le dice lo siguiente:

No moriréis; sino que sabe Dios que el día que comáis de él, serán abiertos vuestros ojos, y seréis como Dios, sabiendo el bien y el mal.

Es cierto que Eva era inocente, y al comer del árbol sería capaz de ver (o entender) la diferencia entre el bien y el mal. Ella tendría más conocimiento. Pero estaría expuesta al mal y caería en el pecado (que significa hacer el mal). Y como resultado su inocencia y pureza se perderían y estaría sujeta a la muerte. Satanás había creado la duda, y Eva cayó en su mentira.

Y vio la mujer que el árbol era bueno para comer, y que era agradable a los ojos, y árbol codiciable para alcanzar la sabiduría; y tomó de su fruto, y comió.

Aquí aprendemos una lección muy valiosa: el mal no parece malo a simple vista. Por el contrario, parece deseable y al principio tendrá buen sabor; es decir, puede ser divertido o sentirse bien. Pero una vez que elegimos el mal haciendo lo que queremos y no lo que Dios nos ha dicho que hagamos, estamos atrapados en su trampa. La fealdad habrá hecho su daño. Sus amigos pueden tratar que haga cosas que ambos saben que están mal, pero parecerá tan divertido, ya sea algo tan simple como salir a escondidas de su casa por la noche cuando no se supone que lo haga o algo mayor como probar drogas ilegales. Un niño pequeño no entiende lo peligroso que es correr por la calle o jugar con fósforos. Aunque sus padres le digan "no", lo intentará de todos modos[2]. A medida que crecemos no cambiamos, ya seamos preadolescentes, adolescentes o adultos, siempre estamos tentados por algún placer a hacer lo que está mal porque se ve muy bien en el momento. O a veces podemos hacer lo malo porque estamos enfadados y queremos demostrarles a nuestros padres o a nuestro jefe que no pueden decirnos lo que tenemos que hacer. Dios te ruega que te alejes cuando veas el mal; no importa lo bonito que parezca, huye de él[3]. Desafortunadamente, Adán no huyó y la historia continúa de la siguiente manera:

y dio también a su marido, el cual comió así como ella. Entonces fueron abiertos los ojos de ambos, y conocieron que estaban desnudos; entonces cosieron hojas de higuera, y se hicieron delantales.

Adán hizo lo que Eva sugirió sin tomarse el tiempo de pensar. Hemos heredado este horrible rasgo de él. Hacemos lo que nuestros amigos o, en este caso, seres queridos, quieren que hagamos porque nos lo dicen. Como mencionaba anteriormente, si su amigo hace algo malo, puede querer que se una a él. Y con demasiada frecuencia, sin pensarlo, actuamos como Adán y nos unimos al terrible error.

Después, cuando Adán y Eva escucharon el sonido de Dios caminando por el huerto, se escondieron entre los árboles sabiendo que estaban desnudos y habían hecho mal. Dios llamó al hombre: "¿Dónde estás tú?". Adán respondió: "Oí tu voz en el huerto, y tuve miedo, porque estaba desnudo; y me escondí". Dios le preguntó a Adán si había comido del árbol prohibido, el cual le ordenó no comer.

Ahora, preste atención a la respuesta de Adán a Dios. Cometemos pecados similares cada día. Necesitamos aprender del error de Adán. Adán respondió a Dios diciendo:

La mujer que me diste por compañera me dio del árbol, y yo comí.

¿Vio lo que hizo Adán? ¿A quién culpó de su error? Sí, culpó a Eva, pero no solo la culpó a ella por darle el fruto, sino que también culpó a Dios, porque dijo que era la mujer que "ME" diste. Siempre buscamos la manera de culpar a otro en lugar de asumir la responsabilidad por nosotros mismos. Tenemos la tendencia, como Adán, de culpar a cualquiera que se interponga en nuestro camino. En este caso, Adán incluso culpó a Dios. Adán también tenía un plan de respaldo. Si Dios no iba a asumir la responsabilidad, entonces iba a culpar a Eva. ¿Alguna vez ha tratado de culpar a alguien más por algo que hizo mal?

Podemos aprender una gran lección de esto. Dios no aceptó ninguno de los intentos de Adán de culpar a alguien más que a sí mismo. Adán tuvo que aprender a vivir con las consecuencias[4]. Si asumimos la responsabilidad de nuestros propios errores, Dios está dispuesto a perdonarnos[5]. Dios sabe de antemano todo, así que no podemos esconderle nada[6]. Además, al responderle a Dios de manera honesta, podemos menguar nuestras consecuencias (o castigo).

En el siguiente capítulo descubriremos cómo a pesar de que Adán y Eva enfrentaron severas y desgarradoras consecuencias por sus acciones, Dios ya estaba planeando una manera de hacer todo aún mejor de lo que era antes de que Adán y Eva cometieran su terrible error.

Preguntas para profundizar

- ¿Cómo hizo la serpiente que Eva dudara de lo que Dios había dicho?
- ¿Cree que habría caído en el truco/mentira de satanás? ¿Cómo podemos aprender del error de Eva mientras vivimos nuestra vida aquí en la tierra, enfrentándonos a todas las tentaciones deseables que tenemos que soportar cada día?
- ¿Por qué Adán y Eva se escondieron de Dios?
- ¿Alguna vez culpó a alguien más por "obligarle" a hacer algo que no debía, cómo hizo Adán?
- Debata cómo podemos servir mejor a Dios si admitimos inmediatamente nuestros errores y actitudes equivocadas. ¿Cómo cree que reaccionará Dios ante sus errores y actitudes equivocadas si los admite de inmediato y luego le pide perdón?

Para estudio adicional

1. Apocalipsis 12:9: La serpiente es el diablo, también conocido como satanás.
2. Santiago 1:13-15: Dios no nos tienta; nuestros propios deseos malvados nos llevan a hacer el mal.
3. 2 Timoteo 2:22: Huye de las pasiones juveniles.
4. Salmos 7:15-16: El que cava un hoyo, cae en él.
5. 1 Juan 1:9: Si confesamos nuestros pecados, Dios es fiel para perdonarnos y limpiarnos.
6. Jeremías 1:5: Antes de formarnos en el vientre materno, Dios nos conocía.

3

Adán y Eva castigo y redención

Génesis 3

Adán y Eva hicieron justo lo que Dios les dijo que no hicieran: comer del árbol de la ciencia del bien y del mal (el árbol prohibido). Trataron de esconderse de Dios e incluso culparlo, pero no sirvió de nada porque Dios ya sabía lo que habían hecho. No se dieron cuenta de que Dios estaría dispuesto a perdonarlos si tan solo admitían que habían obrado mal. Y tal vez su castigo habría sido menos duro

Pero Dios estaba dispuesto a hacer mucho más por ellos y por todos nosotros también. Ya que tenemos un Dios tan maravilloso, nos cuida incluso cuando cometemos errores y nos negamos a admitirlos. Incluso cuando intentamos culparlo de nuestros errores, está dispuesto a perdonarnos. Preste atención a la respuesta de Dios. Si bien es cierto que el pecado de Adán tuvo consecuencias importantes que aún nos afectan hoy en día, Dios preparó un camino para que la humanidad vuelva a estar con Él. Encontramos esta magnífica revelación en el castigo que Dios impuso a los culpables.

Castigo para la serpiente/satanás con redención para la humanidad

Dios primero le habló a la serpiente (satanás) y le emitió su castigo:

..maldita serás entre todas las bestias y entre todos los animales del campo; sobre tu pecho andarás, y polvo comerás todos los días de tu vida. Y pondré enemistad entre ti y la mujer, y entre tu simiente y la simiente suya; esta te herirá en la cabeza, y tú le herirás en el calcañar.

Vaya, son muchas palabras sofisticadas. ¿Qué pretenden decir? Dios está diciendo que la mujer y la serpiente serán enemigos. La palabra "simiente" significa un hijo. Por lo tanto, el hijo de la mujer y el hijo de satanás también serán enemigos que lucharán entre sí. Pero hay mucho más si profundizamos en ello. Creo que la simiente de la mujer es más que un niño; es la promesa de nuestro Salvador venidero, Jesús. Cuando un hombre y una mujer tienen un hijo juntos, es el hombre quien produce la simiente. Sin embargo, en este caso, la Biblia habla de la simiente de la mujer. Se trata de la promesa del nacimiento virginal de María, la madre de Jesús. Es decir, la "simiente" de la fe de María permite que el Espíritu Santo venga sobre ella y que el poder de Dios entre en ella, produciendo un hijo sin padre terrenal[1].

Un día, satanás tratará de seguir el mismo ejemplo y tendrá un hijo propio, que en la Biblia es conocido como el "anticristo"[2]. Posteriormente aprendemos que habrá una gran batalla en algún momento futuro en el que primero Jesús morirá en la cruz ("le herirás en el calcañar"). Luego, un día, cuando el anticristo venga, Jesús regresará para destruir al anticristo ("te herirá en la cabeza") y ganar la victoria para todos los que creen en Jesús[3,4]. ¿Puede empezar a ver cómo Dios ya había planeado enviar a su Hijo a través de la simiente, o hijo, de una mujer?

Lo más importante que podemos aprender de esta lección es que cada vez que fallamos Dios nos proporcionará un camino de vuelta a Él. Dios nos comprará de nuevo por un precio, lo que significa que somos redimidos; a esto le llamamos redención. Es cierto que hubo consecuencias que Adán y Eva tuvieron que pagar. Pero, en última instancia, Dios los perdonó mediante el sacrificio de su propio Hijo, Jesús. Este sacrificio fue el precio que había que pagar. Este precio fue pagado no solo por los pecados de Adán y Eva, sino también por los pecados de toda la humanidad. Sí, también por usted y por mí.

Hasta que llegara el momento en que Jesús viniera a la tierra para mostrarnos el camino, Dios proporcionó una solución temporal. Dios quitó las hojas de higuera a Adán y Eva y les dio una ropa mejor, piel de animal. Para darles a Adán y Eva esta ropa, Dios tuvo que matar a un cordero inocente. Así que Dios no solo proporcionó la ropa para el hombre y la mujer, sino que presentó la muerte de un cordero inocente como un símbolo que se utiliza en toda la Biblia para el sacrificio del Mesías, nuestro Salvador Jesucristo[5]. Nuestra redención, el precio real pagado, se llevó a cabo más tarde a través de la muerte de Jesús en la cruz. Tendremos más que decir sobre esto más adelante en la historia.

Castigo para Adán, Eva y la humanidad

Después de que Dios anunciara el castigo para la serpiente, se dirigió a Eva y le dijo que multiplicaría en gran medida sus dolores de parto; sin embargo, ella seguiría deseando a su esposo, y éste sería el encargado y responsable de ella. Dios le dijo a Adán que, por haber escuchado la voz de su esposa en contra del mandato de Dios, la tierra ya no produciría alimentos tan fácilmente. Durante todos sus días, Adán y los hombres que vivieron después de él tendrían que trabajar en labores duras para producir los alimentos que necesitaban para sobrevivir. Y a todos, Dios les dice: "porque de ella fuiste tomado; pues polvo eres, y al polvo volverás", lo que significa que todos moriremos y regresaremos al polvo.

Sin embargo, acabamos de descubrir que en la redención termina el castigo. Así que tanto el hombre como la mujer que han aceptado a Jesús como su Salvador han sido redimidos (comprados de nuevo) y son iguales ante Dios. Por lo tanto, todo es perdonado. Pero, ¿debemos aceptar este castigo hasta que Jesús regrese sin tratar de mejorarlo? ¿O está bien que los hombres encuentren una manera de hacer más fácil la agricultura? ¿Y está bien que las mujeres utilicen medicamentos seguros para reducir el dolor durante el parto? ¿Deben las mujeres permitir que los hombres las traten injustamente porque Dios puso a los hombres a cargo? Por supuesto que está bien mejorar las dificultades impuestas. Pero tendremos que lidiar con estas dificultades hasta que la redención sea completa. Así que no olvidemos que Dios no nos dejará en nuestro estado "caído" para siempre; Jesús viene a nuestro rescate.

Debido a esta escritura en la que se pone a los hombres a cargo de las mujeres, combinada con ciertas escrituras en el Nuevo Testamento[6], algunos dicen que las mujeres no deben tener un papel de liderazgo en la iglesia. Esto es algo que muchas iglesias están tratando de entender. En una historia posterior exploraremos este tema con más detalle. Pero por ahora recordemos lo que Pablo nos dice en Gálatas: en nuestra vida con Jesucristo, los hombres y las mujeres son iguales[7].

No hemos hablado de otro árbol especial que también estaba en el huerto del Edén. Este árbol, conocido como el árbol de la vida, proporcionaba frutos que daban vida continua a los que vivían en el huerto. Como parte de su castigo, Adán y Eva fueron desterrados del mismo[8]. Un ángel estaba ubicado en la puerta del huerto para evitar que alguien entrara. Cuando nos volvamos a reunir con Dios en nuestra vida eterna juntos, este árbol de la vida reaparecerá para nuestro disfrute y beneficio[9].

Analizando de forma más profunda la historia

A lo largo de la Biblia encontramos pequeñas joyas, cosas especiales que aprendemos y que apoyan la verdad que la Biblia argumenta consistentemente de principio a fin. Esta historia tiene una de esas joyas. Dios le dijo a Adán que "mas del árbol de la ciencia del bien y del mal no comerás; porque el día que de él comieres, ciertamente morirás". No parece que esto se haya hecho realidad. ¿O sí? Antes de que Adán comiera de este árbol prohibido, estaba en presencia de Dios, caminando y hablando con Él en el huerto. Después de comer el fruto, Adán fue desterrado del huerto y su comunicación directa con Dios fue cortada. Así que el mismo día que comió del árbol prohibido, fue separado de Dios, lo cual es la muerte espiritual.

Pero, sorprendentemente, hay aún más. En la historia de la creación aprendimos que un día para Dios es como 1000 años para nosotros, y 1000 años terrestres son como un día para Él[10]. En Génesis 5:5, se nos dice que Adán vivió un total de 930 años. Así que, desde esta perspectiva, Adán murió dentro del "día" de Dios, o dentro de los 1000 años. Entonces, el día en que Adán comió el fruto prohibido, fue separado de Dios, lo cual es muerte espiritual; y dentro del día de Dios, murió de manera física. Pero debido a que Jesús murió en la cruz y resucitó de entre los muertos, Adán, Eva y todos los que creen vuelven a la vida y así evitan la muerte eterna (separación eterna de Dios para siempre)[11,12]. ¡Debemos agradecer a Dios, quien revela sus planes de forma tan misteriosa y oculta! Porque cuando lo buscamos, lo encontramos y nos muestra sus caminos[13].

Hay muchas aplicaciones prácticas que podemos aprender de esta lección sobre Adán y Eva. En primer lugar, es muy importante conocer los mandamientos de Dios y procurar cumplirlos[14]. En segundo lugar, cuando fallamos, debemos estar dispuestos a admitir nuestros errores y pedir perdón a Dios. En tercer lugar, también debemos entender que es posible que tengamos que pagar las consecuencias de nuestros pecados. En cuarto lugar, podemos tener un gran consuelo al saber que al final Dios perdonará a todos los que acepten el sacrificio de Jesús por sus pecados ("creyentes"). Finalmente, después de esta vida los creyentes vivirán con Dios para siempre en una gloriosa reunión familiar; esto se llama vida eterna con Dios. ¿Está preparado para unirse a la familia?

Adán como retrato de Cristo

Antes de terminar la historia de Adán y Eva, me gustaría señalar una de las imágenes más hermosas del amor de Dios por nosotros. Sin embargo, este retrato parece más una silueta (como una sombra vista a través de la persiana de una ventana) que a una imagen claramente dibujada, al menos hasta que el Nuevo Testamento nos ayude a ver el plan que Dios tenía para la humanidad desde el principio; es decir, que Jesucristo viniera por nosotros para que juntos pudiéramos pasar la eternidad con Dios, nuestro Padre. Veamos esta imagen.

El Nuevo Testamento presenta a Adán como un tipo, o imagen, de Cristo[15]. Esto puede ser difícil de creer al principio, ya que Adán es el que pecó y fue castigado. Pero si miramos más de cerca, podemos ver cómo Adán en su estado original (antes de comer el fruto) era en realidad un tipo de Cristo. Podemos ver la comparación cuando Adán fue puesto en un sueño profundo para que Dios creara a su novia, Eva. El Nuevo Testamento nos dice que Jesús también tuvo que ser puesto a dormir (muerte) para ganar a su novia, que se llama la iglesia. Al describir la relación entre Jesús y la iglesia, Pablo cita el pasaje del Génesis donde la Biblia dice que el hombre y la mujer serán uno. Así como Adán y Eva eran uno y como el esposo y la esposa son uno, también Jesús y la iglesia son uno, de la misma manera íntima. Debemos tratar a Jesús con el mismo respeto y amor con el que trataríamos a nuestro cónyuge (pareja matrimonial). Y debemos obedecer a Jesús como cabeza de nuestra familia[16].

Desde el principio Dios estaba creando una familia. Como seguimos pecando contra los mandamientos de Dios, Él envió a su Hijo, Jesús, para mostrarnos el camino correcto. Puso a Jesús como cabeza y creó una familia que llama la iglesia. Dios llama a la iglesia el cuerpo de Cristo porque hay muchas personalidades diferentes dentro del pueblo de Dios, al igual que hay muchas partes diferentes de nuestro propio cuerpo. Pero todas son necesarias para que todo funcione en conjunto.

¿Quién puede formar parte del cuerpo de Cristo? Cualquiera que decida creer que Jesús murió en la cruz y resucitó para reconciliarnos con Dios[17]. Jesús compensó el error de Adán, y todos los errores que cometamos, viviendo una vida perfecta; estuvo dispuesto a morir por nosotros a pesar de nuestros pecados. Al formar parte del cuerpo de Jesús, todos juntos nos convertimos en una familia: la iglesia, el cuerpo, la familia de Dios[16]. Con Jesús como cabeza y su iglesia como cuerpo, estamos preparados para llevar a cabo los planes de Dios.

Así que, aunque todo esto sea todavía un misterio para nosotros, aprovechemos este regalo de Dios y reunámonos como iglesia, como el cuerpo de Cristo, permitiendo que Jesús sea nuestra cabeza (nuestro líder) y sigamos lo que Él nos diga.

Preguntas para profundizar

- Qué maravilloso es saber que, por mucho que nos equivoquemos, Dios nos perdonará cuando se lo pidamos, si lo hacemos de verdad.

- ¿Puede entender cómo Dios ya sabía antes de que naciera que:
    - •cometería errores y actuaría mal
    - •por lo tanto envió a Jesús para morir por usted para que no tuviera que ser castigado
    - •sino pasar la eternidad como un rey compañero con Dios, Jesús y el Espíritu Santo?
- ¿Por qué es importante que nos reunamos como cuerpo de Cristo (la iglesia) y permitamos que Jesús sea nuestro líder?

Para estudio adicional

1. Lucas 1:35-38: El Espíritu Santo viene sobre María para producir al niño santo.
2. 2 Tesalonicenses 2:3-9: El anticristo, o hijo de la destrucción, quien se exalta a sí mismo como Dios y está de acuerdo con satanás.
3. Apocalipsis 12:1-6: Guerra en el cielo y ella [una mujer vestida del sol] está embarazada.
4. 1 Corintios 15:55-57: La muerte es absorbida por la victoria; gracias a Dios, nuestra victoria está en Cristo.
5. Juan 1:29: He aquí el Cordero de Dios (Jesús) que quita los pecados del mundo.
6. La función de las mujeres en la iglesia:
    a. 1 Corintios 14:34-35
    b. 2 Timoteo 2:11-15
    c. 1 Pedro 3:1-2
7. Gálatas 3:28: Todos son uno (iguales) en Cristo, hombre y mujer.
8. Salmos 7:15-16: El que cava un hoyo, cae en él.
9. Apocalipsis 22:1-2, 14: El árbol de la vida regresa en el cielo nuevo y tierra nueva.
10. 1 Pedro 3:8: Un día para Dios es como mil años terrenales.
11. 1 Corintios 15:20-22: Debido a que todos mueren a causa de Adán, todos viven por Cristo.
12. 1 Juan 5:10-13: El que cree en el Hijo de Dios tiene vida eterna.
13. Mateo 7:7-8: Busca y encontrarás; llama y la puerta será abierta.
14. Juan 14:15: Si amamos a Jesús, cumpliremos sus mandamientos.
15. Romanos 5:14: Adán es una figura o imagen de Cristo.
16. Efesios 5:23-32: Adán y Eva, esposo y esposa, simbólicamente demuestran nuestra relación de Cristo y la iglesia (el cuerpo de Cristo).
17. Romanos 5:8-10: Dios demuestra su propio amor hacia nosotros en que, siendo aún pecadores, Cristo murió por nosotros. Además, habiendo sido justificados por su sangre (muerte en la cruz), seremos salvados de la ira de Dios. Porque siendo enemigos, fuimos reconciliados con Dios por la muerte de su Hijo; mucho más, habiendo sido reconciliados, seremos salvados por su vida.

4

Caín y Abel Y los otros hijos de Adán y Eva

Génesis 3

Después de que Adán y Eva se vieran obligados a abandonar el huerto del Edén, se instalaron en su nueva vida. Las consecuencias de sus pecados pronto se hicieron evidentes. Era una vida difícil, muy diferente de la vida a la que se habían acostumbrado en el huerto del Edén. Adán se vio obligado a desenterrar las rocas, las zarzas y las espinas. Tuvo que trabajar duro para que las cosechas crecieran y proporcionaran alimento a su familia. Pero él y Eva fueron fieles a Dios y llenaron la tierra de hijos. El primer hijo recibió el nombre de Caín, y poco después tuvieron un segundo hijo llamado Abel. Cuando Caín y Abel llegaron a la edad adulta, desarrollaron sus propios trabajos dentro de la familia. Caín se encargaba de los cultivos y Abel se ocupaba de los animales.

Caín mata a Abel

Cuando llegó el tiempo de la cosecha, Caín tomó una parte de sus mejores cosechas e hizo una ofrenda al Señor. Abel llevó lo mejor de sus ovejas y también hizo una ofrenda. El Señor se sintió complacido con la ofrenda de Abel, pero descontento con la de Caín; éste se enfureció. Él quería que Dios aceptara su ofrenda aunque la presentara con una actitud equivocada y sin reverencia a Dios. Dios le dijo a Caín: "¿Por qué te has ensañado, y por qué ha decaído tu semblante? Si bien hicieres, ¿no serás enaltecido? y si no hicieres bien, el pecado está a la puerta; con todo esto, a ti será su deseo, y tú te enseñorearás de él"[1]. Pero Caín no escuchó al Señor, y sus celos de Abel consumieron sus pensamientos. Así que la siguiente vez que salió al campo, Caín mató a Abel.

Luego, Dios se acercó a Caín y le preguntó: "¿Dónde está Abel tu hermano?". Y de una manera muy rebelde él respondió: "No sé. ¿Soy yo acaso guarda de mi hermano?". Dios, sabiendo lo que Caín había hecho, le dijo: "La voz de la sangre de tu hermano clama a mí desde la tierra". Y Dios dio a Caín un castigo muy severo por asesinar a su hermano. Cuando Caín plantó su semilla, no le produjo ningún fruto. Además, tuvo que abandonar a su familia. Caín clamó al Señor: "Grande es mi castigo para ser soportado. He aquí me echas hoy de la tierra, y de tu presencia me esconderé, y seré errante y extranjero en la tierra; y sucederá que cualquiera que me hallare, me matará". Entonces el Señor le dijo a Caín que le pondría una marca en la frente, y que quien intentara matarlo sería castigado siete veces peor.

Caín se vio obligado a dejar a Adán y Eva, y se estableció en una tierra lejana y crió a su propia familia sin ninguna relación con Dios. ¿Alguna vez se ha enfadado tanto que ha perdido el control o ha querido hacerlo? ¿Alguna vez le han castigado por estar enfadado o enojado?

En la primera historia, después de que Adán y Eva abandonaran el huerto del Edén, aprendemos que los seres humanos que ahora tienen el conocimiento del bien y del mal, con demasiada frecuencia elegirán el mal sobre el bien. Al examinar la naturaleza del hombre en esta lección, entenderemos mejor por qué a Dios no le agradó la ofrenda de Caín. Caín tomó lo mejor de sus cosechas y se lo ofreció al Señor como sacrificio. Al principio esto no parece ser diferente de lo que hizo Abel cuando ofreció lo mejor de sus ovejas. Para entender esto completamente tenemos que leer entre líneas. Creo que Caín cometió dos errores.

El primer error fue su actitud. No ofreció el sacrificio como un honor a Dios. Caín quería hacer el sacrificio a su manera, no a la manera de Dios. E inmediatamente se enojó y se puso celoso de su hermano. ¿Alguna vez se ha enfadado o ha sentido celos porque no ha recibido los elogios que creía que debía recibir? ¿Qué pasa si su hermano o hermana o un amigo parece recibir todos los cumplidos y elogios? ¿Qué hay de las veces que se ha enfadado porque no ha conseguido lo que quería? No son muchas las personas que acaban matando cuando se enfadan, pero tenemos que darnos cuenta de que un pecado, o un acto de egoísmo, lleva a muchos otros. Cada pecado o elección de desobediencia nos lleva más y más lejos de Dios[2].

Tenemos el conocimiento del bien y del mal, por lo que debemos reconocer que el mal es atractivo. No pensamos que nos guste el mal o que el mal sea atractivo, pero cuando somos egoístas, actuamos de mala manera con nuestro hermano o hermana, pensamos en nosotros mismos antes que en otras personas, tenemos una mala actitud, o somos desobedientes con nuestros padres o con Dios, nos estamos uniendo al mal. Por desgracia, es natural ser así. Para cambiar debemos aprender a apoyarnos en Dios y estudiar sus caminos. Tenemos que aprender del error que cometió Caín y controlar nuestras acciones egoístas o celosas.

El segundo error no está tan claro al leer la historia bíblica. Caín no siguió las instrucciones que Dios les dio a Adán y Eva para hacer sacrificios. Abel sí lo hizo. ¿Por qué Caín y Abel ofrecían sacrificios al Señor en primer lugar? En historias bíblicas posteriores aprendemos que ofrecer un cordero como sacrificio era la forma de pedir perdón a Dios por las cosas que el pueblo de Dios había hecho mal. Tal vez recuerde que Dios ofreció una oveja como sacrificio para dar ropa a Adán y Eva en el huerto del Edén. Del mismo modo, Dios pidió al hombre que ofreciera una oveja como sustituto de sus propios pecados para que Dios lo perdonara (a nosotros). El castigo por nuestro pecado es la muerte[3]. Pero con una ofrenda de perdón, los hombres y mujeres pueden renovar su relación con Dios. El cordero como sacrificio por nuestros pecados es una representación de Jesús asumiendo el castigo en nuestro lugar[4]. Ya no tenemos que sacrificar un animal para cubrir nuestros pecados; Jesús ha muerto por nosotros[5]. Ahora pedimos el perdón orando a nuestro Padre (Dios) pidiendo que acepte el sacrificio de Jesús por nosotros. ¡Y Él lo hará!

Entonces, ¿por qué Caín no fue perdonado? Caín quería ofrecer una porción de lo que cultivaba. No tenía ovejas. Y aparentemente, no quería pedirle a su hermano ninguna. Así que Caín culpó a su hermano. No fue perdonado porque no se arrepintió de haber matado a su hermano. Lamentó que su castigo fuera tan duro y que lo atraparan; siguió preocupado por sí mismo. ¿Alguna vez ha dicho que lo lamentaba, pero no lo sentía de verdad, solo estaba molesto porque estaba en problemas? Hay una gran diferencia entre estar molesto porque te castigan y saber que lo que hiciste estuvo mal y pedir perdón con el compromiso de no volver a hacerlo. La Biblia llama "arrepentimiento" al verdadero dolor por haber hecho el mal[6].

Lo maravilloso de la naturaleza de Dios es que nos ama sin importar lo que hagamos. Incluso si matamos a alguien, nos perdonará. Por supuesto, eso no significa que esté bien. Dios requiere que seamos amables con los demás, y también tenemos que arrepentirnos (estar arrepentidos y prometer no volver a hacerlo). Si realmente nos arrepentimos de corazón, incluso cuando cometamos el mismo u otros errores (incluso los malos), Dios nos perdonará una y otra vez. No sea como Caín. Matar a su hermano fue malo. Pero el verdadero castigo de Caín fue porque no se arrepintió. Dios lo habría perdonado por el asesinato de su hermano, pero solo lamentaba haber sido atrapado y no aceptaba actuar a la manera de Dios. Nosotros también tenemos que tener cuidado porque cada vez que no nos arrepentimos de verdad, nos alejamos más de Dios.

Enoc y los otros hijos de Adán y Eva

Ahora que Caín y Abel ya no estaban, Dios les dio a Adán y Eva otro hijo llamado Set. Adán y Eva tuvieron muchos otros hijos, pero se nos da a Set como reemplazo. ¿Sustituto de qué? Si recuerda en la historia de Adán y Eva, Dios prometió una "simiente" (un "Hijo prometido") para salvar a toda la humanidad. Aprendimos que esta simiente sería Jesús. Bueno, este "Hijo prometido" vendría a través del linaje (descendientes) de Set[7]. Conocer su linaje familiar (árbol genealógico) era muy importante para el pueblo judío. Los que conocían a Dios entendían que el Mesías (Jesús/Salvador) iba a venir a través de un hijo del pueblo de Dios, así que quizás Jesús vendría a través de su familia. Aunque no lo hiciera, había mucho orgullo en saber quiénes eran tus padres. Las mujeres se sentían insatisfechas si no podían producir un hijo para sus esposos. Un hijo continuaba la herencia para su familia.

La siguiente sección de la Biblia parece al principio un poco aburrida. Pero hay algunos datos muy interesantes que podemos aprender al leer sobre los descendientes de Adán. Aprendemos que muchas personas vivieron más de 900 años, pero nadie vivió hasta los 1000 (un día para Dios). Enoc fue el que vivió menos, solo 365 años, y su hijo, Matusalén, fue el que vivió más tiempo, 969 años. Es posible que Matusalén haya muerto en el diluvio. Pero la verdadera "joya" escondida en los versículos se encuentra en la descripción de la vida de Enoc. Hay 32 versículos que dicen una y otra vez que nació un hijo y que vivió tantos años y tuvo un hijo; luego vivió tantos años más y murió. Pero en el caso de Enoc no dice que murió. Enoc era tan agradable a Dios que un día se fue caminando con Dios y ascendió directamente al cielo sin experimentar la muerte[8]. ¡Qué manera de morir!

Este es el ejemplo de cómo debemos vivir nuestras vidas aquí en la tierra. Enoc demuestra que es posible ser el tipo de persona que Dios quiere que seamos. Enoc no era perfecto. Nadie más que Jesús lo fue o lo será. Pero Enoc agradaba a Dios. Vivió su vida intentando cada día, cada minuto, vivir como Dios quería. Era tan bueno que un día Dios se llevó a Enoc de este mundo sin que tuviera que enfrentarse a la muerte. Puede ser difícil para nosotros ser así de buenos, pero es algo que debemos esforzarnos por hacer todos los días. Y si nos equivocamos, debemos pedir perdón y empezar de nuevo. Cuando se levante mañana, le animo a que se decida a ser como Enoc; camine con Dios y siga sus mandamientos.

Preguntas para profundizar

- ¿Ve cómo el mal puede agarrarlo y no dejarlo ir?
- A Dios le importa nuestra actitud. ¿Qué puede hacer para mostrar una mejor actitud?
- ¿Cómo se aseguraría de no volverse egoísta como Caín?
- ¿Qué tal si empieza por ser amable con su hermano o hermana o con alguien en la escuela o el trabajo que no ha sido amable, o tal vez incluso cuando son malos con usted?
- Quizás es tiempo de perdonar a alguien que le ha ofendido.
- Quizás es tiempo de pedir perdón a alguien que ha ofendido.
- ¿Cómo se aprende a obedecer la Palabra de Dios?
- Explique cómo es estar verdaderamente arrepentido.
- Enoc agradó a Dios porque caminó y habló de los caminos de Dios y pasó su vida haciendo lo mejor. ¿Y usted? ¿Está preparado para seguir los pasos de Enoc?

Para estudio adicional

1. Efesios 4:31-32: Dejen de lado toda amargura y enojo; sean bondadosos los unos con los otros.
2. Romanos 12:21: Venzan el mal con el bien.
3. Romanos 6:23: La paga del pecado es la muerte, pero la dádiva de Dios es la vida eterna.
4. 1 Pedro 1:18-19: Redimidos con la sangre del cordero; es decir, la sangre de Cristo.
5. Hebreos 10:10: Somos separados (santificados) por el sacrificio de Jesús realizado una vez y para siempre.
6. 2 Corintios 7:9-10: Doloroso hasta el punto de que el arrepentimiento conduce a la salvación.
7. Lucas 3:38: La genealogía de Jesús termina con el hijo de Set, hijo de Adán, hijo de Dios.
8. Hebreos 11:5: Enoc, quien agradaba a Dios, fue "traspuesto" para que no viera la muerte.

5

Noé y el Arca

Génesis 6-9

¿Sabía que Dios en verdad se arrepintió de crear al hombre? Habían pasado muchos años desde que Adán y Eva fueron expulsados del huerto del Edén. A medida que la tierra se fue llenando de gente, ésta comenzó a hacer más y más maldades; Dios se arrepintió de haber hecho al hombre. Dios decidió que debía castigarlos por estos malos actos. Pero había un hombre llamado Noé que encontró favor a los ojos de Dios. Así que Dios le habló a Noé y le dijo acerca de su plan de destruir la tierra mediante un diluvio. Dios le dio instrucciones a Noé sobre cómo construir un gran barco, que la Biblia llama un arca, para que Noé y su familia fueran salvados.

Preparándose para el diluvio

Dios le dio instrucciones específicas a Noé. Dios le dijo cuán alto, cuán grande y cuán ancho debía construir el arca. Esta arca era tan grande como algunos de nuestros barcos en la actualidad. Muchos constructores de barcos dicen que la altura, la longitud y la anchura del arca tenían un tamaño ideal, cada una en perfecta proporción con la otra. ¿Cómo pudieron Moisés, que escribió esta historia, y Noé, que construyó el arca, conocer las dimensiones correctas de un barco tan grande? Solo Dios podía proporcionar este tamaño perfecto. El arca estaba completamente cerrada, sin cubierta. Aunque todas las instrucciones eran muy específicas, es interesante observar que Dios no le dijo a Noé que construyera ningún tipo de timón, sino que solo hiciera una pequeña ventana que mirara hacia arriba. ¿Por qué Dios hizo esto? Dios quería que Noé dependiera solo de Él. Era Dios quien iba a dirigir el barco por Noé, alrededor de los árboles y las montañas, y llevar el barco a salvo a través del diluvio. Dios quiere que le permitamos dirigir nuestras vidas de la misma manera. La pequeña ventana era para que pudieran mirar hacia arriba. No verían la destrucción del pueblo, sino que solo mantendrían la mirada hacia arriba, hacia Dios.

Ahora sabe que toda la gente que vivía alrededor de Noé pensaba que estaba loco. No había ningún océano o río cercano que fuera lo suficientemente grande para el arca; la Biblia nos dice que nunca había llovido antes. Los cultivos y las plantas se regaban con el vapor que salía del subsuelo, de forma similar a como hoy tenemos el rocío en el suelo[1].

Imagine lo increíble que sonó cuando Noé le dijo a todo el mundo que estaba construyendo este gran barco en medio de la tierra seca sin ningún lugar donde ponerlo, sin manera de transportarlo y sin ningún uso obvio para él. Pero Noé creyó en Dios. Dios le dijo que iba a traer una lluvia tan grande que cubriría toda la tierra, y toda criatura viviente sería destruida excepto las que estuvieran a salvo dentro del arca. Al igual que Noé, tenemos que creer en lo que Dios dice, incluso cuando no tiene sentido para nosotros. Por ejemplo, ¿por qué deberíamos ser amables con alguien que es malo con nosotros? La respuesta es que Dios nos dice que lo hagamos, y un día, tal vez mucho tiempo después, nos explicará por qué. Hasta entonces tenemos que creer en la Palabra de Dios que dice que si lo hacemos a su manera, seremos recompensados[2].

Noé tardó 120 años en construir el arca. Contó con la ayuda de su familia (su esposa, sus tres hijos y sus esposas), pero nadie más. Podemos imaginar a la gente riéndose y hablando de lo loco que estaba Noé. Pero la fe de Noé era fuerte. Creía en Dios, confiaba en Dios y podía ver todo el mal del mundo que lo rodeaba. A Noé le dolía saber que toda esa gente, incluso sus parientes y amigos, no amaban a Dios. Estoy seguro de que pasó muchas horas tratando de convencer a la gente de que cambiara sus malas costumbres y empezara a amar a Dios. Sin embargo, nadie le hizo caso.

¿Está escuchando la historia de Noé? Esta historia es una imagen del plan de Dios. El juicio de Dios vendrá de nuevo a los que no creen. Pero para los que creen como Noé, Dios los protegerá y los salvará de su juicio[3].

Veamos esta imagen que Dios nos presenta a través de la historia de Noé y el arca. Dios le dijo a Noé que calafateara el arca. Con toda la lluvia que caería sobre el arca y todo el tiempo que el arca estaría flotando en el agua, era muy importante que no pudiera entrar agua. Dios tuvo mucho cuidado de proteger a Noé y a su familia. La palabra hebrea traducida como "calafatear", usada aquí para sellar el arca, es la misma palabra que se utiliza otras setenta y dos veces en la Biblia, y en cada momento se traduce como "expiación" y se utiliza en el contexto en el que Dios perdona las cosas que hacemos mal. Qué retrato tan asombroso nos da Dios para mostrarnos su protección y su perdón. Dios no solo dice que el arca protegería del agua a los que estaban adentro, sino que también nos muestra simbólicamente que los perdonó por todos los males que habían cometido.

Del mismo modo en que Dios protegió a Noé y a su familia al calafatear el arca, Jesús protege a los cristianos a través de su muerte en la cruz en donde derramó su sangre por nosotros. El arca era el terreno seguro para Noé y su familia, al igual que Jesús es el terreno seguro para los cristianos. Si nuestra vida ha sido calafateada por la sangre de Jesús, ningún pecado puede filtrarse y destruirnos; Jesús tomó nuestro castigo por nosotros cuando murió en la cruz: nuestros pecados son perdonados. Recuerde que, al igual que Noé no necesitaba ningún timón y solo una ventana para mirar a Dios, Jesús será nuestro guía (volante) y nuestros ojos (ventana). Esto significa que debemos actuar como Jesús y la Biblia nos dicen y confiar en Dios viviendo nuestras vidas a su manera, incluso cuando no estemos de acuerdo o no lo entendamos. Es difícil, pero recibiremos las bendiciones de Dios si obedecemos y miramos solo hacia Él.

El juicio de Dios sobre la humanidad

Finalmente llegó el día en que se completó el arca. Noé y su familia estarían en el arca por más de un año. Así que Dios hizo que Noé reuniera toda la comida que sería necesaria. Siete días antes de que empezara a llover, Dios le dijo a Noé que llevara a los animales al arca. ¿Cuántos animales de cada especie debía llevar Noé en el arca? Siempre pensamos que Noé recogió solo dos de cada clase, un macho y una hembra, pero esto es solo parcialmente cierto. Si leemos la Biblia con más detenimiento, descubrimos que había clases especiales de animales que Dios le dijo a Noé que llevara de siete en siete en lugar de dos en dos. Noé tomó siete pares de aves y siete pares de los "animales limpios".

Los "animales limpios" eran del tipo especial que Noé y su familia sacrificaron a Dios como ofrenda. Y después del diluvio se les permitiría comer los animales limpios. Estos animales incluían vacas, ciervos, ovejas y cabras. A Noé y su familia no se les permitió comer o sacrificar animales impuros, que incluían cerdos, ardillas y conejos. Mucha gente cree que esta fue la forma en que Dios protegió al pueblo de contagiarse de las enfermedades que portaban estos "animales impuros". A Dios no le preocupa que comamos estos animales hoy en día, y por cierto, ahora hemos desarrollado formas de mantener estos animales libres de enfermedades. ¿Cómo cree que Noé consiguió que todos los animales vinieran a él? ¿Cree que realmente ocurrió?

Después de que todos los animales estuvieran en el arca, Dios dijo a Noé y a su familia que entraran en el arca. Durante cuarenta días y cuarenta noches, llovió sobre la tierra. La lluvia cayó tan rápido y tan fuerte que el agua subió y el arca empezó a flotar. ¿Sabía que la gente que estaba fuera del arca estaba realmente asustada? Nunca habían visto llover antes, y por fin se dieron cuenta de que Noé sabía de lo que hablaba. Pero ahora era demasiado tarde para la gente[3]. Dios le dijo a Noé que una vez cerrada la puerta, nadie más podría entrar. Los que eligieron desobedecer a Dios, no creyendo ni confiando en Él, fueron castigados por sus pecados. Recordemos la imagen que esta historia nos presenta hoy. Un día será demasiado tarde para que creamos y confiemos en Dios, y así como los que no entraron en el arca no estuvieron a salvo del diluvio, los que no entran en la protección de Jesús (los que no creen en Él) serán castigados y separados de Él para siempre.

A medida que el agua subía más y más, cubría toda la tierra. El agua continuó subiendo durante cinco meses hasta que se situó a cuatro metros por encima de la cima de la montaña más alta. Entonces el Señor hizo soplar un viento que ayudó a bajar el agua. Al bajar el nivel del agua, el arca se posó en el monte Ararat. Aun así, el agua seguía cubriendo gran parte de la tierra, y Noé y su familia tuvieron que esperar dentro del arca.

Una cosa que a menudo se olvida es lo duro que tuvieron que trabajar Noé y su familia mientras estaban en el arca. Un año es mucho tiempo para estar encerrado en un barco. Piensa en todas las tareas que tuvieron que realizar: alimentar a los animales, ordeñar a las vacas, cuidar de los animales recién nacidos y, sí, incluso limpiar todos los desechos de los animales. Era un trabajo duro. Tenemos que recordar que la protección de Jesús es maravillosa, pero después de tenerla espera que trabajemos duro para hacer las cosas que nos dice que hagamos. Algunas de ellas pueden no ser muy divertidas. Pero las recompensas y los tesoros que nos dará por el servicio fiel valdrán la pena[4].

Después de muchos días más, Noé dejó salir una paloma por la pequeña ventana del arca. La paloma voló alrededor de la tierra, pero no pudo encontrar un lugar para construir un nido, por lo que regresó al arca. Noé esperó siete días y volvió a enviar al ave, y esta vez la paloma trajo una ramita en su boca, mostrando que una nueva vida estaba creciendo de nuevo en la tierra. Siete días después, Noé volvió a enviar al ave y la paloma no regresó. Poco después, Noé y su familia pudieron salir del arca para volver a vivir en la tierra. Desde el día en que Noé y su familia entraron en el arca hasta que pudieron volver a vivir en la tierra, pasó un año y diez días.

Dios redime a la humanidad

¿Sabía que Noé y su familia estaban emocionados por salir del arca? Lo primero que hicieron fue construir un altar y preparar un cordero para sacrificarlo a Dios. El olor del sacrificio ardiendo en el altar hizo que el Señor se complaciera con Noé. Ese día Dios hizo un pacto o un acuerdo con Noé de que nunca más destruiría la tierra por medio de un diluvio. Esta promesa a Noé sería sellada por un arco iris que Dios puso en el cielo. Después de cada lluvia, Dios vería el arco iris y recordaría su acuerdo con Noé. Entonces Dios le dijo a Noé y a su familia que salieran a la tierra y tuvieran muchos hijos. Pienso en toda la gente que murió en el diluvio, qué triste es saber que las personas se amaban tanto a sí mismas que no estaban dispuestas a amar a Dios o escucharlo. La gente era tan mala que hizo que Dios se arrepintiera de haber hecho al hombre en primer lugar. Sin embargo, con Dios siempre hay un final feliz. ¿No es maravilloso saber que si confiamos y tenemos fe en Dios como hizo Noé, Dios nos protegerá siempre y nos permitirá vivir con Él para siempre?[5] Recuerde, Él envió a Jesucristo, su Hijo, a la tierra para morir por nosotros y protegernos, justo como el arca protegió a Noé. Como Noé confiaba y tenía fe en Dios, él y su familia continuaron viviendo bajo la protección de Dios. Asegúrese de vivir bajo la protección de Dios invitando a Jesús a su vida hoy, ¡en este mismo momento!

Preguntas para profundizar

- ¿Qué le habría dicho a sus amigos si hubiera sido Noé? ¿Cómo reacciona cuando sus amigos se ríen porque va a la iglesia?
- ¿Se avergonzaría de decirle a sus amigos de la escuela o del trabajo que cree en la historia de Noé?
- ¿Tiene miedo de decir el nombre de Jesús cuando está con amigos o en una fiesta? ¿Por qué nos incomoda decir su nombre?
- ¿Está listo para decir que cree que Jesús murió en la cruz y resucitó de la muerte para salvarlo y así pueda pasar la eternidad con Él en el cielo? No sea como la gente del tiempo de Noé que esperó demasiado tarde para creer. Una vez que la puerta se cerró ya no pudieron entrar al arca. Un día será demasiado tarde para aceptar a Jesús.

- ¿Ve la imagen de Jesús en esta historia? La palabra para "calafatear" es un gran ejemplo de Dios mostrándonos cómo nos protege y perdona nuestros pecados.

Para estudio adicional

1. Hasta que llegó el diluvio en la época de Noé, no había llovido sobre la tierra.
   a. Génesis 2:5: La tierra se regaba originalmente con el rocío, no con la lluvia.
   b. Hebreos 11:7: Se advierte a Noé de cosas que no se ven (p. ej., la lluvia).

2. 1 Corintios 3:14: Al final de nuestros días en la tierra, recibiremos una recompensa por las cosas que hacemos que honran a Dios.
3. 2 Pedro 2:5: El juicio viene de nuevo como lo hizo en el tiempo de Noé.
4. Dios nos recompensa por las dificultades que enfrentamos y por obedecerle.
   a. 2 Timoteo 2:3-10: Sufra las dificultades como un buen soldado de Cristo para que gane el premio y con él la gloria eterna.
   b. 1 Pedro 1:3-9: Dios tiene una herencia reservada para usted en el cielo, aunque mientras esté en la tierra pueda tener muchas pruebas y problemas.
   c. Santiago 1:2-4, 12: Tenga sumo gozo cuando se halle en diversas pruebas para que sea completo (listo para Dios).
   d. 1 Corintios 3:10-15: Después de establecer nuestro fundamento en Cristo, construimos nuestras vidas con cosas buenas y malas; al final somos recom pensados por las cosas buenas.
5. 2 Pedro 2:5, 9: Así como hizo con Noé, Dios sabe cómo salvarnos y protegernos.

6
La torre de Babel

Génesis 11:1-9

Después de que Noé y su familia dejaran el arca, la vida volvió a la normalidad y pronto la tierra volvió a estar llena de gente. Pero al igual que antes, la gente no escuchaba a Dios ni le obedecía. La gente decidió construir un altar (una gran torre) hacia el cielo. Tal como aprendimos en la historia de Adán y Eva, satanás está tratando una vez más de interrumpir e interferir con el plan de Dios para la humanidad. Se puede ver la influencia de Satanás en estas personas. Habían decidido llegar a los cielos al igual que satanás decidió mucho antes que se apoderaría del trono de Dios. Así que Dios hizo que Miguel, el arcángel, con su ejército de ángeles, echara del cielo a satanás y a los ángeles que se pusieron de su lado. Ahora Dios tuvo otra batalla con satanás; esta vez fue a través de la gente que construía una torre y trataba de ser como Dios.

El poder de satanás, el diablo

Antes de continuar con esta historia, veamos si podemos averiguar más sobre lo que la Biblia dice acerca de satanás. Ezequiel nos dice que, antes de su corrupción, satanás tenía el sello de la perfección, teniendo mucha sabiduría y belleza. Estaba en el Edén, el huerto de Dios, y fue creado como un querubín ungido. Al igual que Miguel, otro ángel de Dios, era uno de los mejores y de mayor rango de todos los ángeles[1]; estaba en el monte santo con Dios y era irreprochable en todos sus caminos hasta el día en que se encontró en él maldad. Antes de su caída del cielo, su nombre angelical era Lucifer. Se nos dice que se volvió arrogante debido a su belleza y a su corrupción porque pensaba que estaba tan lleno de esplendor; pensaba que era tan maravilloso que era más poderoso que Dios. Isaías en su libro del Antiguo Testamento dice lo siguiente sobre Lucifer:

> *¡Cómo caíste del cielo, oh Lucero, hijo de la mañana! [refiriéndose a Lucifer] [...]. Tú que decías en tu corazón: Subiré al cielo; en lo alto, junto a las estrellas de Dios, levantaré mi trono [...] y seré semejante al Altísimo*[2].

Así que Satanás pecó y fue arrojado del santo monte de Dios.

A satanás se le conoce por varios nombres[3]. Hemos aprendido que su nombre angelical original era Lucifer. Lo conocemos en el huerto del Edén como la serpiente. A menudo, la Biblia se refiere a él como "el diablo" y satanás; en otros lugares es llamado belzebú, el príncipe de los demonios. Sea cual sea el nombre, Jesús nos dice que es el gobernante de este mundo[4] y su plan es matar, robar y destruir[5].

¿Cómo se convirtió en príncipe de este mundo? A lo largo de los años he escuchado varios relatos diferentes. Uno de ellos es que antes de su caída del monte sagrado de Dios, a Lucifer se le dio la responsabilidad de ser el príncipe de la tierra. Otro relato que creo que tiene más sentido se remonta a nuestra historia de Adán y Eva. Compartimos en la historia de la creación que Dios hizo al hombre a su imagen y semejanza, y que el hombre fue creado para señorear a los peces del mar y a todas las criaturas de la tierra y para tomar autoridad sobre ellos. Así que del relato del Génesis aprendemos que al hombre se le dio la responsabilidad de ser el gobernante de este mundo. Y cuando cayó en la trampa de satanás y comió del fruto del árbol de la ciencia del bien y del mal, perdió su autoridad y fue tomada por Lucifer/satanás. Esto es apoyado por el escritor de Hebreos, quien dice que Jesús murió para arrebatarle el poder de la muerte al diablo[6].

Desde que satanás fue expulsado del cielo, ha estado en guerra con Dios. Dios nos ha llamado a unirnos en esta batalla contra satanás[7]. Y mientras estemos en la tierra, debemos entender que estamos en territorio enemigo, en el reino de satanás. Pedro dice que somos extranjeros y peregrinos en este mundo y que debemos mantener un comportamiento excelente[8]. Pablo en Filipenses nos dice que nuestra ciudadanía está en el cielo[9] y que debemos vivir nuestras vidas según las reglas del reino de Dios (mundo celestial) y no de este reino (mundo terrenal) en el que vivimos. Le dice a Timoteo que debemos ser buenos soldados de Cristo Jesús[10]. Nuestro trabajo es seguir los mandamientos de Dios para poder unirnos a Él en esta batalla con nuestro enemigo, el diablo. ¡Con Dios de nuestro lado ganaremos la victoria![11].

Descubrimos que el plan de satanás era apoderarse del trono de Dios. Desde que perdió su primera batalla con Dios, dirigió su atención a frustrar el plan de Dios con el hombre. Desafortunadamente, sabemos que la humanidad, incluyéndonos a nosotros, es fácilmente influenciada por las tentaciones de satanás. La naturaleza pecaminosa que heredamos de nuestros padres originales, Adán y Eva, está centrada en el egoísmo. Así que, si satanás puede engañarnos para pensar que podemos ganar con sus tentaciones, fácilmente caemos como su presa o víctima.

Muchos de nosotros llevamos una vida tan cómoda que nos cuesta pensar que somos extranjeros y peregrinos en este mundo. Pareciera que los extranjeros y peregrinos son los que vienen a visitarnos, no nosotros. Pero debemos aprender a pensar desde la perspectiva de Dios. Por ejemplo, si usted fuera llamado a mudarse a México, ¿bebería el agua del grifo mientras vive allí? ¿Por qué no? Le daría un virus estomacal muy doloroso y pagaría muy caro el error. No creo que tenga que decirle lo que ocurre cuando se contrae un virus estomacal, ¿verdad? El agua contiene algo que enferma a los extranjeros. En todos mis años no he oído que nadie vaya a México y beba intencionalmente el agua del grifo. Les enseñan a no hacerlo y se lo creen, así que casi todo el mundo sigue la norma.

Dios nos dice lo mismo. Pero por alguna razón no le creemos. Él dice "no bebas el agua" mientras estemos aquí en la tierra. Bueno, no dice que no bebamos el agua, pero la Biblia nos dice que a veces nos enfermamos porque no examinamos bien lo que hacemos mal y pedimos perdón[12]. Dios nos da reglas para vivir que son totalmente diferentes de las que nos enseña este mundo. Por un lado, nos dice que pongamos a los demás antes que a nosotros mismos y que seamos amables con nuestros hermanos y hermanas, con nuestros hermanos de la iglesia y con nuestros compañeros de trabajo, incluso con los que nos tratan mal. Pero no hacemos lo que Dios nos llama a hacer y nos enfermamos; es decir, tenemos problemas y nos siguen pasando cosas malas que no podemos entender, y nos preguntamos por qué. Cuánto mejor estaríamos si aprendiéramos las reglas de Dios y las siguiéramos. Puede que no obtengamos todo lo que queremos ahora, pero más adelante, cuando Dios reparta sus recompensas[13], obtendremos mucho más de lo que jamás hubiéramos podido soñar, y las tendremos por la eternidad (para siempre).

Dios interviene para interrumpir la construcción de la torre

Ahora, volvamos a la historia de la torre. A medida que la torre crecía cada vez más, Dios dijo:

La gente está trabajando junta como si fuera una sola, con acciones malvadas en mente; si siguen trabajando juntos, entonces no habría nada que los detenga.

¡Qué declaración tan poderosa! Incluso Dios dijo que el plan de satanás funcionaría si Él (Dios) no detenía a la gente. Este es un punto importante que Dios está tratando de decirnos. Dios diseñó el mundo para que cuando la gente trabaje junta, se puedan lograr cosas poderosas. Dios siempre ha llamado a los cristianos (aquellos que creen en Jesús como el Cristo) a unirse para sus propósitos, y cuando realmente nos unimos podemos hacer cualquier cosa. Por otro lado, se pueden realizar obras poderosas cuando las personas trabajan juntas para propósitos malignos. Por lo tanto, es importante que todos los cristianos trabajen juntos con Dios[14] para que Satanás y sus fuerzas malignas puedan ser derrotadas. Dios quiere nuestra ayuda. Cada uno de nosotros tiene un trabajo que hacer. Algunos pueden parecer más importantes que otros, pero Dios dice que todos son tan importantes como cualquier otra persona[15].

En otro libro de la Biblia, Moisés cuenta cómo una persona en la cima de una colina puede asustar a mil soldados enemigos, y dos pueden asustar a diez mil soldados[16]. Cuantos más soldados estén de pie en la colina, más temerán los soldados enemigos por la cantidad de soldados que puedan estar escondidos detrás de la colina. Este es un ejemplo de cómo dos personas trabajando juntas pueden lograr muchas cosas grandes, dos personas son diez veces mejor que una persona sola. Jesús nos dice: "donde están dos o tres congregados en mi nombre, allí estoy yo en medio de ellos"[17].

Dios estaba tan preocupado por las malas intenciones de las personas que construían la Torre de Babel que confundió su discurso; es decir, les hizo hablar en diferentes idiomas. La confusión y las discusiones surgieron entre la gente porque no podían entender de quién y de qué se hablaba. Imagine que un día va al trabajo o a la escuela y no puede entender nada de lo que dicen. La gente se enfadaba y discutía entre sí. Todo el trabajo en común cesó. La gente se trasladó a diferentes partes de la tierra para empezar la vida de nuevo. Como siempre, Dios sigue teniendo el control.

Podríamos preguntarnos por qué estaba mal que construyeran una torre hacia el cielo. Recordemos que el nombre que se le dio a la torre fue Torre de Babel. Babel es una palabra que es similar a Baal, un falso dios de satanás que la gente adoraba en lugar del verdadero Dios. Creo que la gente estaba construyendo la Torre de Babel para satanás; en consecuencia, estaban bajo su influencia. Aprendemos de la descripción de satanás que su pecado fue su deseo de ascender al trono de Dios. Así que estaban siguiendo el liderazgo de satanás tratando de alcanzar el trono de Dios.

La gente había decidido que lo que quería era más importante que Dios. ¿Quién es más importante para usted? ¿A quién elegirá adorar? La respuesta está en cómo actúa y a quién obedece en su vida diaria. Puede que diga que ama a Dios y elige adorarlo, pero la forma en la que actúa dice lo que realmente siente en su corazón.

Preguntas para profundizar

- ¿Qué piensa sobre los seres angelicales que viven en el mundo de Dios y que algunas veces nos visitan en nuestro mundo?
- ¿Cómo debe defenderse de satanás o de uno de sus ángeles caídos (o demonios)?
- ¿En dónde puede encontrar las reglas sobre las que Dios quiere que vivamos?
- ¿Qué puede hacer para apoyar a Dios en su batalla con satanás?

Para estudio adicional

1. Daniel 10:13: Miguel, el arcángel, acude al rescate porque es más fuerte.
2. Una descripción de satanás (el diablo) y cómo fue expulsado del cielo:
   a. Isaías 14:12-14
   b. Ezequiel 28:12-19
3. Los nombres de nuestro enemigo, el diablo:
   a. Job 1:6-9, 12: Satanás
   b. Mateo 4:1,10: El diablo, el tentador
   c. Efesios 6:10-12: El demonio, el gobernante de las tinieblas en las regiones celestes
   d. Lucas 11:15: Beelzebú, príncipe de los demonios
   e. Apocalipsis 12:9: El gran dragón, la serpiente de la antigüedad (es decir, la del huerto del Edén) que se llama diablo y satanás
4. En dos ocasiones, Jesús se refiere al diablo como el príncipe de este mundo.
   a. Juan 12:31
   b. Juan 14:30
5. Juan 10:10: El ladrón (el diablo) viene a matar, robar y destruir.
6. Hebreos 2:14: Jesús dejó sin poder al que tenía el poder de la muerte, el diablo.
7. Efesios 6:10-18: Dios quiere que nos unamos a Él en la batalla contra satanás y que nos pongamos toda la armadura de Dios para pelear la batalla contra satanás, el gobernante de las tinieblas, en las regiones celestes.
8. 1 Pedro 2:11: Somos extranjeros y peregrinos en esta tierra.
9. Filipenses 3:20: Nuestra ciudadanía está en el cielo.
10. 2 Timoteo 2:3-4: Somos llamados a ser buenos soldados de Cristo para pelear en la batalla.

11. Somos vencedores imponentes con Cristo; ningún poder puede vencernos; la muerte no puede tocarnos ya que la victoria es nuestra en Cristo.
    a. Romanos 8:37-39
    b. 1 Corintios 15:55-57
12. 1 Corintios 11:24-32: Cuando compartan juntos la Cena del Señor, tómense el tiempo para preguntarle a Dios qué pueden haber hecho mal y pedirle perdón; de lo contrario, pueden enfermarse.
13. 1 Corintios 5:10: Somos recompensados por las buenas y malas acciones que hacemos aquí en la tierra.
14. Efesios 4:1-7: Todos debemos trabajar juntos como un solo cuerpo unificado con Cristo.
15. 1 Corintios 12:12-27: Cada uno de nosotros tiene una parte en la obra de Cristo.
16. Deuteronomio 32:30: Uno puede hacer huir a mil; dos pueden hacer huir a diez mil.
17. Mateo 18:18-20: Jesús dice: "Porque donde están dos o tres congregados en mi nombre, allí estoy yo en medio de ellos".

7

Dios llama a Abraham

Génesis 12-16

Incluso después de que Dios cambiara el idioma de la gente para que no pudieran entenderse entre sí, no se apartaban del mal. Continuaron adorando a satanás y siguiendo sus caminos egoístas. Dios decidió que no podía trabajar con la gente que no estaba dispuesta a escucharlo o al menos tratar de seguir sus reglas. Sin embargo, había prometido, por su acuerdo con Noé, que no volvería a destruir el mundo mediante un diluvio. Así que Dios llamó a un hombre con el que haría un pacto (promesa) para ser su Dios. Este hombre, Abraham, había encontrado el favor de Dios.

Abraham obedece al llamado de Dios

Cuando Abraham escuchó el llamado de Dios, dejó su tierra natal para obedecer la voz de Dios. Abraham, al igual que Noé, confió en Dios. Como resultado de la fe de Abraham, Dios hizo un pacto-promesa con Abraham al igual que hizo con Noé. Dios le prometió a Abraham que le daría un hijo, un hijo que sería padre de naciones, y que a través de este hijo el mundo entero sería bendecido[1]. Abraham y sus descendientes se convirtieron en el pueblo escogido de Dios, su familia escogida.

¿Cómo pueden ser todos bendecidos por una persona? Posteriormente descubrimos que Abraham comprendió que la promesa de Dios significaba que uno de los descendientes de

Abraham sería algún día el Salvador, que ahora sabemos que es Jesús. Lo sabemos porque en el Evangelio de Juan, Jesús nos dice que Abraham se alegró[2] al ver el día de Jesús; lo vio y se alegró2. Así que Dios le contó a Abraham su plan de enviar a Jesús al mundo y que sería a través de los descendientes de Abraham que Jesús nacería un día. Y mediante Jesús todo el mundo puede llegar a ser parte de la familia de Abraham; por lo tanto el mundo entero sería bendecido. Antes de que Jesús viniera a la tierra como humano, era el Prometido, también conocido como el Mesías. El Nuevo Testamento se refiere al Mesías como el Cristo, el que salva.

Abraham hizo lo que Dios le pidió. Abandonó su casa y tomó a su esposa, Sara, y a su sobrino, Lot. Abraham y Sara estaban envejeciendo; Abraham tenía setenta y cinco años y Sara sesenta y cinco. No pasaría mucho tiempo antes de que ya no pudieran tener hijos. La gente de aquella época vivía más tiempo que nosotros en la actualidad. Dios le pidió a Abraham que tuviera paciencia. Mientras tanto, Dios bendijo a Abraham por su obediencia. Se hizo muy rico y respetado en su nueva tierra. Mientras Abraham esperaba a su hijo, Dios le hizo una segunda promesa. Abraham y sus descendientes después de él heredarían todo el territorio donde vivía Abraham. Esta tierra que Dios dio a los descendientes de Abraham se llama la tierra prometida.

Abraham tropieza, pero es justo porque cree

Abraham permaneció fiel y creyó en las promesas que Dios le hizo. Sin embargo, aunque Abraham trató de seguir todos los mandamientos de Dios, él, como nosotros, cometió muchos errores. Por ejemplo, un año en que había hambre en la tierra de Canaán, Abraham se fue a vivir a Egipto. Mientras Sara y él entraban a Egipto, él le pidió que pretendiera ser su hermana. Debido a su hermosura, Abraham temía que el rey (Faraón) lo matara y tomara a Sara como esposa.

Cuando el Faraón escuchó sobre la belleza de Sara, la invitó a su palacio. Pero Dios no quería que el Faraón la tocara, así que puso una plaga en el Faraón y en todo su palacio a causa de Sara.

Cuando el Faraón se enteró de la razón de la plaga, estaba furioso porque Abraham no le había dicho la verdad. Le ordenó a Abraham que tomara a su esposa y se fuera. Dios tenía planes especiales para Abraham y Sara. No quería que otro hombre la tocara. Dios quería que ella fuera solo la esposa de Abraham. No iba a permitir que la debilidad de Abraham se interpusiera en su plan. El hijo prometido iba a ser un regalo especial de Dios, y Él necesitaba que Sara fuera pura.

Abraham debía haber confiado en que Dios lo protegería, en lugar de inventar una mentira. En este caso, Dios protegió a Abraham y encontró una manera de cubrir su error. Más adelante descubrimos en otra historia que Abraham vuelve a cometer el mismo error. Y una vez más Dios protege a Sara y no permite que otro hombre esté con ella. Aunque sabemos que Abraham es un hombre de Dios, también vemos sus errores. Nosotros también nos asustamos como él y no estamos dispuestos a confiar en Dios para las cosas que necesitamos en nuestra vida diaria. Pero eso no significa que no amemos a Dios. Y no significaba que Abraham no amara a Dios y no creyera en Él.

A lo largo de la historia de Abraham se nos recuerda su fe y obediencia a Dios. Pero como era humano, estaba sujeto al pecado, y de vez en cuando permitía que su miedo anulara su obediencia. ¿Sabía que ninguno de los muchos errores de Abraham se menciona en el Nuevo Testamento? El Nuevo Testamento solo comparte las muchas cosas maravillosas que hizo. Lo que Dios ha perdonado, Dios lo ha olvidado. Hemos sido salvados por la muerte y resurrección de Jesús. Y si lo aceptamos como nuestro Salvador, entonces Él tampoco se acordará de las cosas malas que hagamos[3]. ¿No son estas maravillosas noticias?

Descubrimos una lección muy importante sobre la relación de Abraham con Dios. Y también se aplica a nosotros. Aunque Abraham era un hombre bueno, era especial, no porque fuera bueno, sino porque creyó en Dios y obedeció al llamado de Dios. Su fe en Dios hizo a Abraham justo; esto se explica mejor como estar bien con Él. Es lo mismo con nosotros hoy[4]. Somos hechos justos con Dios por nuestra fe en Él y en Jesús como nuestro Salvador, no por lo bueno que actuemos o por las cosas maravillosas que hagamos[5].

No hacemos buenas obras para ganarnos el amor de Dios; las hacemos por nuestro amor a Jesús y por lo que ha hecho por nosotros. En el Nuevo Testamento, Pablo nos dice: "Porque por gracia sois salvos por medio de la fe; y esto no de vosotros, pues es don de Dios"[6]. La gracia es el amor de Dios por nosotros aunque no lo merezcamos. Pero luego Pablo continúa diciendo que es a partir de esta comprensión del maravilloso don que Jesús nos ha dado que nos convertimos en sus obreros para hacer buenas obras para nuestros semejantes[7]. Es decir, nos ayuda a convertirnos en el tipo de personas que se dedican a hacer el bien a los demás.

Desde el principio, Dios planeó que Jesús viniera a la tierra porque cada uno de nosotros necesita un Salvador; necesitamos que alguien asuma el castigo por nuestros pecados. Abraham necesitaba que Jesús muriera por sus pecados tanto como nosotros. Abraham vivió mucho antes de que Jesús viviera en la tierra, pero aun así se salvó gracias a su fe. Vivimos mucho tiempo después de que Jesús viviera en la tierra, y también nos salvamos porque creemos. Dios nos llama a confesar con nuestra boca (con palabras) que Jesús es el Señor y a creer en nuestro corazón que Dios lo resucitó de entre los muertos; si lo hacemos, seremos salvos[8]. ¿Salvos de qué? Somos salvados de una vida eternamente separada de Dios y del castigo por las cosas que hemos hecho mal a una vida con Dios en la gloria eterna: una vida en el cielo con el perdón de todos nuestros pecados y llena de alegría y felicidad todo el tiempo[9]. ¿Está listo para obedecer al llamado de Dios para su vida?

Preguntas para profundizar

- Dios nos llama a todos. Tome el tiempo de escuchar. ¿Ha oído o incluso sentido que Dios se acerca a usted?
- Dios está buscando que sea fiel. ¿Puede enfocarse en Dios en vez de en las cosas de este mundo y en su propio egoísmo? Si lo hace, será bendecido por Dios como lo fue Abraham. Tómese un tiempo para pensar en ello.
- ¿Cómo le hace sentir saber que Dios está dispuesto a perdonar y olvidar sus errores?
- ¿Qué dice esta historia sobre lo que Dios exige de nosotros?
- Al creer en Jesús, los cristianos dicen que son salvos. ¿De qué son "salvos"? ¿Es algo de lo que usted quiere ser "salvo"?

Para estudio adicional

1. La promesa es dada a Abraham para tener "el Hijo" (primero Isaac y luego a través de sus descendientes en un tiempo posterior, Jesús) a través del cual todos serán bendecidos.
   a. Romanos 4:11,16
   b. Gálatas 3:13-14
2. Juan 8:56: Abraham se gozó de ver el día de Jesús; lo vio, y se gozó.
3. Hebreos 8:12: Dios no se acordará más de nuestros pecados.
4. Gálatas 3:6-9: Abraham fue justo (justo con Dios) porque creyó, y así es con nosotros.
5. Romanos 3:22-24; 4:4-5: Somos salvos por la fe, no por lo buenos que seamos.
6. Efesios 2:8-9: Nos salvamos por gracia, no por el bien que hagamos; es un puro regalo de Dios.
7. Efesios 2:10: En agradecimiento por el don de la gracia de Dios, realizamos entonces buenas obras para Él.
8. Romanos 10:9-10: Confesamos con nuestra boca y creemos en nuestro corazón que Jesús es el Señor y murió para salvarnos.
9. Vida eterna o castigo eterno, usted elige:
   a. Juan 3:16, 36: Tanto amó Dios al mundo que entregó a su hijo único, para que todo el que crea tenga vida eterna. Los que no creen están sujetos a la ira de Dios.
   b. Mateo 25:31-34, 45-46: Al final, Jesús se sentará en su trono e invitará a los que han creído a unirse a Él en su reino; y los que no han creído serán enviados a un lugar de castigo eterno.

8

Lot, el sobrino de Abraham: Un hombre justo distinto a los demás

Génesis 13, 18-19

Abraham y Lot entran a la tierra prometida

Como recordará de nuestra historia anterior, Lot, el sobrino de Abraham, lo ayudó a establecerse en su nueva tierra. Cuando Abraham comenzó a prosperar, Lot prosperó con él. Sin embargo, los siervos de Lot comenzaron a discutir con los siervos de Abraham sobre el reparto del pastizal para sus ovejas.

Finalmente Abraham le dijo a Lot: "Hay mucha tierra aquí, dividámosla". Así que se pararon en una montaña y miraron por encima de la tierra y vieron un lado con pastizales que eran perfectos para las ovejas. Abraham dejó que Lot eligiera primero la tierra. Lot, por supuesto, eligió el lado con los mejores pastizales y se estableció en Sodoma; Abraham, sin quejarse, tomó el otro lado. Sabía que Dios cuidaría de él.

Debido a que Abraham obedeció a Dios, Él volvió a bendecir la tierra en la que vivía Abraham, y la tierra se volvió fértil, por lo que había mucho pasto para todas las ovejas de Abraham. ¿Está dispuesto a dar lo mejor a otra persona en lugar de pensar en si mismo? Si lo hace sin esperar nada a cambio, las bendiciones de Dios serán mucho mejores que lo que ha dejado[1]. ¿O será como Lot y elegirá siempre lo que cree que es mejor para usted y se perderá una bendición especial de Dios?

Varios años después, un día unos ángeles visitaron a Abraham para recordarle la promesa de Dios de tener un hijo. Cuando los ángeles estaban a punto de irse, Dios se dijo a sí mismo: "¿Debo decirle a Abraham que voy a enviar a estos ángeles a Sodoma y Gomorra para destruir las ciudades?". Dios decidió decirle a Abraham que estas dos ciudades eran tan malvadas que planeaba destruirlas con fuego. Dios planeó lanzar una bomba "celestial" sobre Sodoma y Gomorra[2].

Cuando Dios le dijo esto a Abraham, se dio cuenta de que su sobrino Lot vivía en Sodoma. Como resultado tenemos una conversación muy interesante entre Dios y Abraham.

Abraham le dijo a Dios:

"No tengo derecho a pedirte esto, pero como eres un Dios clemente y misericordioso, te voy a pedir un favor. Dios, si solo hay 50 personas buenas en Sodoma, ¿podrías perdonar a toda la ciudad?". Dios respondió: "Abraham, por 50 personas buenas no destruiré la ciudad". Abraham dijo: "Dios, ya has concedido una petición y te lo agradezco, pero ¿podrías cumplir otra petición de que si solo hay 40 personas buenas, perdonarías a la ciudad?". Dios dijo: "Abraham, por 40 personas buenas no destruiré la ciudad". Abraham dijo: "Dios, has sido paciente conmigo, pero te vuelvo a preguntar, por 30 personas buenas ¿permitirás que se salve la ciudad?" Dios dijo: "Por ti, Abraham, si hay 30 personas buenas salvaré la ciudad". Abraham vuelve a llamar a Dios y le dice: "Dios, ¿qué tal 20 personas buenas?". Y Dios le concede esa petición. Por última vez, Abraham dice: "Dios, una petición más. Si solo hay 10 personas buenas, ¿permites que esa ciudad se salve?". Y Dios dice: "Abraham, por 10 personas buenas salvaré la ciudad".

A veces pensamos que Dios habló con Abraham porque era muy especial. Pero para Dios nosotros, como cristianos, somos tan especiales como Abraham. Recuerde que los cristianos son hijos de Dios al igual que Abraham[3]. Así que Dios quiere compartir con nosotros también. ¿Se ha tomado el tiempo de escuchar la voz de Dios? Jesús dice que los que le aman conocen su voz y le siguen. Pero si no pasa tiempo con Dios, no conocerá su voz cuando le hable. Cuando su mejor amigo le llama por teléfono, conoce su voz sin preguntar quién es. ¿Por qué? Porque ha pasado mucho tiempo con él y conoce muy bien su voz. Dios quiere que pase suficiente tiempo con Él para que conozca su voz cuando le hable.

Y, sí, nosotros, como Abraham, podemos pedirle a Dios cosas que necesitamos o incluso a veces cosas que queremos. En el Nuevo Testamento, Santiago nos dice que no recibimos de Dios porque no pedimos; y no obtenemos lo que pedimos porque pedimos por razones o motivos equivocados[4]. Esta es una lección importante que debemos aprender; necesitamos conocer a Dios y pasar tiempo con Él, para estar preparados para ayudar a Dios, para servirle, y cuando tengamos una necesidad, pedirle con fe, sabiendo que nos dará nuestra petición tal como Dios le dio a Abraham su petición[5]. Tómese un momento para escuchar la voz de Dios. Puede que no ocurra ahora mismo, pero si le dedica tiempo y es paciente, le hablará.

Lot escapa de la destrucción de Sodoma y Gomorra

Cuando terminó de hablar con Abraham, Dios ordenó a los ángeles que fueran a Sodoma y Gomorra para ver si podían encontrar a diez personas buenas. Cuando los ángeles entraron en las puertas de Sodoma, Lot estaba sentado en la plaza y llamó a estos desconocidos. Al hablar con ellos, vio que eran buenas personas. Luego, Lot los invitó a su casa diciendo: "Deben entrar y quedarse conmigo. No tienen ni idea del mal que les puede sobrevenir si se quedan en esta ciudad esta noche". Lot temía por ellos; temía que la gente de Sodoma le hiciera daño a los ángeles. En ese momento no era consciente de que esos visitantes eran ángeles, pero sabía lo mal que la gente de la ciudad podía tratar a los extraños.

Esa noche, la gente de la ciudad llegó a la casa de Lot y golpeó su puerta, exigiendo que les entregara a los extranjeros. Lot sabía que la gente quería dañar a los ángeles y hacerles cosas malas. Así que, Lot trató de disuadir a la gente de sus planes malvados, pero no le hicieron caso. Cuando la gente derribó la puerta, los ángeles cegaron a los hombres de la ciudad. La gente se confundió y se asustó y abandonó la casa de Lot. Entonces los ángeles le contaron a Lot el plan de Dios de destruir la ciudad. Si Lot y su familia no se iban inmediatamente, serían destruidos con la ciudad. Estaba claro que Lot era la única persona buena en toda la ciudad.

Lot no pudo discutir más y se fue con los ángeles. Los ángeles le indicaron a Lot y a su familia que corrieran a las montañas, pero que bajo ninguna circunstancia volvieran a mirar a la ciudad. Si lo hacían, serían destruidos. Lot y su familia se habían vuelto demasiado parecidos a esa gente malvada de Sodoma. Tenían que dejar atrás Sodoma y toda su maldad y empezar de nuevo. Es igual que cuando nos volvemos a Jesús, debemos olvidarnos de nuestra vieja vida. Debemos ponernos nuestra nueva vida y mostrar a todos nuestra nueva naturaleza piadosa[6]. Dios quiere que no volvamos a mirar atrás. Lo mismo sucedió con Lot y su familia. La ira, el juicio y el fuego de Dios serían demasiado fuertes para ellos. Aunque la tentación de mirar hacia atrás sería grande, no serían capaces de manejarla.

Mientras huían de la ciudad, la esposa de Lot se acordó de su casa, de la gente que había allí y de las cosas que había perdido. Así que, mientras la ciudad ardía en llamas, se volteó para mirar por última vez. Cuando lo hizo, Dios cumplió su promesa y la convirtió en una estatua de sal (una estatua congelada y sin vida). Afortunadamente para Lot, él y sus dos hijas no miraron atrás y se salvaron de la destrucción. Huyeron a las montañas y vivieron en cuevas cercanas.

La provisión de Dios para los indignos

Después de salir de Sodoma, las hijas de Lot tenían miedo de que ningún hombre se casara con ellas. Durante este tiempo en la tierra, era muy importante para una mujer tener un hijo varón que la cuidara, especialmente en su vejez. Y como ya hemos hablado antes, la importancia de una mujer se basaba en tener hijos varones. Así que esa noche las hijas idearon un plan para emborrachar a Lot. Mientras él estaba tan borracho que no sabía lo que estaba haciendo, la hija mayor de Lot se acostó con su padre y luego tuvo un hijo llamado Moab. A la noche siguiente, volvieron a emborrachar a Lot y la hija menor también se acostó con su padre, y más tarde tuvo un hijo llamado Amón.

Por horrible que parezca, el miedo hizo que estas jóvenes cometieran actos tan terribles. Las hijas necesitaban confiar en Dios y saber que Él las protegería y cuidaría así como las protegió de la destrucción de la ciudad. El miedo puede hacernos hacer cosas de las que luego nos arrepentiremos. Deberíamos ser capaces de entender el miedo de estas jóvenes. Acababan de ver morir a sus esposos en la destrucción de toda su ciudad. ¿Quién querría casarse con ellas? Todo a su alrededor había sido destruido. ¿Quedaba alguien para casarse con ellas? Puede ser fácil criticar a alguien porque puede ver lo que ellas no pudieron ver en ese momento. A menos que haya experimentado este tipo de miedo, es difícil de entender. Pero Dios nos llama a superar nuestro miedo y a confiar en Él.

Lo contrario del miedo es la fe. Así que tengamos la fe de confiar en Dios en los momentos difíciles para que el miedo no se apodere de nuestras vidas. De lo contrario, satanás utilizará el miedo para dañarnos o incluso destruirnos. ¿Alguna vez ha hecho algo malo porque tenía miedo de lo que dirían tus amigos si no estaba de acuerdo con todos los demás? ¿Alguna vez se ha sentido solo y con miedo? Intente buscar a Dios en lugar de ceder a ese miedo.

Pero, una vez más, "a los que aman a Dios, todas las cosas les ayudan a bien"[7]. El Nuevo Testamento reconoce el mal juicio de Lot, pero habla de él como un hombre justo[8]. ¿Cómo podría Dios considerarlo justo o una buena persona considerando todos los horribles errores que cometió? Él, al igual que nosotros, es justo porque creyó y confió en Dios, no por sus acciones. ¿No es estupendo saber que Dios nos ama y perdona todo el mal que hacemos? Todo lo que tenemos que hacer es creer. ¿Significa eso que podemos hacer todo el mal que queramos? Por supuesto que no; si creemos de verdad, querremos seguir a Jesús y hacer las cosas correctas[9]. Pero cuando metamos la pata, y lo haremos, debemos acordarnos de volver a Dios y pedirle perdón; Él tendrá la gracia no solo de perdonar, sino también de olvidar lo que hemos hecho mal.

¿Alguna vez hizo algo tan malo que sintió que no había forma de que Dios lo perdonara? Si alguien como Lot puede ser perdonado y ahora es parte de la familia de Dios, usted también puede serlo. Al final, Dios protegió y bendijo a Lot y a sus hijas. Los dos hijos nacidos de sus hijas se convirtieron en líderes de sus propias naciones que durante muchos años serían países vecinos de la tierra prometida para los descendientes de Abraham. En una historia posterior, después de que Moisés y Josué llevaran al pueblo escogido por Dios de vuelta a este territorio desde Egipto, una descendiente de Moab llamada Rut se convierte en una parte muy especial de la familia de Dios y, por lo tanto, también de nuestra familia. Rut fue la bisabuela de David, el segundo rey de Israel y un ancestro de Jesús[10]. Recuerde, Dios en su gracia permite que cualquiera entre en su familia si elige confiar y tener fe en Él, incluso aquellos, especialmente aquellos, que vienen de una familia de pecadores como Lot y como nosotros. ¡Aleluya!

Preguntas para profundizar

- Una y otra vez Lot toma malas decisiones. Es porque se concentra en lo que quiere; su egoísmo es su perdición. ¿Tiene usted a veces un problema parecido?
- Aunque seamos buenos, no podemos ganarnos la salvación (que Jesús perdone nuestros errores); nosotros, como Lot, solo tenemos que creer. ¿Tiene esto sentido para usted?
- ¿Cómo recibe la protección de Dios?
- ¿Puede pensar en un momento en que Dios sacó algo bueno de una mala situación?
- Ya que Dios nos perdona, ¿esto nos da el derecho de hacer cosas malas?

Para estudio adicional

1. Lucas 6:31-33, 38: Dios recompensa a los que ponen a los demás antes que a sí mismos.
2. 2 Pedro 2:6-9: Dios destruyó a Sodoma y Gomorra por sus malas acciones.
3. Los que creen son los verdaderos hijos de Abraham y ellos también recibirán las bendiciones de Dios.

a. Gálatas 3:6-7, 26-29: Somos hijos de Abraham por la fe y, por lo tanto, recibimos o heredamos las mismas promesas que Dios le dio a él.

b. Romanos 8:16-17: Los hijos de Dios son coherederos con Jesús y, por ende, obtienen todos los derechos de un hijo de rey, lo que hace a los creyentes muy ricos. Esta herencia puede incluir riquezas terrenales, pero será mucho mejor si viene en forma de riquezas celestiales como la alegría, el amor y la paz.

4. Santiago 4:1-3: No recibimos lo que pedimos porque pedimos con motivos equivocados, queremos lo que deseamos en lugar de lo que Dios quiere.
5. 1 Juan 3:22; 5:13-14: Obedece el mandamiento de Dios, luego pida con fe y en la voluntad de Dios y recibirá lo que pide.
6. 2 Corintios 5:17: De modo que si alguno está en Cristo, nueva criatura es; las cosas viejas pasaron; he aquí todas son hechas nuevas.
7. Romanos 8:28: A los que aman a Dios, todas las cosas les ayudan a bien.
8. 2 Pedro 2:7: Dios dice que Lot era justo, pero se juntó con gente equivocada.
9. Romanos 6:1-2, 12-15: ¿Podemos pecar (hacer el mal) como queramos ya que Jesús ha muerto por nosotros? Ciertamente no; si lo ama seguirá lo que Él hizo y actuará como Él lo hizo o al menos lo intentará.
10. Rut 1:1,4; 4:17: Rut, una gentil que no nació en el pueblo escogido, se convirtió en la bisabuela del rey David y en un antepasado directo de Jesús; Dios quiere que todos sean salvos, y aquí está la evidencia de que esto fue parte de su plan desde el principio.

9

El hijo de la promesa de Abraham: el nacimiento de Isaac

Génesis 12-16

Dios puede hacer lo imposible, pero ¿estamos preparados?

Habían pasado veinticuatro años desde que Dios le había prometido a Abraham que tendría un hijo. Sin embargo, Abraham y Sara seguían sin tener hijos. Entonces, un día Dios envió a tres ángeles a visitar a Abraham. Estos ángeles le dijeron a Abraham que Dios estaba dispuesto a cumplir su promesa. En una ocasión anterior, Dios había enviado a sus ángeles para recordarle a Abraham que tendría el "hijo prometido". Finalmente el momento había llegado. Abraham selló su pacto (acuerdo) con Dios prometiéndole ser leal y aceptando ser circuncidado. La circuncisión consiste en cortar la piel sobrante de las partes íntimas del hombre. Este acuerdo no era solo para Abraham, sino también para todos sus hijos y sus descendientes para siempre[1]. Los descendientes de Abraham han continuado esta práctica incluso hasta hoy. Les recuerda que son la familia escogida de Dios. Ahora se les conoce como judíos o pueblo judío.

La primera respuesta de Abraham a esta última visita de los ángeles fue que él y Sara eran demasiado viejos para tener hijos. Cuando Sara escuchó a los ángeles hablarle a Abraham sobre el hijo que vendría, se rió y dijo que era imposible porque ya había pasado la edad para tener hijos. Los ángeles se molestaron con Sara por reírse y les dijeron que con Dios todo es posible. Sin duda, la reacción de Sara

era natural. Ella sabía que su cuerpo era incapaz de tener hijos. Desde un punto de vista terrenal, era demasiado tarde. Se necesitaría una "Palabra" sobrenatural de Dios para traer a la existencia lo que no existía[2]. Tal como aprendimos en la historia de la creación en el capítulo 1 del Génesis, la Palabra hablada de Dios creará una vez más. Como veremos en breve, Abraham y Sara tuvieron un hijo al que llamaron Isaac. Al parecer, los ángeles esperaban que Sara y Abraham creyeran en la promesa de Dios. En la actualidad también somos llamados a creer en la Palabra de Dios y a actuar según lo que nos ha dicho. Retrocedamos un poco en la historia y veamos qué llevó a esta visita de los ángeles.

Trece años antes, Sara había decidido que Dios no quería que ella fuera la madre del hijo de Abraham, y le dio a Abraham su sierva, Agar, para que pudiera tener un hijo con ella. Como era tan vieja, Sara pensó que no formaba parte del plan de Dios para cumplir su promesa de dar un hijo a Abraham. Pero esto no era lo que Dios quería. Dios quería que Abraham y Sara fueran los padres del hijo prometido. ¿Por qué otra razón habría protegido a Sara cuando Abraham estaba dispuesto a dejar que otros reyes la tomaran por esposa? Recuerde que, en nuestra historia anterior, Dios intervino y devolvió a Sara a Abraham. Pero había pasado tanto tiempo y Sara sabía que su cuerpo no era capaz de tener hijos, así que dudó de la promesa de Dios. Él tenía una razón especial para hacerlos esperar. Él puede tener una razón especial para querer que esperemos por algo que queremos. ¿Está dispuesto a esperar en Dios? Puede ser difícil, pero la espera valdrá la pena.

Este bebé prometido iba a ser un niño milagroso, uno que Abraham y Sara sabrían que venía de Dios. Él los hizo esperar a propósito y quiso que tuvieran paciencia hasta que Sara ya no pudiera tener hijos; entonces Dios entraría en su cuerpo y lo haría joven de nuevo[3]. Pero primero tenían que aprender a depender totalmente de Él. Hay una lección importante en esto para nosotros hoy.

A veces pensamos que lo que dice la Biblia puede estar equivocado o que tal vez no hemos entendido bien a Dios. Así que no tenemos paciencia para esperar en Dios; peor aún, tratamos de hacerlo a nuestra manera y cometemos un gran error. Veamos qué gran error cometieron Abraham y Sara.

Abraham tuvo un hijo, Ismael, cuya madre era Agar, la sierva de Sara. Posteriormente, Ismael se convirtió en el padre de la gran nación árabe, y hoy en día hay muchas luchas entre los árabes y los judíos porque ambos reclaman derechos sobre la misma tierra. Los árabes dicen que los descendientes de Ismael tienen todos los derechos a la tierra que fue prometida a Abraham porque Ismael fue el primer hijo de Abraham. Los judíos dicen que tienen derecho a la tierra porque su padre, Isaac, fue el hijo prometido a Abraham y Sara; Dios y Abraham le dieron la tierra. La Biblia da la razón a los judíos, y según la Biblia un día la recuperarán.

Puede ver cómo el error de Abraham y Sara de no esperar en Dios causó problemas entre los judíos y los árabes que han luchado desde los tiempos bíblicos hasta hoy; eran humanos y cometieron errores al igual que nosotros. Las personas de estas historias son reales. Si siempre fueran perfectas, creo que sería más difícil para nosotros creer el mensaje que Dios comparte. Pero como Dios mostró el lado bueno y el malo de estas personas, nos ayuda a entender que, por muy buenos que seamos, todos necesitamos que Jesús sea nuestro Salvador. No podemos vivir como Dios quiere que lo hagamos todo el tiempo y de todas las maneras. Esto fue lo que ocurrió con Abraham y Sara. Cometieron un error, es cierto, pero Dios los perdonó por ese error porque creyeron en Dios. Así que Dios aún honró la promesa a Sara y a Abraham de enviar un hijo. Cuando creemos en Dios, Él pasa por alto nuestros pecados y cumple su promesa.

Es importante señalar que Abraham amaba a Ismael y que Dios también lo amaba y lo bendijo haciendo de él una gran nación. Dios puede tomar nuestros errores y sacar algo bueno de ellos. "A los que aman a Dios, todas las cosas les ayudan a bien".[4] Sin embargo, debemos tener claro que la Biblia enseña que fue Isaac el líder de la familia escogida. Si los árabes quieren formar parte de la familia de Dios, tendrán que aceptar que Jesús es el Hijo de Dios y que murió y resucitó para salvarnos. ¿Es esto cierto también para todos nosotros? Claro que sí.

Dios cumple su promesa

Un año después de la visita de los ángeles, Sara dio a luz a un niño al que ella y Abraham llamaron Isaac. Qué día tan feliz para Abraham y Sara. Llevaban mucho tiempo esperando este hijo, y Dios finalmente cumplió su promesa[5]. Él les dio un hijo milagroso. Isaac fue un niño especial que Abraham y Sara cuidaron y alimentaron durante el resto de sus vidas. ¿Está preparado para que Dios le otorgue un milagro? Escuche a Dios en busca de la promesa que le puede dar. Entonces tenga fe como Abraham; sea paciente y no dude de que Dios le concederá la promesa[6]. Si tiene una petición egoísta, no será de Dios.

Analizemos detrás de esta historia y veamos otro mensaje que Dios comparte con nosotros, un hermoso retrato de otro nacimiento "prometido" que vendría dos mil años después. Hay muchas similitudes entre el nacimiento milagroso de Isaac y el nacimiento milagroso de Jesús.

- Ambos nacimientos son prometidos muchos años antes de que pasaran[7].
- A través de ambos, Isaac y Jesús, todas las naciones de la tierra son bendecidas. Isaac se convirtió en el padre de la nación judía, y a través de él Jesús vino a salvar al mundo; Jesús vino a salvar no solo a los judíos sino a todos los que creen en Él. Así que a través de ambos, todas las naciones de la tierra son bendecidas[8].
- Cada familia recibe la visita de los ángeles para anunciar el próximo nacimiento justo antes de la concepción[9].
- Sin un milagro de Dios, es imposible que las madres tengan un hijo: Sara porque es demasiado mayor y María porque no ha estado con un hombre[10].
- Dios tiene que remodelar el vientre de cada madre para que se produzcan los acontecimientos milagrosos[2,11].
- En cada caso, un ángel visita al padre y a la madre para anunciarles la llegada del hijo. Todos están confundidos al principio por la aparente imposibilidad de lo que el ángel les dice[9,12].
- Al final todos creen en Dios cuando el ángel les recuerda a ambas familias que nada es imposible para Dios[6,13].

Fue realmente una cuestión de fe extraordinaria para ambas familias. En el Nuevo Testamento, el libro de Hebreos nos dice que por fe Sara creyó en Dios y pudo concebir un hijo[13], y María le dijo al ángel Gabriel "que se haga según tu Palabra de Dios"[14]. Pablo nos dice en Romanos que con "esperanza contra esperanza" Abraham creyó en la palabra de Dios que le dieron los ángeles. Esto significa que Abraham creyó que tendría un hijo a través de Sara aunque fuera imposible sin la intervención[15] de Dios; y José planeó divorciarse de María hasta que el ángel le dijo que María había sido fiel y que Dios había hecho lo imposible. José creyó en Dios y se convirtió en el esposo de María y en el padre terrenal (padrastro) de Jesús[12].

¿Está preparado para tener este tipo de fe? Si lo está, verá eventos milagrosos y muchas bendiciones en su vida. No hay mejor momento para empezar que ahora mismo. Y comience separando un tiempo cada día para escuchar lo que Dios le está diciendo. Muy rara vez Dios envía ángeles, pero está listo para hablar si usted se toma el tiempo para escuchar en silencio y con paciencia. Su voz habla a su mente y a su corazón[14] y a través de la lectura de su Palabra, la Biblia. Dios obrará sus milagros a través de los que estemos dispuestos a ser sus fieles servidores[17].

Preguntas para profundizar

- ¿Cree que Dios le dará algo importante si se lo pide? ¿Qué espera Dios de usted que sea de ayuda (creer o ser bueno o ambas cosas)? ¿Qué es más importante?
- ¿Puede ver la conexión entre esta historia y el nacimiento milagroso de Jesús? ¿Es esta historia una profecía (predicción de la futura venida) de Jesús como bebé?

- Cuando coincidimos o estamos de acuerdo con la voluntad de Dios, o con lo que Él quiere, nosotros también podemos llamar a la existencia para que ocurran las cosas que Dios quiere. ¿Qué opina de esto?
- Piense en esto: Dios nos creó para ser amigos suyos y quiere trabajar a través de nosotros para cumplir sus propósitos. ¿Qué significa esto para usted?

Para estudio adicional

1. Hechos 7:8: Dios le dio a Abraham el pacto de la circuncisión, y así Abraham se convirtió en el padre de Isaac y lo circuncidó; Isaac se convirtió en el padre de Jacob, y Jacob de los doce patriarcas.
2. Romanos 4:17: Dios llamó a la existencia a lo que no existía y el resultado fue un niño milagroso.
3. Romanos 4:19: Tanto Abraham como Sara habían perdido la capacidad de tener un hijo, pero Dios se los dio de todos modos.
4. Romanos 8:28: A los que aman a Dios, todas las cosas les ayudan a bien
5. Hebreos 6:13-15: Dios prometió bendecir a Abraham, y como él esperó pacientemente obtuvo la promesa.
6. Romanos 4:18, 22-25: Nosotros también podemos recibir las promesas de Dios cuando creemos como lo hizo Abraham.
7. Isaías 7:14; 9:6: Porque un niño nos es nacido, hijo nos es dado, y el principado sobre su hombro; y se llamará su nombre Admirable, Consejero, Dios Fuerte, Padre Eterno, Príncipe de Paz. He aquí que la virgen concebirá, y dará a luz un hijo, y llamará su nombre Emanuel.
8. Gálatas 3:16: La "simiente" prometida a Abraham era realmente Jesús.
9. Lucas 1:26-38: Gabriel visitó a María para decirle sobre el plan de Dios para el nacimiento milagroso de Jesús.
10. Lucas 1:34: María declaró claramente que era virgen.
11. Lucas 1:35: El Espíritu Santo vendría sobre ella y María quedaría embarazada del Hijo de Dios.
12. Mateo 1:18-25: El ángel le dijo a José que creyera que su esposa estaba embarazada, del Hijo de Dios, y que no había estado con otro hombre.
13. Hebreos 11:11: Sara creyó y por eso pudo concebir a Isaac.
14. Lucas 1:38: María le dijo al ángel que estaba dispuesta a cumplir la Palabra de Dios.
15. Romanos 4:17-18: En la esperanza contra la esperanza, Abraham creyó en la promesa de Dios.
16. Hebreos 8:10: Nuevo pacto donde Dios se revela a través de nuestros corazones y mentes.
17. Efesios 3:20: Dios obra milagros según su poder que está en nosotros.

10
Abraham: el sacrificio de Isaac

Génesis 12-16

Qué alegría inexpresable para Abraham y Sara, por fin había llegado Isaac, el hijo tan esperado. Llevaban tanto tiempo esperando un hijo. Veinticinco años antes, Dios le había prometido un hijo a Abraham. Año tras año esperaron. Su fe se vio recompensada con alivio, alegría y entusiasmo. Estaban agradecidos a Dios por haber cumplido su promesa. Los años pasaron mientras Abraham y Sara veían crecer a Isaac con gran deleite y disfrute.

Abraham puesto a prueba

Cuando Isaac cumplió la edad de trece años, Dios vio cuánto Abraham amaba a Isaac. Así que puso a Abraham a prueba:

Quiero que tomes a Isaac y vayas a un lugar que te mostraré; y allí quiero que demuestres tu amor sacrificando a tu único hijo Isaac.

Imagine cómo se debió sentir Abraham. ¿Podría Dios haber hecho una petición más difícil a un padre? ¿Abraham amaba demasiado a Isaac? ¿Estaba Dios siendo cruel al quitarle la misma promesa que Abraham más deseaba? ¿Estaría Abraham dispuesto a renunciar a Isaac? ¿Estaría dispuesto a renunciar a su hijo o hija? En las historias

anteriores de Abraham hemos hablado de algunos de los errores que cometió. Pero esta historia muestra por qué Dios eligió a Abraham para ser el padre de su pueblo escogido; muestra la verdadera fuerza y bondad de Abraham.

Creo que yo habría discutido con Dios o habría intentado convencerlo de no sacrificar a mi hijo. Sin duda, Abraham no entendía lo que estaba pasando. Pero hubo algo especial en Abraham: creyó y confió en Dios. Creyó en Dios cuando Sara era demasiado mayor para tener hijos. Confió en que Dios le daría un hijo cuando ya no había esperanza. Es decir, creyó que Dios podía producir el milagro, y Dios lo hizo. Ya que había producido el milagro una vez antes, ¿podría Dios hacerlo de nuevo? Así que ahora Abraham estaba siendo llamado a creer una vez más. Incluso cuando Abraham quería decir "de ninguna manera", estaba siendo llamado a una fe mejor expresada en Proverbios 3:5-6:

Fíate de Jehová de todo tu corazón,
Y no te apoyes en tu propia prudencia.
Reconócelo en todos tus caminos,
Y él enderezará tus veredas[1].

No podemos entender los caminos de Dios. Sus caminos son más altos que los nuestros[2]. Tenemos que confiar en que, si lo hacemos a su manera, nos beneficiará. Dios tiene que ser el centro de nuestra vida, incluso por delante de nuestros hijos; de lo contrario, no tenemos esperanza[3]. La muerte de un hijo es una pérdida que apenas podemos soportar. Pero tener que optar por renunciar a él sería inimaginablemente difícil. ¿Estaríamos dispuestos a renunciar a todo? Abraham estaba siendo probado más allá de cualquier límite humano. Sean cuales sean las circunstancias y pensamientos Abraham decidió ser obediente y confiar en Dios. Esta fue la prueba definitiva.

Y Abraham hizo como Dios le ordenó; se levantó muy de mañana y enalbardó su asno, y tomó dos siervos suyos, y a Isaac su hijo; y fue al lugar que Dios le dijo.

Esta es una historia especial por varias razones. En primer lugar, pone a prueba la fe de Abraham en relación con su único hijo al que tanto amaba. Dios tenía que averiguar si Abraham lo amaba más o si amaba más a Isaac, y si estaba dispuesto a sacrificar a su hijo por Dios. Abraham tenía suficiente experiencia con Dios y suficiente fe en que si Dios podía producir el hijo milagroso en primer lugar, de alguna manera produciría otro milagro; pero tenía que seguir las instrucciones de Dios.

Isaac, retrato de Cristo

Y lo que es más importante, esta historia es única porque hace referencia al sacrificio de Dios de su único Hijo, Jesús. Es fácil ver la comparación: Dios le pidió a Abraham que sacrificara a su hijo, al igual que Dios haría muchos años después con Jesús. Pero el número de detalles que son similares es notable. Veamos más de cerca el paralelismo entre ambas historias. En Génesis 22:2 Dios dice:

Toma ahora tu hijo, tu único, Isaac, a quien amas, y vete a tierra de Moriah.

Hay dos detalles significativos en esta breve frase. Primero, Dios le pide a Abraham que se lleve a su hijo, su único hijo. Algo no parece correcto aquí. Isaac no era el único hijo de Abraham. Si recuerda, Abraham tenía un hijo con Agar, la sierva de Sara. Aparentemente Dios no consideró a Ismael como el verdadero hijo de Abraham. Esto no significa que Dios no amara a Ismael, pero solo hay un Hijo de la Promesa, y ese es Isaac. Este es el comienzo de un retrato que Dios presenta para mostrarnos sus planes para su único Hijo, Jesús. Recuerde Juan 3:16: "Porque de tal manera amó Dios al mundo, que ha dado a su Hijo unigénito"[4]. Nosotros también somos hijos de Dios, así que parecería que Jesús no es el único Hijo de Dios. Pero al igual que Isaac, Jesús es el único Hijo de la Promesa, un niño nacido por medio de un milagro.

Dios quería saber que Abraham sería capaz de sacrificar a su único hijo, Isaac, al igual que Dios sabía que un día sacrificaría a su único Hijo, Jesús. Dios quería como padre de su familia escogida a un hombre que estuviera dispuesto a amar a Dios más que a nadie, incluso a su propio hijo. Dios estaba desarrollando el carácter de un hombre que primero se convertiría en una familia y luego en una nación cuyas características se transmitirían de generación en generación. Más tarde aprendemos en el Nuevo Testamento que, a través del milagro de Dios, los que "creen" se convierten en verdaderos hijos de Abraham; así también heredamos estas características que nos hacen útiles a Dios en su obra en la tierra y en el cielo[5]. Así que nosotros también nos unimos a esta familia de Dios como creyentes a través de la promesa a Abraham.

Sigamos observando esta obra de arte que Dios nos presenta. En Génesis 22, Dios le dice a Abraham que vaya a la tierra de Moriah y ofrezca allí a Isaac como holocausto (un sacrificio) en uno de los montes que Dios le mostraría. La tierra de Moriah en la época de Jesús se conocía con otro nombre, Jerusalén[6]. Vaya, ¿recuerda quién fue crucificado en la cima de una montaña en Jerusalén? Sí, este es el mismo lugar donde Jesús fue crucificado. Así que, dos mil años antes, Isaac fue ofrecido como sacrificio en el mismo lugar en el que Jesús fue sacrificado. ¿Empieza a ver la imagen? Hay mucho más.

Al tercer día de su viaje a la tierra de Moriah, Abraham vio el lugar desde la distancia y dijo a sus siervos: "Esperad aquí con el asno, y yo y el muchacho iremos hasta allí y adoraremos, y volveremos a vosotros". Qué sorprendente: ¡la adoración!

¿Es así como lo habría llamado? Iba a la montaña a sacrificar a su hijo. ¡Qué hombre de fe! ¿Cree que Abraham esperaba que Dios le tuviera reservado algo especial?

¿Es solo una coincidencia que éste fuera el tercer día del viaje? Durante tres días Abraham había asumido que su hijo Isaac era un hombre muerto. Dios había llamado a Abraham para que sacrificara a su único hijo sobre un altar en el Monte Moriah. Creo que esto nos muestra la comparación con Jesús, que también estuvo muerto durante tres días. Y, sí, descubriremos que ambos se levantaron al tercer día[7]. Pero aún no hemos llegado al final de la historia.

Y tomó Abraham la leña del holocausto, y la puso sobre Isaac su hijo.

¿No es interesante que cuando vieron el lugar del sacrificio desde la distancia, Abraham puso la leña en la espalda de Isaac y éste tuvo que llevar la madera hasta el lugar donde iba a ser sacrificado? ¿Recuerda lo que tuvo que hacer Jesús? Tuvo que caminar desde la ciudad de Jerusalén hasta el Gólgota y llevar su propia cruz de madera, igual que Isaac llevó la leña para su sacrificio[8].

Mientras Abraham e Isaac subían la montaña, Abraham seguramente luchaba en su interior y con mucha angustia. Creo que Dios estaba igualmente angustiado al ver a su Hijo llevando la cruz al Gólgota. En ese momento, Isaac no era consciente de su papel en el sacrificio; preguntó: "Padre mío, he aquí el fuego y la leña; mas ¿dónde está el cordero para el holocausto?". La respuesta de Abraham fue muy interesante. Dijo: "Dios se proveerá de cordero para el holocausto". Aprendemos dos mil años después que Jesús será el Cordero[9]. El cordero representaba la inocencia, un sacrificio de un animal puro que no había hecho nada malo. Este cordero inocente era un símbolo o imagen de Jesús, que era inocente y puro de todo pecado, siendo sacrificado; no merecía morir. Pero alguien tenía que pagar el precio del pecado. El Nuevo Testamento nos dice que el precio que tenemos que pagar por el pecado es la muerte[10].

Dios quería redimirnos (devolvernos a Él), pero nuestros pecados lo impedían. Así que Dios desarrolló un plan. Alguien más pagaría el precio por nosotros. Pero tenía que ser un humano[11]. Dios asignó a su Hijo unigénito, Jesús, la tarea de pagar el precio[11]. Por lo tanto, Dios mismo sería el Cordero[9]. En los tiempos del Antiguo Testamento, el sacrificio de un animal inocente era el sustituto para expiar o cubrir (perdonar) los pecados de la gente[12] hasta que llegara el momento adecuado para la solución más permanente (Jesús). Una vez que Jesús vino y murió, ya no hubo necesidad de sacrificar animales[13]. El precio ya ha sido pagado. En esta historia, vemos que Isaac fue el llamado a ser sacrificado.

Isaac solo hizo esa pregunta; claramente aceptó la respuesta de su padre al permitir que éste lo atara en el altar. Abraham tenía 113 años; Isaac era un adolescente. Podría haber huido, pero estaba dispuesto a ser sacrificado porque su padre se lo había dicho, al igual que a Jesús le dijo su Padre que fuera sacrificado en la cruz[14]. Ambos estaban dispuestos y listos para ser sacrificados. Abraham extendió su mano, tomó el cuchillo y lo levantó para matar a su hijo. Pero justo a tiempo, el ángel del Señor llamó a Abraham y le dijo:

Has pasado la prueba. No necesitas matar a tu hijo. No le hagas nada porque sé que temes a Dios, ya que no me has ocultado a tu hijo, tu único hijo, y por eso sé que me quieres más que a él.

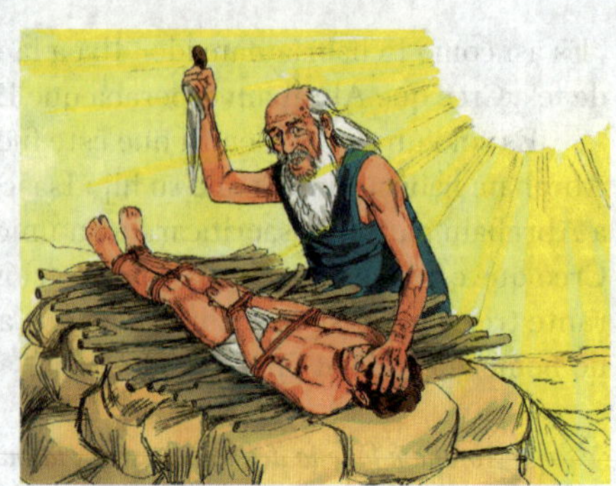

Se revela el plan de Dios

Cuando Abraham levantó los ojos, vio un carnero atrapado en un zarzal. Dios había preparado un cordero para la ofrenda, al igual que haría dos mil años después al ofrecer a un inocente Jesús en la cruz. Abraham sacrificó el carnero en el altar en lugar de Isaac, su único hijo. Como observa, una imagen solo puede llegar hasta cierto punto. Isaac no era el verdadero. Abraham e Isaac también necesitaban un Salvador. La imagen puede señalarnos a Jesús, pero no puede ser Él. Así que una vez más Dios tiene que proveerse a sí mismo como el Cordero.

Dios levantó a Isaac del altar y le permitió vivir, al igual que Jesús vive por nosotros. Abraham llamó al lugar de esta montaña "Jehová proveerá". Dios proveyó para Abraham ese día, al igual que proveyó dos mil años después al Cordero inocente en la cruz, la sangre de Jesucristo, nuestro Salvador.

Una vez completada la ofrenda, el ángel declaró la promesa de Dios a Abraham:

Por mí mismo he jurado, dice Jehová, que por cuanto has hecho esto, y no me has rehusado tu hijo, tu único hijo; de cierto te bendeciré, y multiplicaré tu descendencia como las estrellas del cielo y como la arena que está a la orilla del mar[...]. En tu simiente serán benditas todas las naciones de la tierra, por cuanto obedeciste a mi voz.

Dios repite ahora la promesa que hizo treinta y ocho años antes, cuando llamó por primera vez a Abraham. Pero esta vez da más detalles; muestra cómo serán bendecidas todas las naciones. Como aprendimos en la historia de Adán y Eva, "simiente" significa hijo. Pablo nos habla (en Gálatas 3:16) de esta historia de Abraham; comparte que esta promesa de Dios no se refería a los niños, sino a una "simiente" (niño) especial que es Jesús. Si no tenemos cuidado, es fácil leer la escritura anterior como si se refiriera a los muchos hijos que descienden de Abraham e Isaac. Es cierto, Dios prometió que Abraham e Isaac tendrían muchos descendientes, pero eso es solo una parte de la promesa. La promesa principal es Jesús, la "simiente". Pablo nos ayuda a leerlo con más cuidado. Nos dice que esta "simiente" se refiere a Jesús, nuestro Salvador, y no a los descendientes. Pablo va más allá y nos dice que los verdaderos descendientes (hijos) de Abraham son los que tienen la fe de Abraham.

De esta historia aprendemos que la promesa de Dios de que todas las naciones serán bendecidas comienza con el hijo que nació de Abraham y Sara, y termina con su descendiente, Jesucristo, que vendría a salvar a todos (de cualquier nación) que

adopten la fe de Abraham y con ella la promesa de Dios de tratar a todos los creyentes "como si fuéramos justos". Por lo tanto, los que creen en esta promesa son los verdaderos hijos de Abraham y heredarán la promesa de ser la familia escogida de Dios[15].

Después de todos estos años, Abraham finalmente entendió el plan de Dios de un Hijo Prometido, Jesús. Lo sabemos porque Jesús compartió: "Abraham vuestro padre se gozó de que había de ver mi día; y lo vio, y se gozó"[16].

¡Abraham lo entendió! ¿Y usted? ¿Está listo para unirse a la familia? Puede hacerlo si cree que Jesús murió y resucitó por usted.

Preguntas para profundizar

- ¿Qué tan difícil es renunciar a algo que desea? ¿Por qué Dios querría que usted hiciera eso?
- ¿Por qué cree que se usa un cordero como un símbolo para Jesús?
- ¿Alguna vez tuvo que renunciar a algo que lo hizo sentir muy, pero muy triste? ¿Cuánto resistió? ¿Qué pasó luego de que renunciara?
- ¿Cómo cree que se sintió Abraham cuando supo que ya no tenía que sacrificar a su hijo?
- ¿Ve que la simiente es un niño y esa simiente es Jesús? Dios le dio a Moisés las historias para que las escribiera y nos mostrara su plan. Ninguna otra historia lo ilustra mejor que la voluntad de Abraham de sacrificar a su hijo como lo hizo Dios. ¿Cree que es solo una coincidencia?
- Después de leer esta historia, ¿qué cree que significa ser un hijo de Abraham? ¿Cómo se beneficia?

Para estudio adicional

1. Proverbios 3:5-6: Fíate de Jehová de todo tu corazón, y no te apoyes en tu propia prudencia. Reconócelo en todos tus caminos, y él enderezará tus veredas.
2. Isaías 55:9: Como son más altos los cielos que la tierra, así son mis caminos más altos que vuestros caminos, y mis pensamientos más que vuestros pensamientos.
3. Lucas 14:26-29, 33: Somos llamados a amar a Dios por encima de todos los demás, incluso de nuestro padre, madre e hijos.
4. Juan 1:18; 3:16: Jesús es el Hijo unigénito del Padre (Dios), y porque Dios nos amó entregó a Jesús para que muriera por nosotros.

5. Gálatas 3:6-9, 26-29: Cuando creemos en Dios somos como Abraham y nos convertimos en sus hijos y así recibimos las promesas que Dios le dio a Abraham.
6. 2 Crónicas 3:1: Salomón construyó la casa del Señor en Jerusalén, en el monte Moriah, donde el Señor se había aparecido a su padre David, en el lugar que éste había preparado.
7. Juan 19:17: Jesús cargando su propia cruz fue escoltado al lugar de la Calavera, que se llama en hebreo, Gólgota.
8. Al tercer día, después de morir en la cruz, Jesús resucitó de entre los muertos; Él vive.
   a. Mateo 16:21: Jesús mostró que debía ir a Jerusalén, sufrir muchas cosas, ser ejecutado y resucitar al tercer día.
   b. Lucas 24:21: En el camino de Emaús los discípulos decían: "nosotros esperábamos que él era el que había de redimir a Israel; y ahora, además de todo esto, hoy es ya el tercer día que esto ha acontecido".
   c. Juan 19:17-18: Llevaron a Jesús con su propia cruz a un lugar llamado Gólgota. Y lo crucificaron.
9. Jesús el Cordero de Dios, el sacrificio inocente por toda la humanidad.
   a. Juan 1:29, 36
   b. 1 Pedro 1:19
   c. Apocalipsis 5:12
   d. Apocalipsis 22:1, 3
10. Romanos 6:23: La paga del pecado es la muerte; la dádiva de Dios es vida eterna.
11. Hebreos 2:14-18: Jesús se hizo de carne y hueso (un humano) para poder convertirse en un sacrificio perfecto y así pagar el precio y vencer al diablo, que tenía el poder sobre la muerte.
12. Levítico 16:15-16: El sacrificio de un animal, una cabra en este caso, expía (cubre o perdona) los pecados del pueblo.
13. La muerte de Jesús cuenta para todos nosotros; su muerte fue una vez y para siempre.
    a. 1 Pedro 3:18: Porque también Cristo padeció una sola vez por los pecados, el justo por los injustos, para llevarnos a Dios, siendo a la verdad muerto en la carne, pero vivificado en espíritu.
    b. Hebreos 9:27-28: Y de la manera que está establecido para los hombres que mueran una sola vez, y después de esto el juicio, así también Cristo fue ofrecido una sola vez para llevar los pecados de muchos; y aparecerá por segunda vez, sin relación con el pecado, para salvar a los que le esperan.
14. Mateo 26:39, 42: Yendo un poco adelante, se postró sobre su rostro, orando y diciendo: "Padre mío, si es posible, pase de mí esta copa; pero no sea como yo quiero, sino como tú". Otra vez fue, y oró por segunda vez, diciendo: "Padre mío, si no puede pasar de mí esta copa sin que yo la beba, hágase tu voluntad".

15. Gálatas 3:6-7, 13-16, 26-29: Somos hijos de Abraham porque nosotros también creemos y tenemos las mismas promesas que Dios le dio a Abraham; Jesús también era parte de esta promesa. Así que los que creen son parte de la familia escogida de Dios.
16. Juan 8:56: Abraham vuestro padre se gozó de que había de ver mi día; y lo vio, y se gozó.

11
Isaac y Rebeca

Génesis 23-26

Después de que Abraham e Isaac regresaran de la tierra de Moriah, la vida fue buena para la familia. Dios siguió bendiciendo a Abraham y se convirtió en un hombre muy rico. Le enseñó a Isaac todo lo que sabía sobre el pastoreo. Trabajaron hombro a hombro hasta que Isaac tuvo casi cuarenta años. Poco después, Sara murió y Abraham decidió que era hora de que Isaac tuviera una esposa. Abraham conocía muy bien a la gente entre la que él y su familia vivían. Quería que Isaac se casara con alguien de su familia que estuviera muy, muy lejos. Pero no estaba dispuesto a dejar que Isaac lo abandonara. Una vez más, Isaac fue obediente a la petición de Abraham. Así que Abraham llamó a su siervo de confianza, Eliezer, para que hiciera un importante viaje por Isaac.

Isaac necesita una esposa

Eliezer emprendió su viaje con instrucciones muy específicas de Abraham. Abraham entendía el plan de Dios para su familia y conocía los requisitos para esta nación especial que se estaba planeando. Eliezer no debía encontrar a cualquier persona del pueblo natal de Abraham; debía encontrar una esposa de la misma familia que

Abraham. Habían pasado muchos años desde que Abraham había visto a alguien de su familia. ¿Aún vivía alguno de ellos? No había teléfonos ni forma de visitarse como hoy en día. ¿Recordaría su familia quién era él? Eliezer tenía una tarea muy difícil. Pero había aprendido del mejor; su amo, Abraham, le había enseñado a confiar en Dios y, como veremos, eso es precisamente lo que hizo Eliezer.

Abraham cargó a Eliezer con muchos regalos para dar a su familia como reconocimiento a sus buenas intenciones y a la riqueza que recibiría una de las hijas si aceptaba volver con Eliezer. A veces Dios nos pedirá algo muy difícil. Y cuando sabe que pasaremos un momento difícil, nos anima dándonos una bendición. Abraham no envió a Eliezer con las manos vacías. Tenía muchos regalos para ayudarle a realizar esta tarea. Podemos contar con que Dios hará lo mismo con nosotros.

Tras muchos días de viaje, Eliezer llegó a su destino. Al acercarse a la ciudad natal de Abraham, elevó una oración pidiendo la guía de Dios. Eliezer oró: "Oh Jehová, Dios de mi señor Abraham, dame, te ruego, el tener hoy buen encuentro, y haz misericordia con mi señor Abraham". Mientras estaba junto a la fuente de agua donde las hijas acudían a por el agua cada día, pidió a Dios que le enviara una hija de la familia de Abraham. Además, pidió que fuera la joven a la que dijera lo siguiente:

Baja tu cántaro, te ruego, para que yo beba, y ella respondiere: Bebe, y también daré de beber a tus camellos; que sea esta la que tú has destinado para tu siervo Isaac.

Mientras terminaba de decir esta oración a Dios, una joven se acercó al pozo. La joven era muy hermosa y nunca se había casado. Al acercarse al pozo, Eliezer le preguntó: "Por favor, ¿puedo beber de tu cántaro?". La joven dijo: "Bebe, mi señor, y mientras bebes, daré de beber también a tus camellos".

Imagine la emoción que corría por las venas de Eliezer. Su primera petición a Dios se había hecho realidad. Ella no solo accedió a darle de beber, sino que también se ofreció a darles de beber a sus camellos. Ahora, la verdadera prueba: ¿a qué familia pertenecía? Eliezer la miraba en silencio. ¿Había hecho el Señor que su viaje fuera exitoso? El siervo de Abraham buscó en su bolsa un anillo de oro y unas pulseras y se las dio a la joven. "¿De quién eres hija?", le preguntó. Ella le dijo que era Rebeca; su padre era Betuel, hijo de Nacor. Estoy seguro de que a Eliezer le dio escalofríos. Nacor era el hermano de Abraham. Esto significaba que Dios había respondido a todas sus peticiones. Eliezer se inclinó en adoración a Dios. ¡Qué Dios tan poderoso tenemos![1]

Rebeca decide seguir a un nuevo Dios

Pero aún quedaba una pregunta. ¿Estaría Rebeca dispuesta a volver con él? Eliezer le dijo a Rebeca quién era y todo sobre su amo, Abraham, y el hijo escogido, Isaac. Incluso compartió cómo Dios lo guió hasta la casa del hermano de Abraham. Rebeca sabía de Abraham y corrió hacia su familia para contarles todo sobre el invitado especial que había llegado desde tan lejos. El hermano de Rebeca, Labán, corrió a conocer a Eliezer. Labán estaba especialmente impresionado por las riquezas que el siervo de Abraham había traído consigo. Así que Labán lo invitó a quedarse con la familia. Claramente Labán cumplía el rol de jefe de familia.

Aquella noche, cuando se sentaron a cenar, Eliezer dijo: "No puedo comer hasta que no haya compartido con ustedes el motivo por el que he llegado desde tan lejos". Les contó todo sobre el éxito y las riquezas de su amo, Abraham, y sobre cómo él y Sara habían tenido un hijo milagroso en su vejez. Y aunque Abraham tenía otros hijos, Isaac había recibido toda la riqueza y las bendiciones de Abraham. Les contó cómo Abraham quería que Isaac se casara con alguien de su familia, y cómo Dios había guiado a Eliezer hasta la casa de la familia de Abraham desde muchos kilómetros de distancia. Y entonces Rebeca llegó al pozo e hizo justo lo que Eliezer le había pedido a Dios que hiciera. Y ahora había una pregunta para Rebeca. Antes de partir, Eliezer le había preguntado a Abraham: "¿Y si la mujer no quiere seguirme?". Abraham le dijo a su siervo:

El Señor enviará a su ángel contigo para que tu viaje sea un éxito, pero si la joven no vuelve contigo, serás libre del juramento que me hiciste de traer una esposa para mi hijo.

Rebeca tuvo que estar impresionada de que todo este alboroto fuera por ella. Y debió sentirse bien por dentro al saber que había respondido de la manera en que Eliezer había rogado a Dios. Entonces, Eliezer quiso saber: "¿Tratarás con bondad y verdad a mi amo? Dímelo, tengo que saberlo porque he venido desde muy lejos y estoy ansioso por saber si mi viaje ha tenido éxito". Debido a la milagrosa oración contestada, Betuel y Labán creyeron que el asunto provenía del Señor; así que dieron su permiso para que Rebeca se fuera. Eliezer estaba listo para partir al día siguiente. Estaba ansioso por volver a casa para compartir las buenas noticias con Abraham e Isaac. La familia de Rebeca quería que se quedara un tiempo para que se acostumbrara a la idea y tuviera una despedida adecuada. Así que la familia decidió dejar que Rebeca tomara la decisión. Rebeca dijo que estaba dispuesta a hacer lo que Eliezer le pedía.

¿Cree que podría dejar su casa como lo hizo Rebeca, sabiendo que nunca regresará? ¿Ir a un país al que nunca antes había ido? ¿Para casarse con un hombre/mujer que nunca ha conocido? ¿Qué hubiera pasado si a Rebeca no le gustaba Isaac? No había vuelta atrás. Debía depender de Dios y confiar en Él. Tenía la ventaja de saber que estaría con una familia rica. Pero, ¿podía estar segura de ello? Cualesquiera que fueran las dudas que tenía, sabemos que hizo las maletas y, junto con sus siervos, se fue con Eliezer. Oro para que nosotros tengamos la misma confianza en Dios cuando nos llame a hacer algo que no se parezca a nada que hayamos conocido antes. Rebeca era una joven muy especial y obtendría todas las bendiciones que Dios tenía reservadas para ella porque estuvo dispuesta a dejar su hogar y seguir a su nuevo Dios.

Estoy seguro de que fue un largo viaje de vuelta a Abraham e Isaac. Ahora imagine cómo se sentía Isaac. Él también había dependido de Dios. Una vez más, su padre estaba tomando una decisión difícil y que cambiaría su vida. Pero Isaac había aprendido muchos años antes que su padre y Dios tenían una relación especial y que debía estar dispuesto a seguir los planes que Dios le trazara. Habían pasado muchos meses desde que el siervo de Abraham se había ido.

Una tarde, Isaac bajó a meditar al campo; mientras reflexionaba, levantó los ojos y vio que se acercaban camellos. Emocionado, corrió al encuentro de los camellos. Pronto supo que era Eliezer el que regresaba. Cuando le dijeron a Rebeca que era Isaac quien corría a su encuentro, se cubrió el rostro con un velo. Isaac no debía ver su rostro hasta el día de la boda. Esto es muy diferente a lo que experimentamos hoy en día. Isaac dependía de su padre para elegir a su esposa. Rebeca dependía de su padre y de su hermano para elegir a su marido.

Así vivían hace muchos, muchos años; eran obedientes a sus padres. Pero ¿sabía que en estos tiempos bíblicos muy rara vez tenían divorcios porque estaban comprometidos con sus matrimonios y trabajaban juntos en los momentos difíciles? No tenían otra opción. Me pregunto cuánto mejor estaríamos nosotros si escucháramos a nuestros padres de la misma manera, no tanto sobre con quién casarnos, sino sobre cómo vivir nuestras vidas y hacer las cosas que nos piden sin quejarnos ni discutir.

De esta historia aprendemos que tanto Rebeca como Isaac se beneficiaron de escuchar a sus padres. Se enamoraron y tuvieron una maravillosa vida juntos. Desafío a cada uno de los padres a que se den cuenta de la importancia de su responsabilidad de dar buenos consejos a sus hijos y, al mismo tiempo, darles espacio para que tomen sus propias decisiones, cada vez más a medida que crecen. Y para cada uno de ustedes, niños y adolescentes, aprendan la importancia de honrar a sus padres y ser obedientes incluso cuando no entienden por qué. ¿Cuántos adolescentes se resisten a sus padres para luego darse cuenta de que sus padres tenían razón?[2]

Preguntas para profundizar

- ¿Alguna vez Dios le ha dado lo que ha pedido como hizo con el siervo de Abraham, Eliezer?

- Cuando fue a un lugar extraño por primera vez, ¿se emocionó como Rebeca o se asustó?
- ¿Se casaría con alguien que no ha conocido?
- ¿Por qué es importante evitar frustrar a los hijos?
- ¿Por qué es importante obedecer a los padres?

Para estudio adicional

1. Salmos 37:3-5: Siga el plan de Dios y Él concederá las peticiones de su corazón.
2. Hijos, obedezcan a sus padres; padres, no frustren a sus hijos.
   a. Efesios 6:14
   b. Colosenses 3:20-21

12

Isaac: Hijo escogido de Dios

Génesis 23-26

Isaac continúa la tradición familiar

Isaac y Rebeca tuvieron una vida muy agradable juntos. Abraham vivió lo suficiente para verlos convertirse en una familia con dos niños. Isaac se hizo cargo del negocio familiar. Al igual que Abraham, Isaac tuvo mucho éxito y fue un pastor rico. Después de la muerte de Abraham, Dios se le apareció a Isaac y estableció el mismo pacto que tenía con su padre. Dios le prometió tantos descendientes como las estrellas del cielo, y prometió darle a Isaac la tierra; es decir, todo el territorio que utilizaba para alimentar a sus ovejas y ganado. Además, Dios le dio la promesa especial de que a través de Isaac serían bendecidas todas las naciones. Si recuerda, esta fue la bendición especial de que por medio de la familia de Isaac, Jesús vendría un día a salvar a todas las naciones[1]. Debe haber sido emocionante para Isaac saber que el Dios de su padre ahora le hablaba directamente a él. ¿Cómo le haría sentir eso?

Desafortunadamente, había otra tradición familiar que Isaac heredó de su padre. Las ovejas necesitaban grandes áreas de pasto para mantenerse alimentadas. Por lo tanto, era necesario seguir moviéndose de un lugar a otro para encontrar el mejor pasto para el ganado. Mientras Isaac viajaba con su familia cuidando las ovejas, llegó a la tierra de los filisteos. Estos filisteos eran fuertes y gobernaban toda la tierra alrededor. Isaac era tan rico que podía evitar problemas pagando por el derecho de usar la tierra.

Como Rebeca era tan hermosa, Isaac temía que los filisteos lo mataran para intentar quedarse con su esposa. Así que les dijo a todos que Rebeca era su hermana. ¿Recuerda? Esto es lo mismo que hizo Abraham dos veces con Sara, una en Egipto y otra con esta misma tribu filistea. Una noche el rey filisteo vio a Isaac acariciando amorosamente el cabello de Rebeca. El rey se puso furioso. Llamó a Isaac ante él y le dijo: "Sin duda, esta es tu esposa. Uno de mis hombres podría haberla tomado por esposa y esto habría causado culpa en mi pueblo". Isaac le explicó que temía por su vida. Así que el rey promulgó un decreto que decía: "El que toque a este hombre o a su esposa será condenado a muerte". Así que hubo paz en la tierra, y Dios bendijo a Isaac y a toda su familia. Si usted fuera Rebeca, ¿se habría sentido especial o se habría enfadado porque Isaac no estaba dispuesto a decir que era su esposa?

A Isaac no le gustaban los problemas de ningún tipo, pero los filisteos estaban muy celosos de él como lo habían estado de Abraham. Todo lo que Isaac hacía era exitoso, y a la gente que lo rodeaba no le gustaba. Los pozos de agua eran muy importantes para las ovejas, así que los filisteos tapaban los pozos que Isaac y sus siervos cavaban.

El agua no estaba en todas partes; solo se encontraba en lugares especiales, de forma similar a como ocurre en Arizona, Nevada y Nuevo México. Los pozos y manantiales eran fundamentales para la supervivencia donde vivía Isaac, y especialmente para los que criaban ovejas.

Dar la otra mejilla

Isaac nos proporciona un ejemplo perfecto del conocido dicho de Jesús de "dar la otra mejilla". ¿Recuerda la lección en la que Jesús enseñó a sus discípulos (y a nosotros) a ser amables con los que son malos con nosotros? Si alguien nos golpea en una mejilla, en lugar de defendernos, Jesús nos dice que dejemos que la persona golpee la otra mejilla. Esto se conoce como "dar la otra mejilla". Y nos dice que tratemos a los demás como queremos que nos traten a nosotros. Además, aprendemos de Jesús que seremos bendecidos por Dios cuando los demás nos traten injustamente y de forma desagradable[2]. Posteriormente, en esta historia veremos cómo Dios bendice a Isaac a pesar de que al principio parecía que se dejaba pisotear por sus vecinos.

Cuando los filisteos llenaban los pozos de tierra, Isaac y sus hombres los volvían a cavar en lugar de enfadarse y luchar. Y luego, cuando el rey filisteo se asustó porque Isaac era demasiado poderoso, le pidió a Isaac que se fuera de su país. En lugar de discutir o de apoderarse de la tierra del rey, Isaac simplemente aceptó mudarse. En el siguiente lugar, Isaac volvió a cavar el pozo que su padre había excavado y sus nuevos vecinos reclamaron que era suyo. Entonces Isaac "dio la otra mejilla"; es decir, les dio el pozo y cavó otro. Y entonces la gente hizo las mismas reclamaciones para este nuevo pozo. Así que se marchó de allí y buscó otro lugar para vivir. Finalmente nadie le reclamó por el pozo que cavó en su nueva casa, e Isaac dio gracias a Dios. ¿Habría sido usted tan amable con estos vecinos mezquinos y egoístas?

Esta lección de la Biblia simplemente no nos parece correcta. ¿Por qué Dios no protegió a Isaac? ¿Por qué Dios no le dijo a Isaac que destruyera a la gente que había sido mala con él? Encontraremos en otras partes de la Biblia que eso es exactamente lo que Dios le dijo a su pueblo que hiciera. Todo se trata del tiempo de Dios.

Dios juzgará a los que hacen el mal[3]. Pero es nuestro trabajo seguir la dirección de Dios. Él quiere que seamos bondadosos con los que nos hacen mal para que los demás conozcan el amor de Dios y se arrepientan y lamenten haber actuado mal. Si no se arrepienten, entonces es Dios quien debe pagarles por sus malas acciones[3]. Y Él llamará a alguien para que les pague cuando decida que es el momento adecuado. Hasta que Dios nos diga algo diferente, es nuestro trabajo ser como Isaac y "dar la otra mejilla". Permítanme compartir una historia personal que puede ayudarle a entender cómo esto puede ayudarnos a servir a Dios.

Cuando tenía siete años, mi familia se mudó a una nueva ciudad. Durante la primera semana de escuela, uno de los chicos de mi clase, Barry, le dijo al chico más popular, Chippy, que yo era un corredor muy rápido, más rápido que él. Chippy se enfadó conmigo aunque yo no había dicho nada. Después de eso, se hizo evidente que yo no le agradaba. Así que ese era yo, un chico nuevo en la ciudad, y la persona más popular del grado tenía algo contra mí. Ahora, creo que tenía derecho a estar molesto. Me parecía injusto que se enfadara conmigo por algo que había dicho otra persona. Tal vez podría encontrar la manera de hacerle lo mismo y tratarlo como él me trataba a mí. Sin embargo, preferí encontrar la manera de caerle bien.

Una semana después encontré la oportunidad de cambiarlo todo. Chippy, Barry y yo estábamos pateando una pelota de fútbol por encima de una valla. Al principio nos turnábamos, uno sostenía la pelota, otro la pateaba y otro la atrapaba. ¿Qué cree que era más divertido, sostener la pelota o patearla? Bueno, le puedo decir que a mí me gustaba mucho intentar patear la pelota por encima de la valla. Sin embargo, opté por sostener la pelota y dejar que Chippy la pateara cada vez durante todo el recreo. Después de ese día nos convertimos en mejores amigos. Y seguimos siendo los mejores amigos durante toda la escuela.

A los demás les puede haber parecido que Chippy se estaba aprovechando de mí porque yo me encargaba de sujetar la pelota para que él la pateara. Pero tenía un objetivo mayor en mente. Estaba dispuesto a "dar la otra mejilla" con la posibilidad de que eso le hiciera cambiar de opinión sobre mi. ¿Merecía la pena tratarlo como yo quería ser tratado? Creo que sí. A partir de ese día, fui aceptado por mis compañeros de clase en mi nueva ciudad porque el chico más popular de la clase ahora pensaba que yo era genial.

No estoy seguro de cómo entendería esto un niño de primer grado, pero he tratado de recordar cómo realizar una tarea insignificante en beneficio de un objetivo superior vale la pena. Si dejar que Jesús esté al mando y dar la otra mejilla nos ayuda a servir mejor a Dios, estoy dispuesto a intentarlo. ¿Y usted?

Isaac esperó y encontró un lugar donde nadie le haría daño. Y en ese lugar Dios lo bendijo mucho más allá de lo que Isaac podría haber hecho si hubiera tratado de vengarse de la gente malvada. A veces no podemos ver cómo Dios nos va a bendecir haciendo lo que parece que nos va a perjudicar. Pero si elegimos a Dios, nos recompensará muchas veces, como lo hizo con Isaac[4]. ¿Cambiará esto su forma de actuar la próxima vez que alguien intente aprovecharse de usted?

Preguntas para profundizar

- ¿Cree que Isaac era débil porque seguía dejando que sus vecinos se llevaran su pozo?
- ¿Qué ejemplo dio Jesús que muestra que Isaac nos daba un buen ejemplo? La bendición de Dios es mayor que cualquier cosa que podamos hacer por nuestra cuenta, pero se requiere paciencia
- ¿Cómo puede aprender a tratar a los demás como si fueran más importantes que usted mismo?
- Piense en lo que el Señor le pide cuando dice "solamente hacer justicia, y amar misericordia, y humillarte ante tu Dios" (Miqueas 6:8). Y añade con ello la Regla de Oro: haga a los demás lo que quiera que le hagan a usted. ¿Cómo esto le demandaría a actuar de forma diferente con:
  - los miembros de su familia?
  - sus amigos?
  - aquellos que no le agradan?
  - aquellos a los que no les agrada?

Para estudio adicional

1. Romanos 9:6-10: No todos los hijos de Abraham recibieron la bendición de Dios; solo Isaac lo hizo. Fue a través de Isaac que Dios escogió a su familia.
2. Jesús enseña que ser amable con alguien que es malo con usted es el camino de Dios; dejar que alguien se aproveche de usted puede resultar en que Dios derrame su bendición sobre usted. Esta no es la forma en que el mundo enseña, por lo que es difícil para nosotros hacerlo. Pero si honramos a Dios, Él nos honrará.
   a. Mateo 5:38-42
   b. Lucas 6:22-32

3. Romanos 12:16-21: Nunca pague mal por mal; trate de estar en paz con todos; no se deje vencer por el mal, sino venza el mal con el bien; Dios dice: "Mía es la venganza, yo pagaré".
4. 1 Corintios 3:10-17: Si empezamos nuestra vida (edificio) con Jesús como fundamento, entonces seremos recompensados por las cosas buenas que hagamos por Él.

13
La familia de Isaac

Génesis 25-27

La siguiente generación

Pasaron veinte años antes de que Isaac y Rebeca tuvieran hijos. Había pasado tanto tiempo que Isaac oró al Señor en nombre de su esposa. Como aprendimos con Sara, la esposa de Abraham, era una desgracia para una mujer no poder darle un hijo a su esposo. Aprendimos en el juicio de Eva que era la bendición de la mujer proveer la "simiente" que perpetuaría a la humanidad y, en última instancia, la semilla prometida, Jesús. Y muy a menudo una mujer estéril pensaría que era su culpa por no poder tener un hijo. Pero encontraremos una y otra vez que cuando una esposa que honra a Dios no es capaz de tener un hijo, no es una desgracia sino una futura bendición que Dios planea otorgarle a ella y a su familia. Tal es el caso de Rebeca.

Dios tenía un propósito para la espera. Dios respondió a la oración de Isaac y Rebeca concibió no solo un hijo sino dos (gemelos). Y Dios le habló a Rebeca diciéndole que tenía dos naciones en su vientre; cada hijo se convertiría en una familia fuerte, y de ellos se establecerían dos naciones distintas. También le dijo que el hijo mayor serviría al menor, y que el menor sería más fuerte para Dios que el mayor[1]. Cuando llegó el momento del nacimiento, el primer niño salió pelirrojo y cubierto de mucho vello por todas partes, y lo llamaron Esaú. Después salió su hermano con la mano agarrada al talón de Esaú. Entonces lo nombraron Jacob. Cuando los niños crecieron, Esaú se convirtió en un hábil cazador y Jacob en un hombre pacífico que vivía en las tiendas cuidando de las ovejas. Isaac quería más a Esaú y Rebeca a Jacob. Ahora vemos una tendencia que se vuelve común entre esta familia escogida por Dios, una falta que causará a la familia muchos problemas durante los muchos años que faltan para que Jesús venga a salvarnos a todos de nuestras imperfecciones. En este caso es el favoritismo. Cada padre que cuida a un hijo más que al otro terminará causando una división en la familia y una separación que trae dolor tanto para la madre como para el padre.

Dios no se alegra cuando un padre ama a un hijo más que al otro[2]. Es comprensible que a veces un hijo se parezca más a uno de los padres que al otro, y puede ser más fácil amar al que entendemos. Este fue el caso de Esaú y Jacob. Jacob estaba más en casa y hacía las cosas que le gustaban a Rebeca, y Esaú cazaba ciervos y otros animales salvajes que a Isaac le gustaba comer. Así que había un favoritismo natural en cada padre. Está bien disfrutar de las cosas que tienen en común. Pero los padres tienen la responsabilidad de honrar a cada hijo y hacer un esfuerzo por disfrutar y amar a cada uno de ellos por igual[3]. Así que externamente tenemos que asegurarnos de hacer lo mismo con cada uno. Esto no solo se aplica a los padres. También se aplica a los abuelos y a otros miembros de la familia y a todo nuestro prójimo también[4]. ¿Cree que esta actitud de no favorecer a nadie se extiende al lugar de trabajo o al colegio?

Mientras seguimos aprendiendo de estas historias, debemos recordar la lección que Pablo comparte en el Nuevo Testamento en el libro de Romanos: "a los que aman a Dios, todas las cosas les ayudan a bien"[5]. Por eso, aunque nos equivoquemos, Dios lo arreglará. Nuestro trabajo entonces es hacer lo mejor que podamos y continuar amando al Señor, pidiendo perdón por aquellas veces que no hacemos todo lo que deberíamos hacer.

¿Qué son los derechos y las bendiciones de nacimiento?

Los años pasaron rápidamente para Isaac y Rebeca. Isaac empezó a envejecer y ya no podía ver. Sabía que su vida estaba llegando a su fin y que era el momento de dar la herencia familiar a su hijo mayor. Había dos elementos muy importantes en la herencia: los derechos de nacimiento y las bendiciones. Los derechos de nacimiento eran comunes en todas las naciones de la época. El hijo mayor recibía la mayor parte, si no toda, la riqueza de la familia. Las bendiciones eran un privilegio que Dios otorgaba al padre de su pueblo escogido para que se lo diera al hijo que eligiera. Este privilegio y bendición fue un regalo de Dios, quien dio su promesa de ser el Dios de esta familia y de amarla y protegerla. Esto no significa que Dios no ame a los demás; nos ama a todos. Sin embargo, para salvarnos, Dios escogió a esta familia para bendecirla debido a toda la maldad del mundo y a la falta de voluntad de la humanidad para escuchar sus caminos. Recuerde que a través de esta familia todos podrían ser bendecidos algún día.

Como comentamos en la historia de Abraham, la bendición fue dada a Abraham y sellada por un pacto con Dios a través de la circuncisión de todos los hijos varones. Abraham, a su vez, dio la bendición a su hijo Isaac; no se la dio a sus otros hijos. Y ahora le tocaba a Isaac pasar la bendición a la siguiente generación. Isaac planeó dar la bendición a su hijo mayor, Esaú. En consecuencia, Jacob quedaría fuera.

Jacob estaba más interesado en los caminos de Dios que Esaú. Esaú se había casado con una mujer de una familia cananea que no respetaba a Dios. Isaac y Rebeca estaban preocupados por la falta de interés de Esaú en las cosas de Dios. Jacob todavía no se había casado con nadie y era un hijo más obediente. En el siguiente ejemplo veremos la actitud despreocupada de Esaú. Varios años antes, Esaú había salido a cazar y regresó sin traer a casa ninguna presa para comer. Tenía mucha hambre. Encontró a Jacob cocinando una sabrosa comida. Cuando le pidió a su hermano que compartiera, Jacob aceptó darle la comida si Esaú accedía a darle su primogenitura.

Recuerde, Esaú nació solo unos segundos antes que Jacob. Por lo tanto, como era unos segundos mayor, iba a recibir la mayor, si no toda, parte de la herencia familiar. Esaú sabía que era miembro de una familia rica; no le importaba tanto tener la primogenitura. Jacob comprendió la importancia de su futuro y del futuro de sus hijos, nietos y sus descendientes. Entonces Esaú dijo: “He aquí yo me voy a morir; ¿para qué, pues, me servirá la primogenitura?”. Jacob hizo jurar a Esaú que le vendería su primogenitura; luego le dio a Esaú un poco de pan y un guiso. Así, Jacob compró la riqueza familiar con una simple comida.

Ahora que Jacob tenía la primogenitura, ¿quién iba a recibir la bendición? Ya explicamos cómo Isaac favoreció a Esaú. Por lo tanto, Isaac tenía la intención de que Esaú recibiera la bendición de la familia. Sabemos por el mundo en el que vivimos hoy en día que aunque alguien en la familia haga muchas cosas mal, uno de los padres puede seguir queriéndolo. Si recuerda, Isaac era muy pasivo y no se arriesgaba mucho. Creo que le gustaba la naturaleza salvaje de Esaú y tal vez incluso vivía a través de Esaú a veces. Rebeca favorecía a Jacob y recordaba el pronunciamiento de Dios en su nacimiento de que Jacob era el designado para recibir la bendición[6]. Cuando oyó a Isaac dar instrucciones a Esaú para que matara su presa favorita y le preparara una comida, supo que Isaac planeaba dar la bendición a Esaú. Ella no iba a permitir que esto sucediera. Elaboró un plan retorcido para que Jacob le robara la bendición a su hermano.

Lo que Rebeca estaba planeando no era correcto. Y no puedo imaginar que Dios aprobara las acciones de Rebeca. Pero, como he comentado antes, estas son personas reales y actúan igual que nosotros hoy. Puede que amemos a Dios, pero con demasiada frecuencia nos amamos más a nosotros mismos; hacemos cosas por lo que queremos. Tememos que si no conseguimos algo antes de que lo haga otro, no lo conseguiremos. O tal vez lo queremos ahora mismo, no nos gusta esperar. ¿Se imagina cómo se sintió Rebeca cuando vio que su esposo estaba a punto de regalar algo que ella quería para otra persona, sobre todo porque Dios le había dicho lo que Él quería?

Esaú renunció a su primogenitura voluntariamente y con gran facilidad porque no le importaban las cosas de Dios. Sin embargo, Jesús renunció a su primogenitura (su igualdad con Dios) para hacerse hombre y así poder unirse a Él en el cielo para siempre y recibir las bendiciones de Dios[7].

Olvidamos que si seguimos a Dios y sus planes, podemos perder temporalmente, pero las recompensas que nos dará son mucho mayores[8]. A veces, como Rebeca, no estamos dispuestos a dejar que Dios tenga el control de nuestras vidas. Ella conseguirá la bendición para Jacob, pero la perderá al hacerlo. Sigamos y veamos cómo se desarrolla la historia.

Preguntas para profundizar

- ¿Es más como Esaú o como Jacob? ¿Está más interesado en las cosas del mundo o en las cosas de Dios? ¿Cómo puede demostrar que está interesado en Dios?
- ¿Alguna vez has tenido tanta hambre que ha dicho algo como “me muero de hambre; tengo que comer ahora”? ¿Estaba realmente hambriento, o solo era lo que sentía en ese momento?
- ¿Ha cambiado o renunciado a algo que realmente le gustaba por algo nuevo en ese momento y se ha arrepentido después?
- ¿Por qué está mal que un padre muestre favoritismo a un hijo o hija sobre los demás? ¿Hay que tener cuidado con la forma de actuar en la escuela al mostrar favoritismo con un amigo sobre otro? ¿Alguna vez se ha sentido mal cuando un amigo le ha tratado mal?

Para estudio adicional

1. Romanos 9:10-16: Antes de que nacieran los gemelos, Dios le dijo a Rebeca que Jacob sería el que dirigiría la familia escogida; es Dios quien elige a su pueblo.

2. Santiago 2:1-10: No muestre favoritismo personal con nadie, ni con los ricos ni con los famosos, ni con un niño sobre otro; es un pecado mostrar parcialidad.
3. Los padres deben tratar a sus hijos con respeto y no frustrarlos. Los hijos deben honrar a sus padres; honrar a los padres conlleva la promesa de una larga vida.
   a. Efesios 6:1-4
   b. Colosenses 3:20-21
4. Dios lleva su mensaje más allá de nuestra familia; quiere que seamos amables y considerados con todos:
   a. Lucas 6:31: La Regla de Oro: Haga a los demás lo que quiere que le hagan a usted.
   b. Miqueas 6:8: Qué pide Jehová de ti: solamente hacer justicia, y amar misericordia, y humillarte ante tu Dios.
   c. Efesios 4:2, 32: Con toda humildad y mansedumbre, soportándoos con paciencia los unos a los otros en amor, sed benignos unos con otros, misericordiosos, perdonándoos unos a otros, como Dios también os perdonó a vosotros en Cristo.
   d. Filipenses 2:3: No haga nada por egoísmo; trate a la otra persona como alguien más importante que usted mismo.
5. Romanos 8:28: A los que aman a Dios, todas las cosas les ayudan a bien
6. Romanos 9:10-16: Antes de que nacieran los gemelos, Dios le dijo a Rebeca que Jacob sería el que dirigiría la familia escogida; es Dios quien elige a su pueblo.
7. Filipenses 2:6-9: [Jesús], que existía en forma de Dios, renunció a ella para hacerse hombre, hasta la muerte de cruz, y luego fue exaltado por Dios por encima de todo, para que toda rodilla se doble y toda lengua confiese que Jesucristo es el Señor.
8. 1 Corintios 3:10-17: Si empezamos nuestra vida (edificio) con Jesús como fundamento, seremos recompensados por las cosas buenas que hagamos por Él.

14
Jacob recibe la bendición de Dios

Génesis 25, 27

Jacob roba la bendición

Terminamos la última historia con Isaac planeando dar la bendición a Esaú. Isaac le dijo:

He aquí ya soy viejo, no sé el día de mi muerte. Toma, pues, ahora tus armas, tu aljaba y tu arco, y sal al campo y tráeme caza; y hazme un guisado como a mí me gusta, y tráemelo, y comeré, para que yo te bendiga antes que muera.

Rebeca escuchó a Isaac diciéndole a Esaú lo que debía hacer. Así que llamó a Jacob diciéndole que debían darse prisa para intervenir y robar la bendición que Isaac había planeado para Esaú. Consiguió que Jacob le trajera una oveja de su rebaño y preparó el plato favorito de Isaac. Le dijo a Jacob que hiciera todo lo que ella le ordenara: "Lleva esta comida a tu padre para que la coma y te bendiga antes de morir". Pero Jacob estaba muy preocupado. ¿Y si su padre le daba una maldición en lugar de una bendición cuando/si Isaac descubría su engaño? Esaú era un hombre muy velludo y Jacob tenía la piel suave. Así que, aunque Isaac fuera ciego, sería capaz de distinguir entre Jacob y Esaú. Así que Rebeca hizo que Jacob se vistiera con la ropa de Esaú, y le puso el pelaje de una cabra en las manos y el cuello para engañar a Isaac.

Rebeca le dio a Jacob la comida perfectamente preparada e hizo que la llevara a la presencia de su padre. Jacob comenzó diciendo lo siguiente: "Padre mío, aquí estoy con tu comida". Isaac respondió: "¿Quién eres, hijo mío?". "Soy Esaú, tu primogénito; he hecho lo que me dijiste. Por favor, levántate y come de mi caza para que me bendigas", respondió el engañoso Jacob. "¿Cómo es que has tenido éxito tan rápidamente, hijo mío?" respondió Isaac. Jacob dijo: "Porque el Señor, tu Dios, lo ha hecho por mí". Isaac no estaba nada seguro de que se tratara de Esaú. No solo había tenido éxito tan rápidamente, sino que no sonaba como Esaú. Así que le dijo a su hijo: "Por favor, acércate para que pueda palparte y saber si realmente eres mi hijo Esaú". ¿Puede sentir la creciente tensión dentro de Jacob? ¿Lo iba a descubrir su padre? ¿Sería maldecido en lugar de bendecido? Jacob había llegado hasta aquí con su plan engañoso, y ya era demasiado tarde para dar marcha atrás. Así que Jacob se acercó a su padre. Isaac lo palpó y le dijo: "Tu voz es la de Jacob, pero tienes las manos de Esaú". Isaac le preguntó por última vez: "¿Eres realmente mi hijo Esaú?". Y Jacob respondió: "Lo soy". La mentira se había consumado; Jacob había convencido a su padre de que era Esaú. Entonces Jacob le trajo la comida e Isaac comió el sabroso plato. Luego, con una última prueba, Isaac hizo que Jacob se acercara a él. Cuando Isaac se acercó para besarlo, olió sus ropas y se convenció de que era Esaú. Rebeca sabía perfectamente todo lo que tenía que hacer; y así Isaac bendijo a Jacob. La bendición venía directamente de Dios:

> *Dios, pues, te dé del rocío del cielo, Y de las grosuras de la tierra, Y abundancia de trigo y de mosto. Sírvante pueblos, Y naciones se inclinen a ti; Sé señor de tus hermanos, Y se inclinen ante ti los hijos de tu madre. Malditos los que te maldijeren, Y benditos los que te bendijeren.*

Era oficial. A pesar del engaño, Jacob estaría bajo la protección de Dios. Su familia sería la familia de Dios; su familia es el pueblo escogido de Dios para siempre.

Apenas se había ido Jacob de la presencia de su padre cuando su hermano llegó de su cacería. Había tenido éxito; preparó el plato favorito de su padre y lo llevó para recibir su bendición. Cuando Esaú entró en la presencia de su padre, Isaac le preguntó: "¿Quién eres tú?". Y escuchó la misma respuesta que había escuchado unos minutos antes: "Yo soy tu hijo, tu primogénito, Esaú". Isaac se estremeció grandemente. "¿Quién me ha traído la comida que he comido, y a quién le he dado todas mis bendiciones?". Cuando Esaú escuchó las palabras de su padre, exclamó con un grito muy grande y amargo: "Bendíceme, a mí también, oh padre mío". Isaac, dándose cuenta ahora de que había sido Jacob quien lo engañó, dijo: "Vino tu hermano con engaño, y tomó tu bendición".

Furioso, Esaú exclamó: "¿No se llama Jacob con razón? Porque me ha quitado lo que me pertenecía estas dos veces [el nombre de Jacob significa tomar lo que pertenece a otro]. Primero me quitó la primogenitura y ahora me ha quitado mi bendición. Padre, ¿no has guardado una bendición para mí?". Isaac no tenía una buena respuesta para Esaú; le contestó: "He aquí yo le he puesto por señor tuyo, y tu familia será sierva de todos sus parientes". ¿Cómo se sentiría si fuera Esaú?

El castigo por el engaño

Así que Esaú le guardaba rencor a Jacob; una vez que su padre muriera, planeaba matar a su hermano. Cuando Rebeca escuchó estas palabras de Esaú, llamó a Jacob y le contó los planes de Esaú. No tuvo más remedio que ayudar a Jacob a huir. Esaú era demasiado duro; era el cazador y era mucho más fuerte. Rebeca aconsejó a Jacob que fuera a su tierra natal (Harán) a vivir con su hermano, Labán. Le dijo que sería solo por un tiempo, hasta que se calmara la ira de Esaú, y entonces podría volver a casa. Ella no se dio cuenta en ese momento, pero su plan engañoso de robar la bendición para Jacob tuvo un efecto secundario terriblemente doloroso. No se nos dice que haya vuelto a ver a Jacob. Fueron por lo menos veinte años, no solo un corto tiempo como Rebeca había pensado.

Para evitarle a Isaac el dolor de saber sobre el plan de Esaú de matar a su hermano, ella le dijo que no podría vivir si sus dos hijos se casaban con hijas de cananeos, así que le explicó a Isaac que quería enviar a Jacob a su tierra natal para que encontrara una esposa. Así que Isaac envió a Jacob a la tierra natal de Rebeca con la bendición especial de Abraham; de este modo, lo que se hizo en la comida quedó sellado. La familia de Jacob sería el pueblo escogido por Dios.

¿Por qué permitió Dios que su bendición especial se otorgara de forma tan engañosa? La bendición original a Abraham y luego a Isaac se dio correctamente sin ninguna controversia, pero no fue así con Jacob. Es una de esas cuestiones que no sabemos. Debemos recordar que esta es una historia de personas reales, que cometen errores reales y, sin embargo, Dios sigue amándolas, protegiéndolas y estando con ellas a pesar de sus errores. Así es el Dios maravilloso que tenemos. Al igual que amó a Isaac, Rebeca, Jacob y Esaú, nos amará y cuidará cuando cometamos errores. Oh sí, ¡los cometeremos! Por eso es importante que recordemos volver a Dios y pedirle que nos perdone[1]. Y, es cierto, Jacob recibió la bendición de Isaac aunque no la recibió de la manera correcta y digna. Dios estaría con él y honraría la bendición que Isaac le dio.

Sin embargo, había que pagar un gran precio. Jacob se vio obligado a abandonar su hogar. Dios estará ahí para nosotros, pero tenemos que pagar las consecuencias de nuestros pecados y errores. Rebeca logró su propósito de conseguir la bendición para Jacob, pero lo perdió en el proceso. ¿Cómo se habría sentido con el resultado de las cosas? ¿Cree que el plan de Dios se habría cumplido mejor sin engaños y mentiras?

Se podría pensar que porque Jacob robó la bendición, Isaac podría simplemente deshacer la bendición. Pero en esa época esta transferencia de la bendición se hacía de manera legal, y se quedaba con Jacob. ¿Por qué Isaac no llamó a uno de sus siervos para confirmar que era Esaú? ¿Alguna vez ha hecho algo y después se ha dado cuenta de que podía haberlo hecho mejor? Isaac no esperaba ningún engaño y fue más confiado de lo que debería haber sido. Recuerde también que el plan de Dios era que Jacob recibiera la bendición. Dios había profetizado (predicho) en el nacimiento de los gemelos que Jacob recibiría la mayor herencia. Isaac aceptó que era la voluntad de Dios que Jacob recibiera la bendición.

Me pregunto cómo habría resuelto Dios el plan si Rebeca no hubiera intervenido y lo hubiera hecho a su manera. Lo mismo puede ocurrir con un acontecimiento de nuestra propia vida. Cuando tomamos una decisión equivocada, nos preguntamos cómo podrían haber sido las cosas si hubiéramos elegido hacerlo a la manera de Dios. A menudo pienso que me gustaría que Dios me mostrara cómo habrían sido las cosas si no las hubiera hecho a mi manera. Pero también pienso en lo triste que podría estar cuando me doy cuenta de las grandes cosas que podría haber hecho para Dios y las bendiciones y recompensas que perdí por hacerlo a mi manera[2, 3]. Aprendamos a hacer todo a la manera de Dios para que no tengamos que preocuparnos por lo que podría haber sido.

Preguntas para profundizar

- ¿Cuánto miedo sentiría si intentara engañar a su padre sobre algo muy importante? ¿Significa esto que hacer las cosas mal está bien si salen bien? ¿Por qué o por qué no?
- ¿Entiende el precio que Rebeca pagó por su engaño?
- ¿Cree que Rebeca debería haber confiado en la fidelidad de Dios en lugar de usar trucos para conseguir la bendición de Jacob? ¿Qué habría pasado si lo hubiera hecho?

Para estudio adicional

1. 1 Juan 1:9: Si confesamos nuestros pecados, él es fiel y justo para perdonar nuestros pecados y limpiarnos de toda maldad.
2. 1 Corintios 3:10-17: Si empezamos nuestra vida (edificio) con Jesús como fundamento, seremos recompensados por las cosas buenas que hagamos por Él.
3. 2 Corintios 5:10: Porque es necesario que todos nosotros comparezcamos ante el tribunal de Cristo, para que cada uno reciba según lo que haya hecho mientras estaba en el cuerpo, sea bueno o sea malo.

15

Jacob y la familia escogida de Dios: Parte 1

Génesis 28-36

Con la bendición de sus padres, Jacob partió hacia la tierra de su madre, primero para escapar de la venganza de su hermano Esaú, y segundo para encontrar una esposa de la familia de su madre. Jacob había engañado a su padre para que le diera la bendición a él en lugar de a Esaú. En el largo viaje a Harán, Jacob llegó a un lugar para pasar la noche. Allí tuvo un sueño de una escalera en el suelo con peldaños que llegaban al cielo. Los ángeles de Dios subían y bajaban por la escalera. El Señor, de pie en lo alto de la escalera, le dijo a Jacob:

Yo soy el Señor, el Dios de tu padre Abraham y el Dios de Isaac; la tierra en la que estás parado te la daré a ti y a tu descendencia. Multiplicaré tu descendencia, y por ti y por tu descendencia serán bendecidas todas las familias de la tierra.

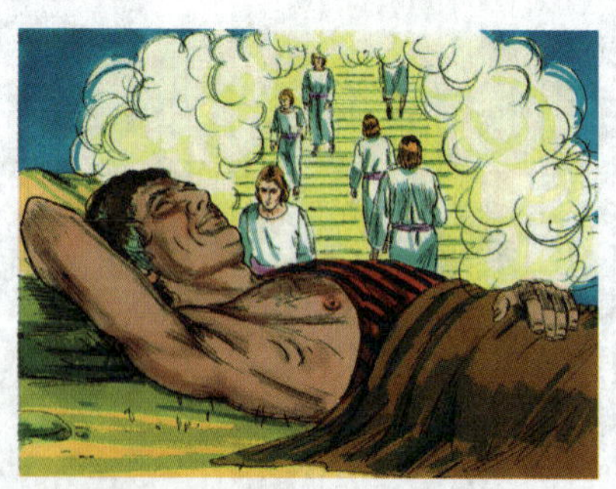

Vaya, ¡qué manera de comenzar el viaje! Antes de que Jacob saliera de su casa, Isaac confirmó que Jacob sí recibió la bendición que Isaac obtuvo de su padre, Abraham. Ahora, a través de un sueño, Dios mismo reafirmó que la familia de Jacob sería la familia escogida por Dios. Y sería a través de Jacob y sus descendientes que todas las naciones serían bendecidas por medio de nuestro Salvador, Jesucristo[1]. Esta promesa del Mesías (Jesús) había sido hecha a Abraham muchos años antes; él le pasó la promesa a Isaac, y ahora se la estaba pasando a Jacob. Qué manera tan fantástica eligió Dios para mostrarse a Jacob. Dios abrió la puerta del cielo (el mundo de Dios) para que Jacob pudiera ver a los ángeles yendo y viniendo del cielo a la tierra, y Dios, nuestro Creador, estaba en la cima de la escalera y le habló a Jacob diciendo que sería su Dios.

Jacob despertó de su sueño y se dijo: "Ciertamente el Señor está en este lugar y yo no lo sabía. ¡Santo es este lugar! No es otra cosa que casa de Dios, y puerta del cielo". Jacob se levantó, tomó la piedra sobre la que había apoyado su cabeza y construyó un altar al Señor. Llamó al lugar Bet-el. Mientras construía el altar, Jacob declaró: "Si estás conmigo y me permites volver a salvo a la casa de mi padre, entonces sí serás mi Dios. Este altar que he construido será la casa de Dios. Y de todo lo que me des, te daré seguramente la décima parte". Al igual que Jacob, nosotros también tenemos que declarar que el Señor es nuestro Dios y aceptar adorarle[2].

Jacob encuentra a la familia de su madre

A la mañana siguiente, Jacob siguió su camino hacia la tierra de su madre. Cuando el largo viaje llegó a su fin, se topó con un pozo en un campo con ovejas tendidas a su alrededor. Se enteró por los pastores que cuidaban las ovejas de que había llegado a Harán. Jacob les preguntó si conocían a Labán y así fue. En ese mismo momento, le dijeron a Jacob que la hija de Labán, Raquel, venía a dar de beber a sus ovejas. ¡Qué suerte! O, más exactamente, ¡qué santa coincidencia! Jacob había viajado muchos kilómetros y las primeras personas con las que se encontró eran de la familia de Rebeca. ¿Se parece esto a la historia en la que Eliezer encontró a Rebeca?

Cuando Jacob vio a Raquel, quitó la piedra de la boca del pozo para que ella pudiera dar de beber a sus ovejas. Luego la besó y lloró sobre su hombro. Jacob le contó su largo viaje y que era su primo y todo lo relacionado con su madre Rebeca, su tía. Cuando Labán se enteró de la noticia de Jacob, el hijo de su hermana, corrió a recibirlo. Le dio un gran abrazo y un beso, y luego llevó a Jacob a su casa. Labán estaba emocionado de conocer a Jacob y de escuchar las noticias sobre su hermana. Labán animó a Jacob a quedarse con él durante un tiempo. Jacob aceptó y comenzó a ayudar a Labán a cuidar sus ovejas. Como era de la familia, Labán quiso pagar a Jacob un salario justo por su trabajo. Como Jacob ya se había enamorado de Raquel, le dijo a Labán que le serviría durante siete años a cambio del derecho a casarse con su hija menor, Raquel. Labán se alegró y aceptó de inmediato el contrato.

Jacob estaba tan enamorado de Raquel que los siete años pasaron muy rápido. Al final de los siete años, la familia se preparó para una fiesta de bodas de siete días. Cuando llegó el momento de traer a la novia, Labán engañó a Jacob y le dio a su hija Lea en su lugar. Ahora se podría pensar que esto no es posible. ¿No habría podido Jacob reconocer a su propia novia? En estos tiempos bíblicos no se permitía al marido ver a la novia el día de la boda. La novia tenía un velo sobre su rostro. Así que esa noche, al acostarse, Jacob descubrió que se había casado con Lea en lugar de con Raquel.

Cuando llegó la mañana, fue directamente a Labán y le preguntó: "¿Qué es esto que me has hecho? ¿No te he servido por Raquel? ¿Por qué, pues, me has engañado?". Labán respondió: "En este lugar se acostumbra a casar primero a la hija mayor. Así que te pido que completes esta semana con Lea; después te daré a Raquel si aceptas servirme durante siete años más". Jacob sintió que no tenía otra opción; amaba mucho a Raquel. Y al igual que había funcionado su truco contra su padre, ahora estaba atrapado en el matrimonio con Lea. Así que una vez que se completó la fiesta de bodas de siete días, Labán le dio a su hija Raquel a Jacob como esposa. Jacob no tuvo que esperar siete años más para que Raquel se convirtiera en su esposa, pero Jacob estaba obligado a trabajar durante los años adicionales.

Estoy seguro de que Jacob estaba furioso. ¡Tenía derecho a estarlo! ¿No lo estaría usted también? Pero entonces tenemos que pensar en ello. Jacob, que había engañado a su hermano y a su padre, ahora estaba siendo engañado él mismo. Jacob aprendió una dura lección: a menudo recibimos lo que damos. Jacob había engañado y mentido a su padre y a su hermano, y ahora recibía lo mismo de su tío. Jacob aceptó el engaño y sacó lo mejor de él[3]. Aún así, trabajó muy duro para Labán. ¿Cómo cree que habría reaccionado si fuera Jacob? ¿Qué beneficio cree que obtuvo Jacob al aprovechar estas circunstancias?

Dios bendice a Jacob con una gran familia

Así que ahora Jacob tenía dos esposas, pero amaba mucho más a Raquel. Dios vio que Lea no era amada, y le permitió tener hijos mientras Raquel seguía siendo estéril; es decir, no podía tener hijos. Y Lea dio a luz a Jacob un hijo llamado Rubén. En su emoción, Lea exclamó: "Porque el Señor ha visto mi aflicción, ciertamente ahora mi esposo me amará porque le he dado un hijo". Y entonces Dios le dio un segundo hijo llamado Simeón, y luego un tercero llamado Leví y un cuarto llamado Judá.

Cuando Raquel vio que no podía darle hijos a Jacob, se puso celosa de su hermana, Lea. Estaba tan frustrada que le dijo a Jacob: "Dame hijos, o si no, me muero". Quizá recuerde de muchas de las historias bíblicas que era una desgracia para una mujer no poder tener un hijo varón para su esposo. Hemos aprendido de Abraham y Sara, y lo veremos más veces en historias posteriores, que los padres que no tienen un hijo no están siendo castigados por Dios. De hecho, puede ser todo lo contrario; Dios puede tener un hijo especial en mente para ellos. Esperar en Dios es a menudo algo difícil, pero esperar por la recompensa siempre vale la pena[4]. ¿Puede pensar en ocasiones en las que ha esperado mucho tiempo antes de conseguir algo que deseaba mucho, y cuando lo consiguió, valió la pena la espera?

En este caso, Raquel era estéril porque Dios quería bendecir a Lea. Jacob había mostrado demasiado favoritismo hacia Raquel. Por eso, al darle a Lea cuatro hijos, ahora había atraído la atención de Jacob; él se alegró mucho. Creo que podemos ver por qué Dios solo quiere que haya un esposo y una esposa[5]. Los celos surgen cuando la gente tiene que compartir. Jacob no sabía cómo responder a la demanda de Raquel, así que le dijo: "¿Soy yo acaso Dios, que te impidió el fruto de tu vientre?". Para aliviar su frustración y quitarle atención a Lea, Raquel le dio a Jacob su sierva, Bilha, como esposa, y Bilha le dio un hijo a Jacob. Y poco después dio a luz otro hijo a Jacob. Podemos ver fácilmente las peleas y los celos entre las dos hermanas, ya que Raquel proclamó con el nacimiento de su primer hijo a través de Bilha: "Me juzgó Dios, y también oyó mi voz, y me dio un hijo", y por eso lo llamó Dan. Y con el segundo hijo proclamó: "he contendido con mi hermana, y he vencido", por lo que lo llamó Neftalí. Como Bilha era la sierva de Raquel, estos niños fueron considerados como sus hijos (de Raquel).

Lea no iba a permitir que su hermana la superara. Cuando se dio cuenta de que ya no podía tener hijos, le dio su sierva a Jacob como esposa. Así que Jacob tomó a su sierva, Zilpa, que dio a luz a Jacob un hijo. Lea le puso el nombre de Gad porque era muy afortunada. Y luego Zilpa dio a luz a Jacob un segundo hijo al que Lea llamó Aser, que significa "soy feliz".

Más tarde, el hijo mayor, Rubén, encontró unas flores especiales que, según la gente, ayudarían a una mujer a tener un hijo. Raquel le preguntó a Lea si podía quedarse con las flores que había traído Rubén. Lea respondió: "¿Es poco que hayas tomado mi marido, sino que también te has de llevar las mandrágoras de mi hijo?". Entonces Raquel aceptó que si ella podía tener las flores, Jacob podría pasar la noche con Lea. Aquella noche Dios miró con buenos ojos a Lea y concibió y tuvo otro hijo. Lea lo llamó Isacar. Y luego Lea concibió y dio a Jacob su sexto hijo, al que Lea llamó Zabulón "Dios me ha dado una buena dote".

Finalmente, Dios se acordó de Raquel y abrió su vientre. Concibió y dio a luz a Jacob su undécimo hijo, al que llamó José. Y con gran satisfacción Raquel proclamó: "Dios ha quitado mi afrenta". Un tiempo después, Raquel dio a Jacob su duodécimo y último hijo, llamado Benjamín. Estos hijos fueron una bendición especial para Jacob. Así que aunque Dios hizo esperar a Raquel, le dio una bendición muy rica con dos hijos a los que Jacob amaba más que a todos los demás. Una vez más, la espera tuvo su recompensa. Sugiero que practiquemos la paciencia con las cosas que queremos en nuestras vidas[6]. Hasta que recibamos lo que pedimos, debemos honrar a Dios y obedecer sus mandamientos. La oración contestada llegará en el momento oportuno de Dios.

Preguntas para profundizar

- Dios le mostró a Jacob que estaría con él. ¿Cómo ha demostrado Dios que está con usted?
- Jacob eligió adorar y servir a Dios. ¿Y usted? Servir a Dios significa mucho más que ir a la iglesia el domingo. Mencione algunas otras formas.
- Comente sobre la aparición de Raquel en el pozo exactamente en el mismo momento en que Jacob llegó después de un viaje tan largo. ¿Fue una coincidencia? ¿Fue algo planeado por Dios? ¿Fue la forma en que Dios derramó su bendición sobre su persona escogida especialmente? ¿Fue una de las bendiciones que recibió Jacob después de que Dios le dijera en el sueño que sería el Dios de Jacob?
- Hay un dicho en la Biblia que dice que uno cosecha lo que siembra. Significa que si siembra semillas de maíz obtendrá maíz y si actúa mal obtendrá mal; incluso peor, puede esperar que le sucedan cosas malas. ¿Qué ocurrirá si actúa de forma correcta? ¿Recibió Jacob lo que se merecía cuando Labán le dio a Lea para que se casara con ella en lugar de Raquel? La respuesta es tanto sí como no. Explique por qué.
- ¿Cómo nos ayuda a hacer lo que es correcto incluso cuando alguien nos engaña de forma malvada?
- ¿Por qué Dios bendijo a Lea con hijos y Raquel no tuvo ninguno?
- ¿Estaba Dios castigando a Raquel o haciéndola esperar una bendición especial?

Para estudio adicional

1. Romanos 9:10-16: Antes de que nacieran los gemelos, Dios le dijo a Rebeca que Jacob sería el que dirigiría la familia escogida; es Dios quien elige a su pueblo.

2. Romanos 10:9-10: Si confesares con tu boca [palabras] que Jesús es el Señor, y creyeres en tu corazón que Dios le levantó de los muertos, serás salvo.
3. Romanos 12:16-21: Nunca pague mal por mal; trate de estar en paz con todos; no se deje vencer por el mal, sino venza el mal con el bien; Dios dice "Mía es la venganza, yo pagaré".
4. Hebreos 6:10-12: Dios no olvidará su trabajo y el amor que ha mostrado hacia su nombre; si está dispuesto a ser paciente, heredará las promesas.
5. 1 Timoteo 3:2: Un líder en la iglesia del Nuevo Testamento debía tener una sola esposa.
6. 1 Pedro 2:20: Cuando hace lo que es correcto, sufre por ello y lo soporta con paciencia, ahí encuentra el favor de Dios.

16
Jacob y la familia escogida de Dios: Parte 2

Génesis 28-36

En la historia anterior tuvimos un vistazo de la vida de Jacob en la tierra de su madre, donde se casó y comenzó su familia. Se habrá preguntado por qué me he tomado la molestia de contar todos los detalles sobre el nacimiento de los hijos de Jacob. En primer lugar, muestra lo mal que podemos actuar unos con otros y lo celosos que podemos llegar a ser en lugar de trabajar juntos[1]. Habría sido mucho más fácil si Jacob hubiera mostrado amor a sus dos esposas y, mucho mejor, que las hermanas trabajaran juntas. Pero los humanos no somos así. Actuamos de forma egoísta y somos mezquinos en lugar de amarnos como una familia[2]. Pero una vez más Dios fue fiel a su familia, y bendijo a Jacob y le dio grandes riquezas, y no solo grandes riquezas, sino también una gran familia.

Hay otra razón para mencionar los detalles que rodean los nacimientos de estos niños. Dios tenía planes especiales para esta familia a pesar de que eran conocidos por sus muchas debilidades y errores. Cada uno de los doce hijos recibiría la bendición de Dios. Abraham había dado su bendición a un solo hijo, Isaac; e Isaac había dado su bendición a un solo hijo, Jacob. Pero Dios le dio permiso a Jacob de entregar la bendición a todos sus hijos. Sería a través de los hijos de Jacob que se formaría la nación de Israel. Los doce hijos y sus descendientes son ahora conocidos como el pueblo escogido de Dios[4], su familia escogida.

Este no es un ejemplo de cómo podemos actuar mal y salirnos con la nuestra. Como veremos, Jacob y su familia deben soportar las muchas y difíciles consecuencias de sus acciones indebidas. Pero también es bueno saber que Dios nos perdonará y seguirá cuidando de nosotros porque somos su familia[3]. ¿Hay formas en que su familia pueda aprender a trabajar mejor juntos? ¿Qué puede hacer para ponerlo en práctica?

Uno podría pensar que Dios pudo haber elegido una familia mejor. Pero entonces, ¿quién de nosotros sería mejor? Todos estamos destituidos de la gloria de Dios. La Biblia nos dice que los doce hijos cometieron muchos errores. De hecho, varios son muy malos. Pero todos ellos adoraron y sirvieron al Dios de Abraham, Isaac y Jacob. Y, en este sentido, fueron fieles. La grandeza de Dios aparece de nuevo. Nos salva porque creemos, no porque hagamos las cosas bien[5]. Sin embargo, también descubrimos constantemente en estas historias que a Dios le agrada que sigamos sus mandamientos. Y habrá ocasiones en las que lo exija. Es nuestra elección seguirlos o no. ¿Cuál es su elección: seguir lo que decide que es mejor o seguir a Dios incluso cuando va en contra de lo que quiere?

Dios bendice a Jacob con riquezas

Mientras la familia de Jacob crecía, él trabajaba duro para su suegro, Labán, y eso hacía que Labán se enriqueciera. Descubrimos que Labán y Jacob son dos tipos de personas diferentes. Su relación es una mezcla de intentos de superación por parte de uno y de aprovechamiento por parte del otro. Jacob comenzó tratando de ser justo con Labán. Había honrado a Labán cuidando de sus ovejas. Jacob no recibió dinero por catorce años de trabajo; trabajó para sus dos esposas. Había sido un gran trato para Labán porque Jacob era un muy buen pastor, y había hecho a su suegro muy rico. Sin embargo, en lugar de estar agradecido, Labán quería aún más. Así que Jacob desarrolló su propia manera de vengarse de Labán. Además, Jacob probablemente se dio cuenta de que esto era una venganza por cómo había tratado a Esaú.

Después del nacimiento de José, Jacob se dirigió a Labán y le dijo: "Permíteme volver a mi casa, pues sabes que te he pagado bien por mis dos esposas y mi familia". Pero Labán animó a Jacob a quedarse con él diciéndole: "Porque he sabido que el Señor me ha bendecido mucho contigo a cargo de mis ovejas. Dime tu salario y te lo daré". Jacob respondió: "Me quedaré contigo y no exigiré ningún salario si me permites pasar por tus rebaños quitando toda oveja salpicada de color y manchada y toda negra entre los corderos y las cabras; ese será mi salario. Y para que nunca se cuestione mi honestidad, toda oveja que no sea negra, salpicada de color o manchada entre las cabras y los corderos será tuya".

Labán estuvo de acuerdo porque la mayoría de las ovejas/cabras eran blancas, y las ovejas/cabras blancas que se aparean con otras ovejas/cabras blancas producen crías blancas salvo en raras ocasiones. Sin embargo, Dios bendijo los esfuerzos de Jacob y comenzó a tener cada vez más ovejas manchadas y salpicadas de color. Labán se puso muy celoso de los resultados. Esperaba que Jacob siguiera incrementando su rebaño sin aumentar mucho para Jacob. Así que Labán siguió cambiando el trato. Diez veces diferentes Labán cambió el trato para que él pudiera ganar más y Jacob obtuviera menos. A pesar de los esfuerzos de Labán, Dios siguió ayudando a Jacob a prosperar.

Como Labán cambió el trato tantas veces, Jacob desarrolló un truco propio. Tomó varas frescas de álamo y avellano y peló las rayas blancas dejando al descubierto las varas blancas y las colocó en los abrevaderos cuando las ovejas y cabras blancas más fuertes bebían. De alguna manera las varas blancas hacían que tuvieran ovejas moteadas y salpicadas de color. No conozco a nadie que haya oído hablar de algo tan extraño, pero la Biblia dice que a Jacob le funcionó. Y cuando las ovejas débiles y debilitadas se acercaban a beber agua, Jacob retiraba las varas del agua. Y así las ovejas de Jacob comenzaron a multiplicarse. Así, Jacob engañó a Labán y le pagó la forma en que éste lo trataba.

Es tiempo de volver a casa

Aunque no sabían por qué Jacob había tenido tanto éxito, los hijos de Labán se enfadaron con Jacob; pensaban que había robado gran parte de la riqueza de su padre. Así que Labán dejó de ser amigable con Jacob. Por eso el Señor se dirigió a Jacob diciendo: "Vuélvete a la tierra de tus padres, y a tu parentela, y yo estaré contigo". Jacob, a su vez, dijo a Raquel y a Lea: "Veo que el semblante de vuestro padre no es para conmigo como era antes; mas el Dios de mi padre ha estado conmigo. Vosotras sabéis que con todas mis fuerzas he servido a vuestro padre; y vuestro padre me ha engañado, y me ha cambiado el salario diez veces; pero Dios no le ha permitido que me hiciese mal". Jacob continuó: "Un ángel del Señor me visitó y me dijo: 'Veo cómo te engaña Labán y quiero que vuelvas a casa'". Raquel y Lea respondieron a Jacob: "Nuestro padre nos ha quitado todo lo que era nuestro y se lo ha dado a nuestros hermanos. No nos queda nada más que lo que es tuyo. Nos está tratando como extranjeros; así que seguramente toda la riqueza que Dios le ha quitado a nuestro padre nos pertenece a nosotros y a nuestros hijos; así que ahora haz lo que Dios te mande".

Así que antes de que Labán pudiera descubrir lo que ocurría, Jacob reunió a toda su familia y se dirigió a su casa. Mientras Raquel empacaba sus pertenencias, robó algunos de los ídolos de su padre. No sé por qué Raquel decidió hacer esto. Sabía que iba a vivir con Jacob, sirviendo a su Dios. Tal vez era algo con lo que había crecido, o tal vez era algo en lo que confiaba y que formaba parte de su herencia. Sea lo que sea, estoy seguro de que Dios no quería que lo llevara consigo a su nueva vida con Jacob. Creo que a Dios le preocupaba mucho que Raquel quisiera llevarse parte de su antigua vida pagana.

La gente de su época creía que cada tribu de cada nación tenía su propio dios para protegerla. Tal vez Raquel quería un seguro en caso de que el Dios de Jacob no fuera tan fuerte como el de su padre. O tal vez quería los ídolos como un recuerdo de su hogar ahora que estaría tan lejos. Nunca se nos da una explicación. Pero veremos, a medida que se desarrolla la historia, que Raquel pagará el precio de su mal juicio. Nosotros también debemos estar dispuestos a servir a nuestro Dios y a no tener otros dioses delante de Él[6]. Puede que nuestros dioses de hoy no sean los mismos que tenían los demás hace muchos años, pero los tenemos de todos modos.

Si prestamos demasiada atención al dinero, a una estrella de cine, a una estrella de rock o a un juego de computadora, es como adorar a un dios. Esto no significa que no le pueda gustar una estrella de rock o jugar a un juego de computadora. Pero si escucha música o juega juegos de computadora todo el tiempo y nunca tiene tiempo para leer la Biblia o participar en actividades de la iglesia, eso dice que Dios no es lo primero en su vida. Debemos entender que Dios no solo es lo primero, sino que debemos estar dispuestos a servirle a Él y sólo a Él[7]. ¿Está dispuesto a dejar que Dios sea lo primero en su vida?

Preguntas para profundizar

- Las dos hermanas actuaron de manera celosa. ¿Qué podrían haber hecho de forma diferente? ¿Cómo habría ayudado?
- ¿Qué opina de que Labán se haya aprovechado tantas veces de Jacob, primero con su hija y luego con el dinero? ¿Se lo merecía Jacob? Si alguien le cambiara el salario cada vez trabaje, ¿cómo se sentiría?
- Jacob aceptó los cambios. No salió de la casa de Labán hasta que Dios le dijo que era el momento de irse. ¿Puede ver cómo Dios bendijo a Jacob a pesar de que Labán trató de quedarse con todo para él? ¿Le enseña esto que seguir a Dios es mejor que hacerlo a su manera?

Para estudio adicional

1. Efesios 4:2-3: Con toda humildad y mansedumbre, con paciencia, mostrando tolerancia los unos con los otros en el amor, aprendemos a trabajar juntos como un solo cuerpo usando el don de Dios del Espíritu Santo para ayudar.
2. Romanos 6:1-2, 15-18: Aunque hayamos sido liberados del pecado, no debemos continuar con nuestras viejas costumbres; tenemos que dejar de ser esclavos del pecado y convertirnos en esclavos de la justicia (es decir, dedicarnos a hacer el bien).
3. 1 Juan 1:9: Si confesamos nuestros pecados, él es fiel y justo para perdonar nuestros pecados, y limpiarnos.
4. Génesis 49:1-28: Dios permite que Jacob dé bendiciones a sus doce hijos.
5. Romanos 3:22-25: Todos pecamos y estamos destituidos de la gloria de Dios; sin embargo, somos justificados (enderezados) por nuestra fe en Jesucristo que murió por nosotros.
6. Éxodo 20:3: No tendrás dioses ajenos delante de mí.
7. Marcos 12:29-30: Oye, Israel; el Señor nuestro Dios, el Señor uno es. Y amarás al Señor tu Dios con todo tu corazón, y con toda tu alma, y con toda tu mente y con todas tus fuerzas.

17

Jacob y la familia escogida de Dios: Parte 3

Génesis 28-36

Dios provee protección para su familia

Siguiendo las instrucciones de Dios, Jacob iba a tomar a su familia e irse a su casa. Pero tenía miedo de lo que haría su suegro si se enteraba de sus planes. Así que se fueron en secreto. Labán no tardó en descubrir que se habían ido e inmediatamente fue tras ellos. Como Jacob viajaba con toda su familia, Labán no tardó en alcanzarlos. Pero la noche antes de que Labán alcanzara a Jacob, Dios se le apareció a Labán en un sueño y le dijo: "Guárdate que no hables a Jacob descomedidamente". Este sueño preocupó a Labán, así que tuvo cuidado al día siguiente cuando se acercó a Jacob diciéndole:

¿Qué has hecho engañándome y llevándote a mis hijas como cautivas? ¿Por qué te has ido sin despedirte? Podría haberlos despedido con alegría y canciones. Has hecho una tontería. Está en mi mano hacerles daño, pero el Dios de tu padre me habló anoche diciéndome que los dejara en paz y eso haré.

Jacob respondió: "Porque tuve miedo; pues pensé que quizá me quitarías por fuerza tus hijas. Aquel en cuyo poder hallares tus dioses, no viva; delante de nuestros hermanos reconoce lo que yo tenga tuyo, y llévatelo". Jacob no sabía que Raquel había hurtado los ídolos.

Entonces Labán entró en la tienda de Jacob, en la de Lea y en la de las siervas, y no encontró nada. Cuando entró en la tienda de Raquel, ésta estaba sentada en la silla de su camello, donde había escondido los ídolos. Cuando su padre se acercó a ella, le dijo: "No se enoje mi señor, porque no me puedo levantar delante de ti; pues estoy con la costumbre de las mujeres". Labán cayó en el engaño de Raquel. Así que cuando terminó de buscar las pertenencias de Raquel, no encontró nada. Y Jacob se enojó con Labán y le dijo:

¿Cuál es mi transgresión? ¿Cuál es mi pecado para que me hayas perseguido con tanto ahínco? Aunque has buscado en todos mis bienes, no has encontrado nada. Durante 20 años he trabajado como esclavo para ti. A tus animales les ha ido bien y tú has prosperado. Si un animal salvaje venía y mataba uno de los corderos o cabras, yo pagaba el precio y no tomaba nada de ti. Te serví durante 14 años para tus dos hijas y seis años para tus rebaños y me cambiaste el salario 10 veces. Si no fuera por el Dios de Abraham y por tu temor a Isaac, me habrías despedido con las manos vacías. Dios ha visto mi aflicción y el trabajo de mis manos y te ha juzgado anoche cuando te habló.

Sin embargo, el testarudo Labán se mantuvo firme. Todavía quería tener el control, así que le dijo a Jacob: "Las hijas son hijas mías, y los hijos, hijos míos son, y las ovejas son mis ovejas, y todo lo que tú ves es mío: ¿y qué puedo yo hacer hoy a estas mis hijas, o a sus hijos que ellas han dado a luz? Ven, pues, ahora, y hagamos pacto tú y yo". Y llegaron a un acuerdo y se separaron sin que quedara ningún rencor. Finalmente, Labán desistió.

Creo que tenía miedo del Dios de Jacob; de lo contrario, se habría quedado con todo y habría dejado a Jacob sin nada. Labán hizo prometer a Jacob que trataría bien a sus hijas y que no tomaría otras esposas para que no tuvieran que compartir su herencia. A la mañana siguiente, Labán se levantó temprano, besó a sus hijas y a sus nietos y los bendijo antes de partir a su casa. Si Dios no hubiera intervenido con una visita a Labán, seguramente habría habido un derramamiento de sangre. ¡Una vez más Dios salvó el día! ¿Ve cómo debemos tratar con personas egoístas y codiciosas? Creo que debemos mantenernos firmes, pero también permitir que Dios retribuya a la persona de la manera que Él elija.

Pero esta familia tiene mucho que aprender de Dios. Labán perdió a sus hijas y a sus nietos por ser tan egoísta y codicioso[1]. No parece que Jacob comprendiera del todo que sus propios pecados le habían causado tantos problemas en primer lugar. Y ahora Raquel interviene en el asunto robando algunos de los ídolos de su padre. No solo había robado, sino que no quiso abandonar sus antiguos dioses y seguir al Dios de Jacob, el único y verdadero Dios[2]. Posteriormente nos enteramos de que murió al dar a luz a su segundo hijo, Benjamín. ¿Fue este su castigo? ¿Fue esta la forma en que Dios impidió que influyera en sus hijos para que sirvieran a otros dioses? La Biblia no nos lo dice. Pero será devastador para Jacob perder a su esposa favorita a la que amaba tanto. Lo que sí sé es que nuestro Dios exige que le sirvamos a Él y sólo a Él[3]. No tolerará nada que no cumpla este mandamiento.

Jacob regresa a casa y confronta a Esaú

Jacob ya se había ocupado de uno de sus enemigos. Pero todavía tenía que enfrentarse a su hermano Esaú. Recuerde que cuando salió de su casa, Esaú había jurado matarlo. Así que ahora dirigió su atención y preocupación a lo que sucedería cuando regresara a casa. Jacob envió mensajeros a su hermano para que supiera que venía. Le dio detalles sobre dónde había estado y con quién había vivido. Sus mensajeros le dijeron a Esaú que tenían muchos regalos para él y que Jacob esperaba que pudieran volver a ser amigos y hermanos. Jacob estaba muy afligido. Dividió a su familia de manera que él iba al frente; después de él iban Zilpa y sus hijos, y tras ellos Bilha y sus hijos, luego Lea y sus seis hijos, y por último Raquel y José (Benjamín aún no había nacido). Puede ver el orden de importancia que tenía Jacob. Quería que Raquel y José fueran los últimos para asegurarse de que fueran los más protegidos.

En su angustia, Jacob exclamó: "Oh, Dios de mi padre Abraham, vuelvo a mi tierra como me has dicho. Soy indigno de toda la bondad amorosa y de toda la fidelidad que me has demostrado. Pero tú has profesado ser mi Dios y por eso te ruego que me libres de la mano de mi hermano, pues temo que me ataque a mí y a mi familia". Jacob pasó una noche muy inquieta. La noche siguiente Jacob se separó de su familia y se quedó solo. En sus sueños luchó con un ángel del Señor hasta el amanecer. Cuando el ángel vio que Jacob había luchado poderosamente con él, hirió a Jacob en la cadera para poder huir.

Esta lesión dejó a Jacob con una cojera para el resto de su vida. Jacob no dejó ir al ángel hasta que éste lo bendijo. El ángel lo bendijo diciendo: "No se dirá más tu nombre Jacob, sino Israel; porque has luchado con Dios y con los hombres, y has vencido". Así que Jacob llamó al lugar Peniel, que significa "He visto el rostro de Dios, pero mi vida ha sido preservada". Esta nación que Dios prometió muchos años antes ahora tenía un nombre. Sería conocida como la nación de Israel y su

gente se llamaría israelita. El plan de Dios (su Palabra) se estaba desarrollando ante los ojos de Jacob.

A la mañana siguiente, Jacob se dirigió a la última parte de su viaje a casa. Cuando levantó los ojos y vio que Esaú se acercaba, dejó atrás a su familia. Al acercarse a Esaú, se inclinó. Sin embargo, Esaú no estaba enojado; estaba emocionado de ver a su hermano[4]. Esaú corrió a abrazar a Jacob y lloraron juntos. Cuando Esaú vio a toda la familia de Jacob, le contó lo bondadoso que había sido Dios con él. Cada miembro de la familia se acercó a Esaú y se presentó. Cuando Jacob le ofreció los numerosos y valiosos regalos que había preparado para él, Esaú dijo que no los quería. Pero Jacob insistió y Esaú tomó los regalos, completando así su reconciliación. Dios nos ha llamado a pedirles perdón a quienes hemos hecho mal o hemos ofendido; una vez que nos hemos reconciliado con nuestro "hermano", entonces podemos presentarnos ante Él en adoración[5]. Puede ser difícil admitir que se ha equivocado, pero se sorprenderá lo bien que se sentirá por dentro si sigue el camino de Dios.

Jacob estaba finalmente en casa. Podía descansar sabiendo que Dios había cumplido todo lo que le había dicho que haría. Jacob y toda su familia establecieron un nuevo hogar en la tierra que Dios les había dado. Y Dios siguió bendiciendo a Jacob y a su familia. Él sirvió fielmente a Dios como había prometido que lo haría. ¿Está dispuesto a seguir los caminos de Dios, incluso cuando eso signifique enfrentarse a circunstancias difíciles e incluso tratar con personas que puedan estar enfadadas usted? ¿Cree que Dios lo recompensará por haberlo escogido?

Preguntas para profundizar

- ¿Cómo protegió Dios a Jacob y a su familia cuando Labán lo persiguió mientras regresaba a escondidas a su tierra (la de Jacob)?
- ¿Qué opina de cómo actuó Esaú cuando Jacob volvió a casa? ¿Se sorprendió?

Para estudio adicional

1. 1 Timoteo 6:9-10: Porque los que quieren enriquecerse caen en tentación y lazo, y en muchas codicias necias y dañosas, que hunden a los hombres en destrucción y perdición; porque raíz de todos los males es el amor al dinero, el cual codiciando algunos, se extraviaron de la fe, y fueron traspasados de muchos dolores.

2. Efesios 4:17-24: Debemos aprender a dejar atrás nuestros viejos caminos y revestirnos de nuestro nuevo ser a semejanza de Dios. [Raquel era como aquellos de los que habla Pablo que viven en ignorancia y dureza de corazón; debemos aprender sobre los caminos de Cristo].
3. Lucas 4:8: Al Señor tu Dios adorarás, y a él solo servirás.
4. Romanos 12:9-10, 13-16: Sean fieles los unos a los otros en el amor fraternal; sean bondadosos con los que los tratan mal; tengan el mismo parecer los unos con los otros.
5. Mateo 5:23-24: Por tanto, si traes tu ofrenda al altar, y allí te acuerdas de que tu hermano tiene algo contra ti, deja allí tu ofrenda delante del altar, y anda, reconcíliate primero con tu hermano, y entonces ven y presenta tu ofrenda.

18
Los hijos de Jacob

Génesis 34-35, 38

El resto del Génesis narra las historias de los hijos de Jacob. Comenzando con el hijo de Abraham, Isaac, Dios había elegido a un hijo para ser la familia escogida. Como veremos, ahora Dios eligió a todos los hijos de Jacob para que fueran su familia. Los hijos tenían muchos defectos. Lucharon por amar y obedecer a Dios tanto como nosotros. Pero ellos, como su padre y sus abuelos antes que ellos, tenían una característica principal que Dios quería: eran fieles, es decir, creían en Dios. Por eso Dios los trató como si fueran justos (piadosos), y les dio su bendición.

Esta historia comparte algunos de los horribles defectos de la familia de Dios. De hecho, me sorprende que alguien no haya intentado hacer una película sórdida a partir de estas historias de los hijos de Jacob. Sería una película que los padres no dejarían ver a sus hijos. Tengo previsto editar la historia para que pueda ser leída con la supervisión de un adulto, pero aun así se le quitaría todo el sentido a la historia. Al final veremos por qué Dios decidió que formara parte de la Biblia.

Problemas en Canaán

Jacob se había instalado de nuevo en la tierra prometida. La mayoría de sus hijos eran ya mayores y ayudaban a su padre a cuidar de las ovejas. Además de los seis hijos, Lea, la esposa de Jacob, le había dado una hermosa hija llamada Dina. Un día, mientras ella visitaba a las mujeres de un pueblo vecino, el hijo del rey y líder de la tribu, Siquem, se enamoró de Dina. Sus sentimientos se descontrolaron tanto que la obligó a acostarse con él. Después, Siquem la trató muy bien al darse cuenta de su terrible error, y quiso compensarlo casándose con Dina.

Todos en la casa de Jacob estaban muy molestos con Siquem. Había hecho un acto vergonzoso, y todos sentían que debía ser castigado. Pero el padre de Siquem, Hamor, habló con Jacob y su familia diciendo: "El alma de mi hijo Siquem se ha apegado a vuestra hija; os ruego que se la deis por mujer". Hamor propuso además que los hijos e hijas de su tribu y los hijos e hijas de la familia de Jacob se casaran entre sí. Así, las dos familias podrían vivir en paz entre sí y compartir la tierra fértil.

Aunque al principio esto puede parecer un buen plan, Dios nunca planeó que su familia escogida se casara con otros pueblos en la tierra de Canaán. Estos pueblos estaban demasiado arraigados a sus costumbres de adorar a sus propios dioses. Pero lo más importante de esta historia es que dos de los hijos de Jacob, Simeón y Leví, aún no habían superado la maldad que Siquem le hizo a su hermana. Así que estos dos hermanos pusieron en marcha un plan que tomaría venganza sobre todo el pueblo para hacer pagar a Siquem.

Simeón y Leví explicaron a Siquem que su familia no podía casarse con las hijas de su pueblo a menos que los hombres se circuncidaran. Tal vez recuerde el pacto de Dios con Abraham, en el que Dios acordó hacer de Abraham y sus descendientes su familia especial. Según el acuerdo, todos los miembros masculinos de la familia de Abraham debían cortarse el exceso de piel de sus partes privadas. Este procedimiento se llama circuncisión. Hamor y Siquem no se dieron cuenta de las intenciones engañosas de Simeón y Leví, y por eso aceptaron esta condición.

Puede imaginar la dura negociación que tuvo Siquem cuando volvió a su casa para convencer a todos los hombres de que se circuncidaran. Pero estaba tan enamorado y era tan respetado como líder de su tribu que convenció a todos los hombres para que se hicieran esta cirugía. El amor puede hacernos hacer cosas extrañas. Para ayudar a convencer a los hombres, Siquem les dijo que una vez que se casaran con las hijas de Jacob, podrían tomar toda la fortuna de la familia de Jacob, que era inmensa.

Así que todos los hombres estuvieron de acuerdo con la circuncisión. Al tercer día, cuando los hombres tenían más dolor (después de la operación), Simeón y Leví entraron en la ciudad y mataron a todos los hombres. También mataron a Hamor y a Siquem con su espada y tomaron a Dina y volvieron a casa con todos los rebaños y el ganado que los hombres de Siquem poseían. Simeón y Leví incluso trajeron de vuelta a las mujeres y los niños de la ciudad para que vivieran con ellos.

Jacob estaba terriblemente molesto con sus hijos por el mal que habían cometido. A Jacob le preocupaba que los demás pueblos de la tierra de Canaán se unieran para castigar a su familia. Para proteger a Jacob y a su familia, Dios le dijo: "Levántate y ve a Bet-el y haz un altar como señal de que eres mi familia". Así que Jacob reunió a su familia y les comunicó el plan de trasladarse a un lugar lejano en la tierra de Canaán. Pero primero les dijo que se purificaran ante Dios y se deshicieran de todos los ídolos que habían acumulado desde que llegaron a Canaán. Mientras Jacob y su familia se dirigían a Bet-el, los habitantes de las ciudades estaban aterrorizados por Jacob y decidieron no luchar contra él. Así que podemos ver que, a pesar de los errores que cometió la familia de Jacob, Dios seguía protegiendo a sus escogidos.

Una vez que Jacob llegó a Betel y construyó el altar, Dios reafirmó su compromiso de ser su Dios y de dar la Tierra Prometida a la familia de Jacob para siempre. El sacrificio fue un acto de limpieza de los pecados de la familia. Nosotros también necesitamos confesar nuestros errores y pedir perdón. ¿Es algo que necesitas hacer ahora mismo? Quizá puedas pedir perdón a Dios en familia, como hicieron Jacob y sus hijos.

El gran error de Judá

Varios años después, Judá, el cuarto hijo de Jacob, decidió alejarse de sus hermanos por un tiempo. En este nuevo lugar se casó con una mujer y ella le dio tres hijos. Cuando el hijo mayor creció, se casó con una joven llamada Tamar. Sin embargo, este hijo era tan malo a los ojos de Dios que le quitó la vida. Como era costumbre en la familia de Jacob, si un esposo moría sin hijos varones, su mujer se casaba con el hermano de su esposo. Los hijos que nacieran de la esposa del hermano fallecido recibirían una herencia aparte. Onán, el segundo hijo de Judá, tomó a Tamar como esposa y se acostó rutinariamente con ella, pero no le permitió tener hijos. Tenía miedo de que los hijos de su primera esposa perdieran parte de su herencia. Dios estaba tan molesto con Onán que también le quitó la vida.

En lugar de entregar su tercer hijo a Tamar, Judá le pidió que se fuera a vivir con su familia hasta que el hijo menor hubiera crecido lo suficiente para casarse con ella. Judá temía que le pasara algo a su tercer hijo, y no tenía intención de dejar que Tamar se casara con él. Varios años después, la esposa de Judá murió. Cuando terminó el tiempo de luto, Judá viajó a visitar a un amigo. Tamar se enteró de que Judá estaba en camino. Para entonces se dio cuenta de que él no tenía intención de darle el tercer hijo para que fuera su esposo. Así que se quitó la vestimenta de viuda, se vistió como una prostituta y esperó a que Judá pasara por allí. Judá se sentía solo.

Cuando vio a la prostituta, le pidió que se acostara con él. No se dio cuenta de que era Tamar. Como era de esperar, ella le pidió un pago. Como no llevaba dinero, accedió a dejarle su sello, su cordón y su cayado de pastor como prenda hasta que pudiera enviarle una cabra como pago por sus servicios. Tamar tomó las preciadas posesiones de Judá y regresó a su casa. Al día siguiente, cuando Judá volvió para pagar a la prostituta, no pudo encontrarla por ninguna parte. Para no sentirse avergonzado, no le contó a nadie el incidente.

Unos tres meses después, Judá se enteró de que su nuera Tamar estaba embarazada. Judá estaba muy molesto porque eso significaba que ella había roto sus votos como viuda en espera y se había acostado con otro hombre. Judá pensaba imponer la pena de muerte por este delito. Mientras traían a Tamar, ella envió un mensaje a Judá diciendo:

Estoy embarazada del hombre al que pertenecen este sello, el cordón y el cayado. Por favor, examínalos para determinar de quién son.

Judá los reconoció y declaró que Tamar era justa, ya que no le había dado su tercer hijo como había prometido. Así que, por supuesto, suspendió el castigo. Resultó que Tamar tuvo gemelos. Si recuerda la historia de Jacob y Esaú, el niño que nacía primero recibía la mayor parte de la herencia. Cuando Tamar estaba dando a luz, uno de los niños extendió una mano y la partera le ató un hilo de color escarlata en la mano para que ella recordara más tarde que ese era el primer niño nacido. Pero sucedió que este primer niño retiró su mano y el otro niño salió primero. Este primer hijo nacido se llamó Fares porque salió primero. Y aunque Judá no tomó a Tamar como esposa, se aseguró de que ella y sus hijos fueran cuidados adecuadamente.

El significado detrás de las historias

Entonces, ¿por qué están estas historias en la Biblia? Uno pensaría que Dios no querría contar estas horribles historias sobre su familia escogida. Tenemos que profundizar un poco más para ver el propósito. En primer lugar, la inclusión de estas historias señala el hecho de que se trata de personas reales. Ayuda a demostrar que no son diferentes de las personas de hoy en día, llenas de defectos y debilidades. Pero, ¿no es maravilloso saber que Dios nos ama a pesar de todos estos defectos y debilidades? Si estas historias no fueran ciertas, ¿habría contado historias tan horribles sobre su familia? A menudo tratamos de ocultar todos nuestros malos antecedentes familiares.

Pero creo que hay una razón mucho más importante para la inclusión de las historias. Dios está tratando de enviarnos un mensaje sobre su plan. Los detalles de este plan no fueron revelados hasta algún tiempo después. Si recuerda, Dios había prometido a Abraham que enviaría un Mesías, un Salvador, para traer bendiciones a todo el mundo. Y sería a través de los descendientes de Abraham que este Mesías vendría. ¿De qué descendiente específico de Abraham vendría el bendito Mesías? Según la costumbre de la época, se esperaría que fuera a través del hijo mayor. Pero ya debería haber aprendido que Dios no siempre trabaja de esa manera.

Ruben era el mayor. ¿Sería él el elegido? No, porque Rubén se acostó con la mujer de su padre, Bilha. Más tarde Jacob nos dice que la preeminencia de Rubén se perdió porque profanó el lecho de su padre. Simeón y Leví eran los siguientes en la línea como mayores. Pero como vio en la historia anterior, estos eran hombres malvados y crueles, tan crueles que Jacob quiso separarse de ellos. Así que aunque permanecieron en la familia de Dios, como castigo adicional sus descendientes no recibirían su propio territorio separado en la tierra prometida.

Judá es el siguiente hijo en la línea, pero ciertamente podemos ver los terribles errores que cometió en la historia anterior. Sin embargo, afortunadamente hay más en la historia. En primer lugar, Judá reconoció su error y se hizo cargo de Tamar y sus hijos. Y en la siguiente historia, sobre José, encontraremos otro gran error que cometió Judá. Pero al final, realmente defendió a sus hermanos. Y es por sus acciones desinteresadas que nos presenta una hermosa imagen de Cristo. Debido a estas acciones, y aún más significativamente debido a la gracia de Dios, es a través de Judá que el Mesías, Jesús, vendrá.

Lo que es aún más notable, Jesús vino a través de Fares, el hijo ilegítimo de Tamar y Judá[1]. ¡Qué Dios de gracia y gloria tenemos! ¿Quién más podría ser tan misericordioso y tan amoroso como para tomar circunstancias tan horribles y hacer que algo grande surja del terrible error de un hombre? Esto nos ayuda a entender lo que dice Pablo en el Nuevo Testamento: "Dios, tu gracia me es suficiente"[2]. La gracia es el amor inmerecido de Dios y debemos estar agradecidos por eso todos los días[3].

¿Ahora empieza a ver por qué Dios incluiría estas historias en su plan para nosotros? Tenemos que honrarle y obedecerle todos los días de nuestra vida. Pero debería darnos una gran seguridad de que cuando nos equivocamos una y otra vez, Él está preparado para devolvernos a su rebaño y amarnos como si hubiéramos hecho todo correctamente. ¿Ha llegado el momento de apartar nuestros ídolos, de apartar aquellas cosas que nos impiden honrar y obedecer a Dios, y de pedirle finalmente perdón por aquellas cosas de nuestra vida que no le dan gloria? En el nombre de Jesús ruego que todos digamos que sí.

Preguntas para profundizar

- ¿Conoce a personas en su vida (trabajo o escuela) que son malas o hacen cosas en contra de la ley? Sabe que debe alejarse de algunas. Otras parecen ser atractivas para la mayoría y las llevan por el camino equivocado. Algunas reglas parecen ser injustas o no tienen sentido. Tenga cuidado a quién sigue o con las reglas que decide no obedecer. ¿Cómo sabrá si está siguiendo a la persona o al grupo equivocado?
- ¿Puede ver el plan de Dios con el descendiente de Judá convirtiéndose primero en el rey terrenal (David) de la familia escogida (Rut 4:17) y luego otro descendiente (Jesús) convirtiéndose en rey del mundo de Dios?

- ¿No le da confianza en el amor de Dios hacia usted saber que incluso después del terrible error de Judá, Dios le dio la mayor bendición de todas al permitir que Jesús viniera a través de su familia?

Para estudio adicional

1. Fares, el hijo de Judá, el hijo de Jacob, el hijo de Isaac, el hijo de Abraham, es el ancestro directo de Jesús.
   a. Mateo 1:2-3
   b. Lucas 3:33-34
2. 2 Corintios 12:8-9: La súplica de Pablo para aliviar su problema fue respondida por Dios: "Bástate mi gracia; porque mi poder se perfecciona [revela] en la debilidad".
3. Dios nos da su gracia (un don que no podemos ganar) y nos salva a pesar de nuestros pecados. En consecuencia, debemos llevar a cabo su buena obra en la tierra. Y a través de todo ello debemos ser agradecidos por todas las cosas.
   a. Efesios 2:5-10
   b. Efesios 5:20
   c. 1 Tesalonicenses 5:16-18

19
José, el hijo fiel de Jacob: Parte 1

Génesis 37-50

Ahora sabemos que Dios seleccionó a Jacob para que fuera el próximo jefe de su pueblo escogido. Y Jacob, también conocido como Israel, tuvo doce hijos. Toda la familia y todos sus descendientes formarían parte de este grupo de personas escogidas. Como aprendimos en una historia anterior de Jacob, sus hijos nacieron de sus dos esposas y de las dos siervas dadas a Jacob por sus esposas. Raquel, la esposa que era su verdadero amor, murió al dar a luz a su último hijo, Benjamín. El primer hijo de Raquel, José, era el favorito de Jacob.

José y sus hermanos

Aunque José era el favorito, era un buen hijo y fiel a Dios; por lo tanto, Dios estaba complacido con él. Sus hermanos eran a menudo egoístas y estaban más preocupados por ellos mismos que por los demás. Algunos eran malos con sus vecinos, y con demasiada frecuencia elegían desobedecer los mandamientos de Dios. Y cuando sus hermanos eran desobedientes, José se lo comunicaba a su padre. Los hermanos estaban muy molestos con José y le tenían celos. Se pusieron más celosos por el favoritismo que Jacob le mostraba.

Jacob mostró su favoritismo regalándole a José una túnica multicolor muy cara. No solo hizo esta túnica únicamente para José, sino que se la dio delante de sus hermanos. José se la puso con orgullo, lo que enfureció aún más a sus hermanos. A Dios no le gusta que los padres muestren favoritismo entre sus hijos. Jacob pagaría un precio por su error. Tenía que aprender que su amor egoísta por uno más que por los demás estaba perjudicando a su familia[1]. ¿Alguna vez ha sentido celos porque otro era el favorito? ¿O alguien ha estado celoso de usted porque era el favorito?

Una noche, cuando José tenía solo diecisiete años, tuvo un sueño. En este sueño, cada uno de los hermanos tenía sus propios manojos de trigo colocados en el campo. El manojo de José se mantenía en alto mientras que los manojos de sus hermanos se inclinaban ante él de José. A la mañana siguiente, cuando José relató la historia a sus hermanos, esto los enfureció aún más. Se preguntaron: "¿Cómo puede un hermano menor gobernar sobre nosotros?". En aquella época, el hermano mayor tenía derecho a ser el líder de la familia.

Poco después, José tuvo otro sueño en el que once estrellas, una por cada uno de sus hermanos, y el sol y la luna, que representaban al padre y la madre de José, se inclinaban ante José. Cuando José contó la historia a sus hermanos y a su padre, todos se quedaron asombrados, e incluso su padre se quedó perplejo de cómo la propia madre y el padre de José podían inclinarse ante él. Mientras los hermanos se ponían cada vez más furiosos y más celosos de José, su padre reflexionaba y se preguntaba qué tenía Dios reservado para su hijo favorito. Como José sabía que era el hijo favorito, tal vez no debería haber compartido los sueños con sus hermanos.

Algún tiempo después, los hermanos llevaron las ovejas a un territorio lejano para encontrar nuevos pastos. Jacob envió a José para saber cómo estaban sus hermanos. Después de un largo viaje, José encontró a sus hermanos; ellos lo vieron venir desde muy lejos. ¿Cómo habrían sabido los hermanos que se trataba de José a tal distancia? Por supuesto, llevaba su túnica multicolor. Podríamos preguntarnos si lo llevaba para presumir delante de sus hermanos.

Mientras José se acercaba, los hermanos tuvieron tiempo de pensar lo que podrían hacer. Algunos querían matarlo, pero Rubén, el mayor, consideró que no era correcto que mataran a su propio hermano y sugirió que lo arrojaran a un gran pozo. Rubén pensaba liberar a José y devolverlo a su padre. Antes de que Rubén pudiera salvarlo, Judá pensó en otro plan.

Judá vio una caravana de ismaelitas que se dirigía a Egipto, así que convenció a sus hermanos para que vendieran a José como esclavo por veinte piezas de plata. La mayoría de los hombres morían a los dos años de convertirse en esclavos, así que los hermanos esperaban que José muriera pronto, al menos así no serían ellos los responsables de su muerte. Por increíble que le parezca, los celos pueden tener una poderosa influencia en nuestras acciones si los dejamos ir demasiado lejos. Esto debe ser un recordatorio para que nos demos cuenta de lo que el mal puede causar que hagamos.

¿Qué le dirían los hermanos a su padre? Pensaron en un plan retorcido que haría creer a su padre que José nunca llegó hasta ellos porque lo mató un animal salvaje. Mataron una de sus ovejas y untaron con sangre la túnica de José, que le habían arrancado. Cuando llegaron a casa, mostraron la túnica a Jacob, preguntándole: "¿Es ésta la túnica de tu hijo?". La mala acción se había consumado; José fue traicionado por sus propios hermanos. ¿Le recuerda esto a cómo Jesús fue traicionado por su propio pueblo?

Al saber que la túnica era de José, Jacob lloró y entró en una profunda depresión por la pérdida de su hijo favorito. En lugar de que el padre amara más a los hijos mayores, Jacob dirigió su atención al hijo menor, Benjamín, que tenía la misma madre que José. Jacob empezó a pagar el precio de su favoritismo, aunque nunca aprendió realmente la lección. Pero incluso con sus defectos, Dios siguió amando a Jacob y lo bendijo. E incluso con nuestras faltas, Dios nos sigue amando[2]. ¿No tenemos un Dios y un Padre maravilloso?

José en la esclavitud

Los ismaelitas terminaron su viaje a Egipto y vendieron a José a uno de los terratenientes egipcios llamado Potifar, capitán de la guardia del palacio del Faraón. José fue puesto a trabajar como esclavo. Pero en lugar de quejarse por lo injusto que era ser un esclavo, José trabajó muy duro, y Dios estaba con él[3]. Llegó a tener éxito en todo lo que hacía. Potifar aprendió rápidamente que si José estaba a cargo, las cosas irían bien; así que Potifar promovió a José para que estuviera a cargo de toda su casa y de todas sus propiedades. Con José a cargo, Potifar se volvió muy rico.

Esta puede ser una gran lección para nosotros. José sacó lo mejor de las circunstancias difíciles. José, en lugar de quejarse y lamentarse4, trabajó duro y fue recompensado por su trabajo. No, no le dieron su libertad, pero fue bendecido por Dios, y todo lo que hacía marchaba bien[5]. Esto ayudó a José en su trabajo y lo sacó de la esclavitud en los campos calientes. Estaba al mando, asignando todas las tareas y disfrutando de la comodidad de las riquezas de Potifar[6].

La mujer de Potifar se sentía muy atraída por José, que era un joven apuesto y fuerte. En términos actuales, ¡era guapo! Mientras Potifar estaba fuera ocupándose de los asuntos del Faraón (el rey de Egipto), su esposa intentó que José entrara en su habitación. Pero José era fiel a Potifar y siempre le decía que no. Le dijo que no podía traicionar la confianza de Potifar en él ni pecar contra su Dios. Así que, aunque la esposa de Potifar lo intentó con todas sus fuerzas, José no cedió a sus deseos.

Un día, cuando todos los sirvientes estaban fuera de la casa, la esposa de Potifar vio su oportunidad de atrapar a José. Lo agarró, pero él la rechazó una vez más. Cuando él trató de zafarse de sus garras, ella le arrancó su túnica. Él huyó de la casa. Con la

túnica en la mano, ella decidió que podía vengarse de José por no hacer lo que ella quería.

Gritó a todos los sirvientes y les contó cómo José había intentado atacarla y convencerla de que entrara en el dormitorio. Aunque era una mentira, tenía como prueba la túnica de José en la mano. Cuando Potifar llegó a casa, ella le contó la misma mentira. Desgraciadamente, Potifar le creyó a su esposa y envió a José a la cárcel del rey.

Qué lección tan dura tenemos que aprender. La fidelidad de José y todas sus buenas obras fueron olvidadas al ser enviado a la cárcel. A veces, vivir la vida a la que Dios nos ha llamado no es fácil. En primer lugar, José no merecía ser vendido como esclavo[7]. Según su sueño, iba a ser el líder de la familia de su padre y un hombre muy rico. Sin embargo, se había convertido en un esclavo. Tenía derecho a quejarse, lamentarse y sentirse abandonado por Dios. Pero eligió convertirse en el mejor esclavo que podía ser[4]. Y Dios bendijo sus esfuerzos. Como resultado, su amo fue muy bendecido por el duro trabajo de José.

Ahora uno pensaría que todo debería estar bien y que Potifar estaría agradecido por José. Entonces, ¿cómo fue recompensado José? Fue recompensado con ir a la cárcel por algo que no hizo. ¡Qué injusto fue esto! Lamentablemente, así es el mundo en el que vivimos, un mundo en el que satanás (el diablo) es el gobernante.

Como aprendimos en la historia del huerto del Edén, el hombre y la mujer eligieron desobedecer a Dios. Como resultado, Adán entregó su reino a satanás. Ahora, los miembros de la familia de Dios deben sufrir a menudo. Dios nos ha llamado a vivir según sus reglas, incluso cuando sufrimos y no hemos hecho nada malo[8].

¿Por qué Dios le haría esto a José? Puede ayudar recordar que Jesús sufrió por algo que no hizo. De hecho, Jesús sufrió hasta la muerte en la cruz para salvarnos de nuestros pecados. Él era inocente, nosotros éramos culpables, y sin embargo pagó el precio. Aquí José estaba sufriendo por hacer lo que era correcto[9]. ¿Sería José lo suficientemente paciente como para esperar las bendiciones de Dios? ¿Era José consciente de la llegada de las bendiciones de Dios?

Preguntas para profundizar

- El favoritismo vuelve a aparecer en las historias. ¿Cómo se sentiría si fuera usted el que no es el favorito? ¿Cómo cree que José podría haber actuado de forma diferente?
- Dios puede hablarnos de muchas maneras. A José le habló en sueños. ¿De qué manera nos habla a nosotros?

- ¿De qué manera las acciones de los hermanos de José son una demostración de cómo los celos pueden hacernos actuar de manera malvada?
- ¿Cómo nos ayudan las acciones de José a aprender a actuar ante las dificultades (incluso cuando no las merecemos y no hemos hecho nada malo)?

Para estudio adicional

1. Santiago 2:1-10: No muestre favoritismo personal hacia nadie, los ricos o alguien famoso o un niño sobre otro; es un pecado mostrar parcialidad.
2. Romanos 5:8: Mas Dios muestra su amor para con nosotros, en que siendo aún pecadores, Cristo murió por nosotros.
3. Aunque Dios no está de acuerdo con la esclavitud, tiene reglas para nosotros sobre cómo actuar si nos encontramos atrapados como esclavos o en una situación que no podemos controlar:
    a. 1 Timoteo 6:1: Todos los que están bajo el yugo de esclavitud, tengan a sus amos
    por dignos de todo honor, para que no sea blasfemado el nombre de Dios y la doctrina.
    b. Efesios 6:5-8: Siervos, obedeced a vuestros amos terrenales con temor y temblor, con sencillez de vuestro corazón, como a Cristo; sabiendo que el bien que cada uno hiciere, ese recibirá del Señor, sea siervo o sea libre.
4. Filipenses 2:14: Haced todo sin murmuraciones y contiendas
5. Deuteronomio 28:1-14: Siga los mandamientos de Dios y él bendecirá todos los aspectos de su vida.
6. Deuteronomio 29:9: Guardaréis, pues, las palabras de este pacto, y las pondréis por obra, para que prosperéis en todo lo que hiciereis.
7. Hebreos 4:15: Porque no tenemos un sumo sacerdote que no pueda compadecerse de nuestras debilidades, sino uno que fue tentado en todo según nuestra semejanza, pero sin pecado.
8. 1 Pedro 2:11-12: Amados, les ruego que, como extranjeros y peregrinos, se abs tengan [se mantengan alejados] de las lujurias carnales [malos deseos] y man tengan una conducta excelente, para que Dios sea glorificado por sus buenas obras. [Somos del mundo de Dios y necesitamos reconocer que somos extranjeros/ peregrinos en este mundo].
9. 1 Pedro 2:20-22: Pues ¿qué gloria es, si pecando sois abofeteados, y lo soportáis? Mas si haciendo lo bueno sufrís, y lo soportáis, esto ciertamente es aprobado delante de Dios. Porque también Cristo padeció por nosotros, dejándonos ejemplo, para que sigáis sus pisadas.

20
José, el hijo fiel de Jacob: Parte 2

Génesis 37-50

José en la cárcel

En la primera historia de José, aprendimos que era el hijo favorito de una familia rica. Sus hermanos estaban tan celosos que lo vendieron como esclavo a los ismaelitas, que lo llevaron a Egipto. Los hermanos dijeron a su padre que lo había matado un animal salvaje. José se convirtió en esclavo en la casa de un importante funcionario del Faraón, el rey de Egipto. Gracias al duro trabajo de José y a la bendición de Dios por su fidelidad, el funcionario egipcio se hizo muy rico. Después, José fue acusado falsamente y enviado a la cárcel por algo que no había hecho. Así que había pasado de ser parte de una familia rica a ser un esclavo y ahora a ser enviado a la cárcel: una mala situación acababa de empeorar.

Sin duda, cualquier persona se habría preguntado dónde estaba Dios en todo esto. No podemos imaginar lo sucia, maloliente y desagradable que era la cárcel. Esta cárcel era un calabozo en lo profundo del sótano del palacio del Faraón; no había luz solar, ni calefacción en el invierno, ni aire acondicionado en el verano, y la comida habría sido horrible. No había baños, por lo que el olor habría sido inimaginablemente repugnante[1]. José tenía todo el derecho a preguntarse: "¿por qué a mí?". Una vez más, José no eligió esa forma de responder. José se hizo amigo del carcelero principal y le ayudó siempre que pudo. Hizo todo lo posible para que la vida en la cárcel transcurriera sin problemas para todos.

En el mejor de los casos, esta era una tarea casi imposible. Los presos estaban en la cárcel porque se merecían estar allí (al menos la mayoría de ellos); la mayoría no seguiría ninguna regla establecida y no se llevaría bien con nadie. Pero con Dios todo es posible[2]. Dios bendijo a José en todos sus esfuerzos. Con la ayuda de Dios, José salió adelante y lo hizo sin quejarse[3]. De hecho, facilitó tanto la vida de los guardias que dejaron que José estuviera a cargo de toda la cárcel.

Aunque José hubiera preferido estar en cualquier otro lugar que en aquella cárcel, mantuvo su actitud positiva y su obediencia a la llamada de Dios para sacar lo mejor de sus circunstancias. Seguía creyendo que Dios tenía un plan para él[4]. Recordó los sueños que Dios le había dado en los que sus hermanos e incluso su padre y su madre se inclinarían algún día ante él.

¿Dudó alguna vez José? No se nos dice que lo hiciera. Pero seguramente, con el paso de los años, debió cuestionar dónde estaba Dios al menos de vez en cuando. Sin embargo, Dios le había mostrado su plan y José estaba dispuesto a seguir este plan siendo fiel y honrando a Dios, no porque estos hombres en la calabozo lo merecieran, sino porque es donde Dios lo llamó a estar[5]. Debemos aprender a través del ejemplo de José que cuando sufrimos por la causa de Dios, debemos permanecer fieles y leales a Dios y saber que un día veremos por qué Dios ha permitido este sufrimiento en particular[6]. Necesitamos confiar en que Dios recompensará a aquellos que son fieles a su llamado. En ese momento, José no podía ver el final, pero sabemos que confiaba en Dios. Dios convertirá lo que creemos que es un desastre en algo magnífico. Veamos qué ocurre a continuación. Esta historia está muy lejos de terminar.

¿Se ha olvidado Dios de José?

Pues bien, tal y como José esperaba, un día ocurrió algo especial. El Faraón (el rey de Egipto) estaba molesto con su copero y su panadero. El copero era fundamental para el Faraón, ya que su trabajo consistía en probar el vino antes de que el Faraón lo bebiera para asegurarse de que el vino no estuviera envenenado. El panadero era el responsable de cocinar la comida para el Faraón y toda su familia. Complacer al Faraón era muy importante para hacer que la familia real fuera feliz. Aunque no se nos da la razón, el Faraón estaba muy descontento con su copero principal y su panadero

y los metió en la cárcel. Independientemente de si era correcto o no, los reyes pueden hacer lo que quieran.
Un día, poco después, mientras José servía a los prisioneros, el copero y el panadero parecían molestos. José les preguntó por su problema. El copero y el panadero le dijeron a José que habían tenido sueños muy perturbadores. Cómo José ya había tenido ese tipo de sueños, él creía que podían significar algo: mensajes de Dios. Seguramente, con cierta emoción en su voz, José le preguntó primero al copero sobre su sueño. El copero le dijo que había soñado que había tres racimos de uvas; tomó estas uvas y las exprimió en la copa de vino del Faraón, y éste bebió de ella.

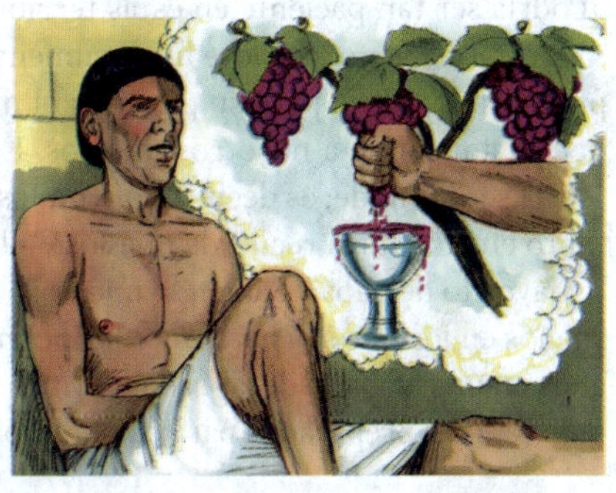

José les dijo que la interpretación siempre viene de Dios y que Dios le había dado la interpretación. Le dijo al copero que los tres racimos de uvas representaban tres días, y que después de tres días volvería a estar en presencia del Faraón, restaurado en su antiguo cargo de copero principal. José le dijo al copero que le contara al Faraón su capacidad (la de José) para interpretar sueños. José sabía que cualquiera que tuviera ese talento especial para interpretar sueños sería una adición bienvenida al equipo de consejeros del Faraón. La Biblia nos dice en muchos lugares diferentes que Dios nos habla en sueños. ¿Ha tenido alguna vez un sueño en el que pensaba que podía ser algo especial de Dios?

El panadero escuchó la interpretación de José del sueño del copero. Tal vez con cierto optimismo, relató su sueño a José. El panadero tenía tres cestas de pan que llevaba sobre su cabeza. Mientras las llevaba al Faraón, unos pájaros se comieron el pan de las cestas.

José le contó con tristeza al panadero la interpretación. Dijo que los tres panes representaban tres días. En tres días el Faraón lo colgaría de un árbol y las aves vendrían a comer su carne. Podemos entender por qué José no le dijo al panadero que le diera ningún mensaje al Faraón.

En tres días sucedió tal como José profetizó (predijo). El copero fue restituido ante el Faraón y puesto en su legítima posición. El panadero fue colgado y las aves comieron su carne. Debe haber sido una escena horrible.

La Biblia no nos dice lo que José estaba pensando. Pero puede imaginar su emoción al pensar que Dios podría estar usando al copero para sacarlo de la cárcel. ¿Quién más que Dios habría preparado esto? José estaba seguro de que el copero se lo diría al Faraón; en lugar de estar en la cárcel limpiando el apestoso calabozo, estaría ante el Faraón, trabajando como uno de sus consejeros.

Estoy seguro de que José supuso que, después de tantos años, Dios finalmente lo estaba liberando de esta horrible vida. Aunque José trabajaba lo mejor que podía y lo hacía muy bien, esperaba salir de este calabozo y volver a tener libertad. José quería tener una familia y una vida hogareña agradable y un trabajo satisfactorio en lugar de ser un esclavo que fue arrojado a la cárcel por algo que no hizo.

Pero no sucedió como José esperaba. El copero estaba tan contento por haber vuelto ante el Faraón que se olvidó de José. Dios le exigía a José que fuera paciente. ¿Podría ser tan paciente en estas terribles condiciones?

Antes de ver cómo José fue finalmente recompensado, consideremos si Dios estaba preparando a José para su plan. En el mundo de Dios, Él quiere que pongamos a los demás antes que a nosotros mismos. Es posible que Dios haya querido enseñarle a José a ser humilde; es decir, a poner a los demás por delante de sí mismo y a no pensar tanto en él[7]. Quizá recuerde que José "chismeó" a sus hermanos y les recordó que era "el favorito de papá". Sabiendo que era el favorito, ¿fue prudente que contara sobre sus sueños en los que sus hermanos se inclinaban ante él? Estar atrapado durante muchos años en un calabozo desagradable y frío sería una experiencia humillante. Dios quiere que estemos preparados para su obra. José se estaba preparando, aunque no lo supiera.

José interpreta los sueños del Faraón

Dos años después, el Faraón se despertó terriblemente alterado y confundido por dos sueños que había tenido esa noche. Llamó a todos sus consejeros y sabios para que se presentaran ante él para interpretar sus sueños. Los sueños lo asustaron y quiso saber qué significaban. Le dijo a sus consejeros que estaba de pie junto al río Nilo cuando siete vacas subieron del río. Las vacas eran hermosas y gordas. Después de estas vacas, subieron del río siete vacas flacas y feas. Eran las más feas que el Faraón jamás había visto y se comieron a las vacas gordas, pero siguieron siendo flacas y feas. El Faraón se despertó y luego se volvió a dormir y soñó una segunda pesadilla. De un solo tallo crecían siete espigas, gordas y buenas. Inmediatamente después brotaron siete nuevas espigas, delgadas y abatidas. Las espigas delgadas se tragaron las siete espigas gordas, pero siguieron siendo delgadas. Ninguno de sus consejeros pudo decirle al Faraón lo que significaban los sueños.

Después de escuchar que nadie tenía una interpretación, el copero se acercó al Faraón para contarle lo que había sucedido dos años antes cuando el panadero y él estaban en el calabozo. Le dijo que cada uno tuvo un sueño y que hubo un hebreo que interpretó correctamente los sueños de ambos. Continuó: "Tal como dijo, me restableciste y el panadero fue ahorcado". El Faraón, desesperado por averiguar el significado del sueño, llamó a José. José estaba tan sucio y olía tan mal que tuvieron que prepararlo antes de que se presentara ante el Faraón. Se bañó, se afeitó y se puso ropa nueva.

El Faraón le contó a José los dos sueños y le pidió que los interpretara. José dijo muy sabiamente: "No está en mí; Dios será el que dé respuesta propicia a Faraón". José le dijo al Faraón que los dos sueños eran uno y el mismo. Las siete vacas buenas y las siete espigas buenas representaban siete años de cosechas muy ricas. Y las siete vacas flacas y feas y las siete espigas flacas y quemadas serían siete años de hambruna. Dios le había mostrado al Faraón lo que iba a hacer. Toda la abundancia de los siete años buenos sería olvidada cuando la hambruna asolara la tierra; sería tan severa que no quedaría nada de los años buenos. Por eso las vacas seguían flacas después de haberse comido las vacas gordas.

José continuó: "En cuanto a la repetición de los sueños, significa que el asunto ya ha sido decidido por Dios y se producirá inmediatamente". José aconsejó al Faraón que buscara un hombre con discernimiento y sabio para administrar estos catorce años por él. Le dio al Faraón planes específicos sobre cómo conservar y administrar la abundancia de las cosechas durante los años buenos para que el país estuviera preparado cuando llegaran los siete años de hambruna. ¿Qué cree que le pasará a José ahora que le ha dado al Faraón una explicación de sus sueños? ¿Se hará realidad todo lo que dijo José?

Preguntas para profundizar

- José se vio obligado a ir a la cárcel a pesar de que no había hecho nada malo. Otros habían mentido, pero él siguió siendo fiel y obediente y sacó lo mejor de su situación. ¿Cómo cree que reaccionaría si alguien mintiera y le causara problemas? ¿Provocaría esto un cambio en su comportamiento cuando se enfrente a problemas que no son culpa suya?
- Dios puede enviar señales para mostrar que sigue con nosotros aunque no lo parezca. El sueño del copero es un buen ejemplo. ¿Por qué cree que Dios hizo esperar a José dos años más antes de salir de la cárcel?
- ¿A qué situaciones difíciles se enfrenta que le parecen injustas o agobiantes? ¿Qué lecciones importantes aprende de estos problemas?

Para estudio adicional

1. 1 Pedro 1:3-9: Tenemos una herencia reservada en el cielo y, mientras tanto, tendremos que sufrir varias pruebas y problemas.

2. Lucas 1:37: Con Dios nada es imposible.
3. 1 Pedro 4:9: Hospedaos los unos a los otros sin murmuraciones.
4. Proverbios 16:3: Encomienda a Jehová tus obras, y tus pensamientos serán afirmados.
5. Lucas 6:31-32: Y como queréis que hagan los hombres con vosotros, así también haced vosotros con ellos. Porque si amáis a los que os aman, ¿qué mérito tenéis?
6. 1 Pedro 3:14: Si sufre por causa de la justicia (hacer lo que es correcto), será bendecido. Y no tema la intimidación de los que le tratan mal.
7. Filipenses 2:3-4: Nada hagáis por contienda o por vanagloria; antes bien con humildad, estimando cada uno a los demás como superiores a él mismo; no mirando cada uno por lo suyo propio, sino cada cual también por lo de los otros.

22
José, el hijo fiel de Jacob: Parte 3

Génesis 37-50

José, el primer ministro

En la historia anterior, José interpretó los sueños del Faraón. Dios le dijo a José lo que significaban los sueños y cómo asegurarse de que el reino del Faraón sobreviviera a los siete años de hambruna devastadora. José trazó el plan para guardar toda la comida extra durante los primeros siete años antes de que llegara la hambruna. Como veremos más adelante en la historia, estas acciones no solo salvaron a Egipto, sino también a todo aquel que se acercara a José y le pidiera comida. De manera muy similar, Jesús vino por su familia: vino a salvar a cualquiera que se acerque a Él y le pida y crea que es el Hijo de Dios.

Al Faraón le gustó la propuesta de José y se apresuró a responder. El Faraón anunció: "¿Quién mejor para gestionar esto por mí que el hombre que Dios ha elegido para revelar la interpretación? No hay nadie tan sabio y perspicaz como José". Así que José fue puesto a cargo de todo. El Faraón era el único en el reino más poderoso que José; José era como un primer ministro en Egipto. Se le dio el anillo de la firma del Faraón y muchos regalos lujosos.

El anillo de la firma le dio a José el derecho a emitir decretos y leyes para que el reino los siguiera. El Faraón también le dio a José una esposa que era la hija del sumo sacerdote, un funcionario de muy alto rango en la corte del Faraón, para darle aún más credibilidad a José en su gobierno. ¿Qué piensa ahora de José?

José tenía treinta años cuando se presentó ante el Faraón para interpretar los sueños. Si recuerda, comenzamos esta historia cuando José tenía diecisiete años y soñaba que las estrellas de sus hermanos se inclinaban ante su estrell a. Habían pasado trece años desde que José fue vendido como esclavo, incluyendo el tiempo de cárcel en el calabozo. Trece años es mucho tiempo de espera. Sin embargo, es difícil creer que un día José pudiera estar encerrado en el peor calabozo imaginable, y que al día siguiente fuera primer ministro del mayor reino del mundo, y más rico de lo que hubiera podido creer[1, 2]. Solo Dios podía hacer esto, por lo que había preparado a José para la difícil tarea que le esperaba.

¿Cómo podrían haberlo preparado estos últimos trece años? Era un esclavo y estaba en la cárcel. Piense en todas las duras tareas que se le habían encomendado a José y en lo bien que las había llevado a cabo. Había aprendido a lidiar con los trabajadores y era el supervisor de las tierras y las riquezas de un hombre rico cuando se ocupaba de la fortuna de Potifar, gran parte de la cual José había creado para él. Aprendió la cultura egipcia y las costumbres de este país extranjero. Y en cuanto a vivir en el calabozo, ¿qué mejor lugar cree que podría haber encontrado para aprender a tratar con las personas más duras? Si José podía hacer que un calabozo funcionara sin problemas, podría manejar cualquier grupo de personas y cualquier serie de circunstancias que un primer ministro necesitaría conocer. Podía descubrir las malas costumbres de la gente y todos sus trucos[3,4].

Así que mientras parecía que José estaba siendo condenado por algo que no había hecho, todo el tiempo Dios lo estaba preparando para este gran trabajo. Si José se hubiera pasado todo el tiempo quejándose de lo injusto que era, no habría estado preparado para el difícil y vital trabajo que ahora se le encomendaba. Sin duda, era humillante ser la persona que tenía que limpiar todo el sucio desorden en el calabozo. Pero José lo hizo con una sonrisa en la cara. Bueno, tal vez no con una sonrisa, pero sí con una buena actitud. Ser humilde es parte de ser un gran líder en el reino de Dios[5].

Porque José fue fiel, porque confió en Dios y porque eligió sacar lo mejor de las circunstancias, ahora estaba preparado para liderar el mayor país del mundo y salvarlo de la hambruna que amenazaría con destruir el mundo. ¿Cree que podrías actuar un poco más como José cuando su jefe le pide que haga una tarea desagradable, o sus padres le piden que limpie su habitación?[6]

Confiar cuando no puedes ver

Qué gran testimonio y otra gran lección que podemos aprender de la vida de José. Puede haber una razón por la que Dios nos permite pasar por todos los problemas que tenemos. Puede parecer una locura. ¿Cómo podría ser posible que lo que José experimentó saliera bien? Nadie escapa del calabozo. Sin embargo, en todo momento tenemos que buscar cómo Dios nos está preparando para algo más grande y mejor[7]. Mientras tanto, tenemos que ser fieles para honrar a Dios, seguir sus mandamientos y hacer lo que nos ha llamado a hacer.

Llegará un día en el que nos tocará servir a Dios de manera poderosa. Tal vez no de la misma manera que lo hizo José, pero seguirá siendo una tarea muy importante para Dios. Y al igual que José, nosotros también estaremos preparados porque hemos sido obedientes a Dios. Podremos responder al llamado y estar listos para liderar de una manera especial y poderosa que bien valdrá todos los años de problemas por los que pasamos[8], si tan solo somos lo suficientemente disciplinados y perspicaces para hacer lo mejor que podamos cualquiera que sean nuestras circunstancias sin quejarnos, sin refunfuñar[6]. Incluso si eso significa hacer rico a alguien, y en lugar de que nosotros recibamos el crédito nos metamos en problemas por algo que no hicimos. Tenemos que confiar en que Dios tiene un plan y que Él tiene el control. Un día nos mostrará por qué necesitábamos sufrir y luchar tanto[9]. Y puede que no veamos la recompensa en esta vida; pero si ese es el caso, la recompensa será mucho mayor[10].

Hay un panorama más amplio que solo Dios puede ver. Dios nos está preparando para la eternidad. Mientras vivimos nuestro tiempo aquí en la tierra, necesitaremos desarrollar nuestro carácter[4]. Entonces podremos ser útiles a Dios, ya sea aquí en este mundo o en el próximo. Estamos aprendiendo a ser hijos de Dios, trabajadores y líderes de Dios para la eternidad. Después de todo somos su familia y Él quiere lo mejor para nosotros. Debemos aprender a ser pacientes y a pensar en el futuro[11]. ¿Se imagina sirviendo a Dios de forma poderosa?

Muchos pensarían que la historia de José habría terminado con su coronación como primer ministro del mayor reino del mundo. Aquí está en la cima de su influencia y riqueza. Ciertamente sería un buen final. Pero en realidad no es más que otro comienzo. ¿Recuerda cómo, trece años antes, dejamos a los once hermanos de José y a su padre en un estado horrible? Los hermanos de José eran culpables de venderlo como esclavo y de mentir a su padre, diciendo que José estaba muerto. Y su padre, Jacob, estaba sumido en una profunda depresión porque pensaba que su hijo favorito había muerto. Pronto volverán a aparecer en la historia. Pero primero tenemos a José preparándose para siete años de hambruna.

José compró todo el grano extra que se cultivó durante los siete años buenos. Todo el mundo tenía abundancia porque los años eran muy buenos para la cosecha. Estoy seguro de que muchos pensaron que José estaba loco al gastar el dinero del Faraón cuando todo era tan abundante. ¿Realmente creían que habría una hambruna? Comprar toda la comida extra sería una tontería para José si los siete años de hambruna no

llegaban. En lugar de hacer rico al Faraón, José habría gastado su fortuna en comida que no era necesaria.

Al igual que Noé tuvo que confiar en Dios cuando pasó 120 años construyendo un arca bajo la promesa de un próximo diluvio, José tuvo que confiar en que los siete años malos llegarían. Cuando no puedes ver lo que está por venir, es muy difícil confiar. Pero José había confiado en Dios durante los años malos de esclavitud y cárcel, y ahora iba a seguir confiando en Él[12]. Si José tenía razón sobre la hambruna, el pueblo necesitaría comprar el grano que había vendido previamente. Así que el Faraón también tuvo que tener mucha fe en que José había interpretado correctamente los sueños.

La profecía se cumple

Los siete años pasaron rápidamente y todos eran felices y ricos. Pero como Dios profetizó, los años de hambruna comenzaron en el octavo año. Al cabo de un año el pueblo no tenía nada que comer porque, como se había predicho, el año fue tan horrible que nada creció. Toda la gente de Egipto comenzó a acudir a José para comprar comida. Eran ricos por los siete años buenos. José estaba haciendo al Faraón extremadamente rico porque había guardado el grano que todos necesitaban y que ahora se vendía al pueblo.

La hambruna llegó a ser tan grave que el pueblo de Egipto se quedó sin dinero. Al tercer año los egipcios vendieron su ganado por el grano. Después de que el Faraón obtuviera todo el ganado, José hizo un acuerdo con el pueblo. Les dio comida para su familia, pero a cambio tenían que darle al Faraón su tierra, y el pueblo tenía que trabajar para él. José acordó alquilarles la tierra por una quinta parte (20%) de las cosechas que produjeran. El pueblo se quedaba con el resto para sus familias. José había sido tan sabio y frugal que solo Egipto tenía comida. No solo estaba manteniendo a Egipto con vida, sino que estaba haciendo del Faraón el hombre más rico del mundo. Otros países no habían sabido que la hambruna se acercaba y no habían construido almacenes. La noticia de que había alimentos en Egipto se extendió por todas partes, y la gente acudió a Egipto para comprar comida.

¿Puede ver cómo confiar en Dios incluso cuando nadie lo hace terminará con muchas bendiciones para usted?

Jacob y su familia también necesitan comida

Jacob y su familia no habían podido escapar del hambre. También ellos escucharon la noticia de que había comida en Egipto. Aunque Jacob era muy rico, tener dinero no servía de nada si no tenía comida para su familia y su ganado. Así que en el segundo año de la hambruna, Jacob envió a sus hijos a comprar el grano que necesitarían para el año siguiente. Jacob no dejaría que Benjamín fuera; lo protegía porque era el único hijo que le quedaba de su amada esposa, Raquel.

Cuando la gente de tierras extranjeras llegaba a Egipto, tenía que presentarse ante José. Él era el responsable de determinar quiénes recibirían comida. En cuanto José vio a sus hermanos acercarse, los reconoció. Pero, por supuesto, ellos no lo reconocieron a él. ¿Por qué no lo hicieron? En primer lugar, pensaban que ya estaría muerto. En segundo lugar, habían pasado veintidós años; José no tenía más que diecisiete cuando lo vieron por última vez. En tercer lugar, estaba vestido con ropas egipcias propias de un rey.

José no le dijo a nadie que se trataba de sus hermanos. Para reconocer la posición de José como realeza, los hermanos se inclinaron ante José. ¿Recuerda el primer sueño que tuvo José cuando tenía diecisiete años? José lo hizo, y sin duda debe haber tenido una gran sonrisa en su interior. Pero no dijo nada al respecto. Los interrogó y los llamó espías que planeaban robar el grano del Faraón. Lo hizo para ponerlos a prueba y para que hablaran de su padre y de su hermano Benjamín.

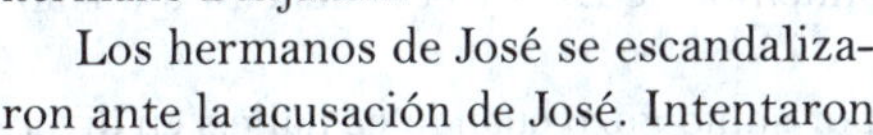

Los hermanos de José se escandalizaron ante la acusación de José. Intentaron convencerlo de que solo eran pastores de la tierra de Canaán que venían a por comida como tantos otros. Le hablaron de su padre, del hermano que se quedó en casa y del que murió, o eso creían. Él los presionó más y siguió fingiendo que no creía su historia. Finalmente dijo que permitiría a los hermanos volver a casa si traían a su hermano menor para demostrar que no eran espías. Por supuesto, José quería ver a Benjamín, pero también quería ver cómo reaccionaban y saber si estaban arrepentidos de lo que habían hecho.

Rubén, el mayor, les dijo a los otros hermanos que Dios los estaba castigando por su pecado contra José. No se dieron cuenta de que José podía entenderlos, ya que pensaban que era un egipcio. Al oír lo arrepentidos que estaban los hermanos, José se alteró tanto que tuvo que salir de la habitación un momento para llorar.

Después de regresar, dejó ir a sus hermanos, pero decidió quedarse con uno de ellos, Simeón, como rehén para asegurarse de que regresaran. José podría haberse revelado ante ellos y eso habría facilitado todo. Pero no estaba dispuesto a dejar a sus hermanos libres de culpa tan rápidamente. ¿Estaban realmente arrepentidos? Todavía no estaba seguro. José quería hacer pasar más pruebas a sus hermanos. Así que José les vendió el grano, lo empacó en grandes sacos y los envió a casa. Dio instrucciones a sus siervos para que pusieran en los sacos el dinero que habían utilizado para comprar el grano. Creo que quería probar la honestidad de sus hermanos. ¿Qué haría usted si fuera José? Tenía el poder de hacer lo que quisiera. En nuestra próxima historia aprenderemos lo que sucedió la siguiente vez que los hermanos llegaron a Egipto. ¿Los habría metido a todos en la cárcel?

Preguntas para profundizar

- Al ser José tan bendecido al convertirse en primer ministro y rico más allá de lo que podía imaginar, ¿le ayuda esta historia a mantenerse fiel a Dios en sus acciones y a esperar el tiempo de Dios? ¿Cómo?
- José pasó por muchos momentos difíciles. Estos tiempos difíciles le ayudaron a desarrollar su carácter. ¿Qué significa esto, y por qué está Dios tan interesado en que desarrollemos nuestro carácter?
- Si fuera José, ¿cómo se habría sentido al ver que sus hermanos se inclinaban ante usted? ¿Alguna vez Dios le ha mostrado algo antes de que sucediera y luego se hizo realidad? Si no es así, ¿cree que es posible que Dios lo haga por usted?

Para estudio adicional

1. Proverbios 28:25: El altivo de ánimo suscita contiendas; mas el que confía en Jehová prosperará.
2. Deuteronomio 28:1-14: Siga los mandamientos de Dios y él bendecirá todos los aspectos de su vida.
3. Santiago 1:2-5: Hermanos míos, tened por sumo gozo cuando os halléis en diversas pruebas, sabiendo que la prueba de vuestra fe produce paciencia. Mas tenga la paciencia su obra completa, para que seáis perfectos y cabales, sin que os falte cosa alguna.
4. Romanos 5:3-5: Nuestras luchas construyen nuestra paciencia, lo que nos da un carácter probado y resulta en recibir la esperanza por la que nos esforzamos.
5. Jesús nos dice y nos muestra que el mayor en su reino es el que se humilla como siervo.
    a. Mateo 18:1-5: El mayor en su reino es alguien que se humilla como un niño.
    b. Mateo 20:25-28: Quien quiera ser mayor será el siervo como Jesús vino a dar su vida por nosotros.

c. Mateo 23:10-12: El que es el mayor de vosotros, sea vuestro siervo.
d. Lucas 22:25-30: En este mundo, el mayor es el que es servido, pero Jesús dice que vino a servirnos, y en su reino los que sirven estarán con Él.
e. Juan 13:3-17: Jesús lava los pies de sus discípulos para mostrar que debemos servir a los demás como Él vino a servirnos.

6. Filipenses 2:14: Haced todo sin murmuraciones y contiendas
7. 2 Corintios 11:23-27; 12:9-10: Al igual que José, Pablo sufrió muchas dificultades y castigos inmerecidos, pero no se quejó porque sabía que estaba haciendo la obra de Dios. Después, cuando Pablo pidió la ayuda de Dios, Él le respondió que su gracia le era suficiente, y Pablo la aceptó como quien se contenta con su debilidad acompañada de dificultades y persecuciones.
8. 1 Pedro 1:3-9: Tenemos una herencia reservada en el cielo, y mientras tanto tendremos que sufrir varias pruebas y problemas.
9. Mateo 11:28-30: Jesús pide a los que están cansados que vengan a Él para descansar, porque su yugo es fácil y su carga es ligera. [Esto significa que nos proporcionará un tiempo de descanso, y cuando tenga trabajos difíciles para nosotros, Jesús estará allí para ayudarnos a través de ellos].
10. 1 Corintios 3:10-17: Si empezamos nuestra vida (edificio) con Jesús como fundamento, seremos recompensados por las cosas buenas que hagamos por Él.
11. 2 Corintios 4:16-18: Por tanto, no desmayamos; antes aunque este nuestro hombre exterior se va desgastando, el interior no obstante se renueva de día en día. Porque esta leve tribulación momentánea produce en nosotros un cada vez más excelente y eterno peso de gloria; no mirando nosotros las cosas que se ven, sino las que no se ven; pues las cosas que se ven son temporales, pero las que no se ven son eternas.
12. Proverbios 3:5-6: Fíate de Jehová de todo tu corazón, y no te apoyes en tu propia prudencia. Reconócelo en todos tus caminos, él enderezará tus veredas.

22
José, el hijo fiel de Jacob: Parte 4

Génesis 37-50

La hambruna continúa

Tal como José había predicho, la hambruna continuó. Pronto los que estaban lejos de Egipto acudieron a José en busca de grano. El Faraón se hizo más poderoso y la fama de José creció. Si recuerda nuestra última historia, José permitió que sus hermanos, excepto Simeón, regresaran a casa. Cuando los hermanos llegaron a casa, le contaron a Jacob la historia y que debían llevar a Benjamín a Egipto para demostrar que no eran espías y recuperar a Simeón. Jacob no permitió que eso sucediera. No podía arriesgarse a perder para siempre a Benjamín. Le preocupaba haber perdido ya un hijo, y ahora Simeón. No estaba dispuesto a arriesgar a nadie más. Así que los hermanos tuvieron que dejar a Simeón en Egipto.

La familia siguió luchando por cultivar sus cosechas mientras la hambruna continuaba. Y pronto la comida se acabó de nuevo. Jacob les dijo a sus hijos que tenían que volver y comprar más comida. Los hermanos dijeron que no había manera de que pudieran volver a Egipto sin Benjamín. La última vez fueron considerados espías y volvería a ocurrir si no podían llevar a Benjamín para demostrar su honestidad. Judá se presentó ante su padre y prometió hacerse responsable de su hermano menor. Jacob se opuso tanto como pudo, pero ya no había comida y no tuvo más remedio que correr el riesgo.

José pone a prueba el remordimiento de sus hermanos

Bueno, puede imaginar lo feliz que debió sentirse José cuando vio a Benjamín llegar con sus hermanos. Dio órdenes a su mayordomo para que los llevara a su casa y preparara un gran banquete. Cuando los hermanos entraron en su casa, inmediatamente le dijeron al mayordomo de José que habían encontrado en sus sacos el dinero que habían pagado por las primeras bolsas de comida. Querían que los egipcios, y en particular José, supieran que habían traído el dinero para dárselo a él. El mayordomo les dijo que se olvidaran de ello y que disfrutaran de su fiesta. Cuando se reunieron para la comida, José preguntó por la salud de su padre y los hermanos presentaron a Benjamín.

Después de hablar con él, José se excusó y salió de la habitación, llorando apasionadamente por la alegría de ver a Benjamín. Se lavó la cara y volvió para la comida. Aunque estaba abrumado por la emoción de volver a ver a toda su familia, no podía olvidar que lo habían vendido como esclavo. Todavía no estaba preparado para decirles quién era. Los hermanos se asombraron de que a cada uno se le asignara un asiento en la mesa según su orden de nacimiento. José les dio a todos mucha comida; a Benjamín le dio cinco veces más que a los demás hermanos. Puesto que habría sido repugnante para un egipcio comer con extranjeros, José comió en una mesa separada.

A la mañana siguiente, ordenó que llenaran sus sacos de comida y provisiones y que, una vez más, metieran en ellos el dinero que habían pagado por la comida. Esta vez también tenía una última prueba para sus hermanos. Este experimento le permitiría saber si realmente se habían arrepentido. De la respuesta que dieran a esta prueba dependía que se revelara ante ellos sin más castigo. En el saco de Benjamín los mayordomos no solo pusieron el dinero sino también la copa de plata de José.

Después de que se dirigieran a casa, José envió a sus hombres a acusar a los hermanos de haber robado su copa de plata. Sabiendo que no habían hecho nada malo, los hermanos accedieron a que les registraran las maletas, dando permiso a los soldados para matar a cualquiera que hubiera tomado lo que no les pertenecía. Empezaron por el hermano mayor. Cuando los hombres abrieron cada saco, descubrieron que el dinero estaba allí de nuevo; pero no se encontró ninguna copa de plata hasta que llegaron a la bolsa de Benjamín. Los egipcios tenían instrucciones específicas de José de que el resto de los hermanos podían volver a casa. Por supuesto, Benjamín no había tomado la copa. José la había metido en su saco porque quería ver la reacción de los hermanos una vez que les dijera que arrestaría a Benjamín y que ellos podían irse a casa.

Bueno, los hermanos habían aprendido la lección, y no había manera de que volvieran a casa sin Benjamín, especialmente Judá, que había prometido a su padre que cuidaría del hijo favorito de Jacob. Así que todos los hermanos volvieron a Egipto para enfrentarse a José, cada uno con miedo a lo que pudiera hacer el primer ministro. Cuando todos comparecieron ante José, él comenzó a amonestar a Benjamín por haber tomado la copa y se disponía a pronunciar un castigo contra él cuando Judá intervino y dijo:

Mi señor, no debe quitarle la vida; mi padre moriría si yo no volviera y lo trajera de vuelta; por favor, tómeme en su lugar. Tomaré el castigo de mi hermano.

José sabía ahora con certeza que se habían arrepentido y que lamentaban los actos que habían cometido. ¿Estaría dispuesto a perdonar a su hermano o hermana si le hubieran tratado tan mal?

José se reúne con su familia

En ese momento José no pudo controlarse más. Ordenó a todos, excepto a sus hermanos, que salieran de la habitación. Entonces lloró tan fuerte que toda la casa y la casa del Faraón escucharon sus gritos. José exclamó: "Soy José, su hermano". Los hermanos estaban conmocionados y no podían hablar. Él repitió:

Yo soy José, a quien vendieron como esclavo, pero no estén tristes ni enfadados [...]. Dios me ha enviado aquí para preservar la vida [...]. Por tanto, no fueron ustedes los que me enviaron aquí, sino que fue Dios quien me ha hecho gobernar sobre toda la tierra de Egipto.

Los hermanos seguían asustados porque sabían el mal que habían hecho. Pero a José no le preocupaba eso; estaba emocionado por ver a sus hermanos. Los abrazó, especialmente a Benjamín, y les dijo lo mucho que los había extrañado[1]. Les habló de los sueños del Faraón y de lo mucho que duraría la hambruna. Quería que hicieran que Jacob y toda su familia se trasladaran a Egipto para estar con él. El Faraón accedió a darles las mejores tierras para sus ovejas. Estaba muy contento de que José se reuniera con su familia. Incluso dio permiso a José para que sus hermanos se hicieran cargo del ganado del Faraón.

Los hermanos fueron a casa a decirle a Jacob que su hijo José estaba realmente vivo y que José quería que viniera a vivir a Egipto. Jacob no pudo contener su emoción.

Su hijo, al que creía muerto, estaba vivo y, lo que es mejor, podía ir a estar con él. Así que, aunque Jacob era viejo, aceptó trasladar a su familia a Egipto. Qué maravilloso reencuentro fue para Jacob ver a su hijo y conocer a su esposa y a sus dos hijos, Manasés y Efraín. Jacob vivió el resto de su vida en Egipto disfrutando vivir con toda su familia; el tiempo que pasó con José fue precioso para ambos.

Retratos de Jesús en la historia de José

Como en muchas de estas historias de Génesis, Dios nos guía sobre cómo vivir nuestras vidas. He señalado varias veces lo fiel que fue José al seguir a Dios a pesar de las circunstancias, y que un día funcionaría perfectamente bien. Pero hay mucho más en esta historia. Dios también cuenta la historia de Jesús. Piense en cómo los propios hermanos de José lo vendieron como esclavo por veinte piezas de plata, cómo José se fue a una tierra extranjera, cómo un día estos hermanos volvieron y necesitaron a José, y finalmente cómo José los salvó debido a su fidelidad y voluntad de honrar a Dios.

Esta es una imagen maravillosa del amor de Jesús por aquellos que lo vendieron a los extranjeros para ser crucificado en la cruz[2]. Jesús fue vendido por treinta monedas de plata por uno de sus doce discípulos. Y Jesús salvó a las mismas personas que le dieron la espalda[3,4]. Y lo mismo ocurrió con José; sus propios hermanos, que lo vendieron como esclavo, fueron salvados por José de la hambruna y de una muerte segura. Los que estaban bajo el cuidado de José serían bendecidos y vivirían una vida plena y abundante, al igual que los que aceptan a Jesús y el regalo que da de alegría, paz y felicidad[5].

También aprendemos al final de la historia de Génesis que Jacob dio una bendición a cada uno de sus doce hijos. ¿Recuerda la historia de Jacob y Esaú y lo injusto que parecía que un hermano recibiera todas las bendiciones y el otro quedara completamente excluido? Si Dios no hubiera intervenido, Jacob, como gemelo menor, habría quedado fuera. Dios honró la dificultad de Jacob y le permitió bendecir a todos sus doce hijos. A los doce hijos se les dio el privilegio de establecer el pueblo escogido por Dios (familia), las doce tribus de Israel, el nuevo nombre de Jacob dado por Dios. Y mientras estaban en Egipto, se convertirían en una nación. Así que vemos que la promesa de Dios a Abraham en una historia anterior se cumple ahora. Estos hermanos y todos sus descendientes se convierten en la familia escogida de Dios. Como Dios le predijo a Abraham, tendría hijos como las estrellas del cielo y la arena de la orilla del mar.

Lo mejor de las bendiciones de Jacob fue otorgado a Judá, el hermano que intervino y le dijo a José que asumiría el castigo por Benjamín. Jacob profetizó (predijo) que de la familia de Judá saldría el futuro rey, el León de Judá, que gobernaría para siempre. Más tarde nos enteramos de que este linaje real es el del gran rey David de Israel y, lo que es más importante, Jesús, que es descendiente de Judá a través de David, de quien proceden María y José[6]. Algunas de las predicciones de Jacob no fueron tan favorables para sus hijos. Sin embargo, siguieron siendo la familia escogida por Dios y recibieron su bendición porque era la promesa de Dios.

Resulta que nosotros heredamos esta misma promesa porque estos hijos de Jacob son también nuestra familia. ¿Cómo puede ser esto así? La mayoría de nosotros no somos descendientes directos de Jacob. Pero cuando creemos que Jesús es el Hijo de Dios, la Biblia nos dice que nos convertimos en hijos de Abraham y recibimos las mismas promesas dadas a él y a su familia. Por lo tanto, a través de nuestra creencia (fe) en Jesús, somos hijos de Abraham y recibimos la promesa de convertirnos en hijos de Dios, y coherederos en el reino de Dios con Jesucristo, nuestro Salvador[7]. ¿Se imagina usted como miembro de la familia real en el reino de Dios?

Comentario adicional de la historia de José

Después de la muerte de Jacob, los hermanos tuvieron miedo de que José quisiera castigarlos por lo que le habían hecho. Se presentaron ante José para defender su caso y pedirle que no se vengara de ellos. Y José nos da una de las declaraciones más sabias y dramáticas de la Biblia. Tenemos que aprender la lección y vivir según ella. José responde a sus hermanos diciendo:

No teman, porque estoy en el lugar de Dios [...]. Lo que ustedes querían para el mal, Dios lo quería para el bien.

Qué pensamiento tan increíble. José llega a la conclusión de que está en "el lugar de Dios"; es justo donde Dios nos quiere y donde todos necesitamos estar. Así que tomemos una lección de un José ahora muy humilde. Cuando una persona hace algo contra nosotros, reconozcamos que estamos en el lugar de Dios y aceptemos lo que Dios tiene ante nosotros. Y, lo que es igualmente importante, podemos saber que lo que otros pueden significar para el mal, Dios lo convertirá para nuestro bien8. Como José, podemos ser bendecidos a través de esas circunstancias y aún más a causa de ellas

Preguntas para profundizar

- ¿Por qué cree que José tardó tanto en revelar a sus hermanos quién era cuando llegaron a Egipto?
- Describa cómo la vida de José es una imagen de Jesús, que murió por todos los que creen (incluso por los que lo trataron tan mal antes de morir).

- Dios, a través de Jacob, bendijo a los doce hijos de Jacob (Israel), a pesar de que algunos eran malos ejemplos de cómo Dios quería que actuara su pueblo. ¿Cómo muestra esto la forma en que Dios nos mira a todos nosotros? ¿Se basa en cómo actuamos, o en lo que creemos y en cómo confiamos en Él?

Para estudio adicional

1. Efesios 4:2, 32: Con toda humildad y mansedumbre, soportándoos con paciencia los unos a los otros, sed benignos unos con otros, misericordiosos, perdonándoos unos a otros, como Dios también os perdonó a vosotros en Cristo.
2. Mateo 27:1-2, 31-35: Los líderes judíos optaron por entregar a Jesús en manos de los romanos, que lo crucificaron.
3. Lucas 23:3-5: Los líderes judíos insistían en que Jesús era su enemigo; sin embargo, murió por ellos tanto como por cualquier otro.
4. Romanos 5:8: Mas Dios muestra su amor para con nosotros, en que siendo aún pecadores, Cristo murió por nosotros.
5. Gálatas 5:22-26: Mas el fruto del Espíritu es amor, gozo, paz, paciencia, benignidad, bondad, fe, mansedumbre, templanza; los recibimos como hijos de Dios.
6. El hijo de Rut es descendiente de Judá y abuelo de David, el gran rey de Israel.
   a. Rut 4:18-22
   b. Mateo 1:1-16
7. Como hijos de Abraham heredamos las promesas que Dios le dio, y a su vez nos convertimos en coherederos de Jesús, y todo lo que tiene lo compartimos con Él.
   a. Gálatas 3:26-29
   b. Romanos 8:14-17
8. Romanos 8:28: A los que aman a Dios, todas las cosas les ayudan a bien.

23
Los primeros años de Moisés

Éxodo 2-4

Después de que Jacob y su familia se mudaran a Egipto, los hijos de Israel comenzaron a multiplicarse y a prosperar. Pero a medida que el recuerdo de José y de su reinado en Egipto se desvanecía, los egipcios empezaron a temer que el pueblo de Israel pudiera apoderarse de toda la tierra porque eran muy prósperos. En un intento de limitar la capacidad de prosperidad de los israelitas, el Faraón declaró que se convertirían en esclavos de los egipcios.

Los israelitas enfrentan la esclavitud

Muchos años después de que los israelitas fueran obligados a convertirse en esclavos, continuaron multiplicándose. Temiendo que los israelitas se volvieran demasiado fuertes para los egipcios, el Faraón ordenó a todas las parteras (personas capacitadas para ayudar a las mujeres a dar a luz) que mataran a cualquier niño varón nacido de una israelita inmediatamente después de su nacimiento.

Cuando el Faraón vio que los israelitas seguían multiplicándose, volvió a llamar a las parteras y les preguntó: "¿Por qué no han hecho lo que he ordenado?". Las parteras temían a Dios, así que le dijeron al Faraón que las mujeres israelitas eran tan fuertes y vigorosas que no necesitaban parteras. Dios se alegró de las parteras por no matar a los hijos de Israel. Un día puede ser llamado a obedecer a Dios cuando alguien quiera que haga algo malo. Puede ser difícil, pero Dios estará a su lado.

Entonces, el Faraón ordenó que todos los bebés varones de Israel fueran arrojados al Nilo, el famoso río de Egipto. Pero una mujer de la tribu de los levitas decidió quedarse con su hijo al ver lo hermoso que era. No se atrevió a arrojarlo al río, así que durante tres meses escondió a su hijo de los egipcios. Sin embargo, como su hijo creció, no pudo seguir escondiéndolo. Lo metió en una cesta para dejarlo flotar por el Nilo hacia el palacio egipcio. La madre del bebé envió a su hermana, Miriam, a seguir la cesta mientras flotaba por el río. Cuando el bebé se acercó al palacio, la hija del Faraón vio la cesta y pidió a sus sirvientes que la sacaran del agua. Cuando abrió la cesta, vio a un hermoso niño y decidió que se quedaría con él. Le puso el nombre de Moisés, que significaba "de las aguas lo saqué".

Moisés escapa al palacio

Miriam le preguntó audazmente a la hija del Faraón: "¿Quiere que consiga una nodriza para que cuide al niño por usted?". La hija del Faraón pensó que era una gran idea, así que Miriam consiguió que su madre fuera la nodriza de Moisés.

¿No es maravilloso cómo Dios nos cuida, nos ama y nos otorga sus bendiciones? Aquí estaba la madre de Moisés entregando a su hijo para salvarlo. Dios protegió a Moisés hasta llegar a la casa de la hija del Faraón[1]. No solo se le permitió vivir a Moisés, sino que Dios proveyó a la madre biológica de Moisés para que lo cuidara. Muchas mujeres habían visto morir a sus bebés, así que había muchas mujeres que podían amamantar al bebé; por lo tanto, la hija del Faraón no sospecharía que la nodriza era en realidad la madre de Moisés. La verdadera madre de Moisés tomó al bebé, lo amamantó y lo vio crecer en la casa del Faraón. Dios está con nosotros en las peores circunstancias. No elimina todos los problemas que tenemos en esta vida, pero nos protegerá y nos hará saber que está ahí de manera especial. ¿Quién sino Dios podría haber hecho que la misma persona que ordenó la muerte de Moisés lo protegiera dentro del palacio?

¿Le recuerda esta historia a otra que ocurrió muchos años después? Recuerde que, en el Nuevo Testamento, el rey Herodes el Grande estaba preocupado por el nacimiento de un rey de Israel que se levantaría y ocuparía su lugar, al igual que el Faraón temía que los israelitas se levantaran e intentaran apoderarse de Egipto. Cuando el rey Herodes se enteró por los sabios de que iba a nacer un rey, ordenó matar a todos los bebés menores de dos años. Un ángel vino y avisó a José y María de los planes del rey Herodes[2] , por lo que pudieron escapar a Egipto después de que María diera a luz, al igual que tantos años antes Moisés escapó a la casa del rey egipcio.

¿No es sorprendente darse cuenta de que Dios planeó la huida de Jesús muchos años antes de su nacimiento? Él sabía exactamente cómo iba a suceder. Una vez más, Dios presenta la imagen del Mesías/Salvador venidero a través de la historia de Moisés. Dios instruyó a Moisés como adulto para que escribiera la historia de cómo escapó de la muerte cuando era un bebé, al igual que Jesús escapó de la muerte a manos de otro rey muchos años después.

Moisés creció en la casa del Faraón y, como la hija del Faraón lo rescató, Moisés se convirtió en alguien muy especial dentro del palacio y aprendió todas las costumbres de los egipcios. Probablemente incluso se convirtió en un príncipe egipcio, ya que era el hijo adoptivo de la hija del Faraón. Moisés recibió todas las ventajas de ser un miembro de la familia real y llegó a ser grande a los ojos del pueblo egipcio[3]. Dios tenía planes para que Moisés utilizara los conocimientos que obtuvo mientras vivía en el palacio del rey más adelante en su vida. ¿Cree que Dios también tiene planes especiales para su vida?

Moisés busca a su pueblo

Cuando Moisés creció, quiso ver a sus compañeros israelitas[4]. Sabía que los miembros de su familia eran esclavos, aunque él se había criado en el palacio como un príncipe. Un día, mientras Moisés estaba fuera, vio a un egipcio golpeando a uno de sus compañeros israelitas. Al no ver a nadie más, Moisés mató al egipcio y escondió el cuerpo en la arena. Moisés creía que había sido llamado por Dios para liberar a su pueblo y que sus compañeros israelitas se darían cuenta de que era su salvador[5].

Cuando Moisés salió al día siguiente, vio a dos israelitas peleando y les dijo: "¿Por qué golpeas a tu prójimo?". Uno de ellos le preguntó: "¿Quién te ha puesto a ti por príncipe y juez sobre nosotros? ¿Piensas matarme como mataste al egipcio?". Moisés se asustó al darse cuenta de que los demás lo habían visto matar al egipcio. El Faraón se enteró de lo que hizo Moisés y decidió matarlo como castigo. Pero Moisés huyó del Faraón y abandonó Egipto para establecerse en la tierra de Madián. Esto también era parte del plan de Dios.

Creo que Moisés sabía que Dios quería que ayudara a su pueblo[6], pero intentó hacerlo a su manera, lo que no funcionó muy bien. Mientras tanto, el pueblo escogido siguió sufriendo hasta que Dios consideró que era el momento adecuado. Dios necesitaba que Moisés se humillara y estuviera dispuesto a seguir su plan en lugar de manejar las cosas a su propia manera. Moisés salió de Egipto y, en lugar de vivir como un príncipe, se convirtió en un fugitivo que se escondía del Faraón. Dios aún tenía planes para Moisés. Ante los problemas, los israelitas tuvieron que ser pacientes y aprender que Dios los liberaría, pero en su momento.

Como hemos aprendido de las historias en Génesis, una vez más somos llamados a seguir los caminos de Dios. ¿Está frustrado porque algo importante no parece estar sucediendo? ¿Has buscado la guía de Dios? Si ha descubierto la voluntad de Dios, tenga fe; obtendrá lo que espera. Pero también tendrá que esperar el tiempo de Dios.

Preguntas para profundizar

- Dios permitió que su pueblo escogido se convirtiera en esclavo de los egipcios. No promete que estaremos protegidos del mal, pero sí que estará con nosotros en las circunstancias difíciles. ¿Cómo se salvó Moisés? ¿En qué sentido esto es un buen ejemplo de que Dios está con nosotros en los momentos difíciles? ¿Cómo sufrió la madre de Moisés al renunciar a él? ¿Cómo fue bendecida?
- ¿Cómo esta historia del bebé Moisés refleja lo que vivieron Jesús y su familia muchos años después?
- Cuando Moisés mató al egipcio, tuvo que dejar su familia y su casa para evitar el castigo del Faraón. Esto parece un desvío del plan de Dios. ¿Qué causó el retraso?

Para estudio adicional

1. Hechos 7:20-21: Moisés nació y fue agradable a los ojos de Dios, y fue criado en la casa de su padre. Cuando creció, la hija del Faraón se lo llevó y lo crió como su propio hijo.
2. Mateo 2:1-16: Herodes se enteró de que había nacido un nuevo rey e hizo un decreto para que todos los bebés menores de dos años fueran condenados a muerte, ya que temía que este rey se apoderara de su reino.
3. Hechos 7:22: Fue enseñado Moisés en toda la sabiduría de los egipcios; y era poderoso en sus palabras y obras.
4. Hebreos 11:24-25: Por la fe Moisés, hecho ya grande, rehusó llamarse hijo de la hija de Faraón, escogiendo antes ser maltratado con el pueblo de Dios, que gozar de los deleites temporales del pecado.
5. Hechos 7:23-25: Cuando hubo cumplido la edad de cuarenta años, le vino al corazón el visitar a sus hermanos, los hijos de Israel. Y al ver a uno que era maltratado, lo defendió, e hiriendo al egipcio, vengó al oprimido. Pero él pensaba que sus hermanos comprendían que Dios les daría libertad por mano suya; mas ellos no lo habían entendido así.
6. Hechos 7:25: Pero él pensaba que sus hermanos comprendían que Dios les daría libertad por mano suya; mas ellos no lo habían entendido así.

24
El llamado de Moisés

Éxodo 2-4

Moisés salió de Egipto y entró en la tierra de Madián para escapar de la ira del Faraón. Tras muchos días de viaje, Moisés encontró un pozo de agua y estaba descansando junto a él cuando siete hijas de un sacerdote llamado Jetro se acercaron al pozo para sacar agua. Otros pastores aparecieron al mismo tiempo y atacaron a las mujeres porque no querían compartir el agua. Madián tenía muy poca agua, por lo que quien cavaba un pozo lo protegía como una posesión muy valiosa. Moisés acudió al rescate de las hijas y ahuyentó a los pastores. Cuando las hijas volvieron a casa con su padre, le contaron la historia. Jetro les dijo a sus hijas que deberían haber invitado al hombre a cenar, así que volvieron al pozo de agua e invitaron a Moisés a comer con su familia. Jetro invitó a Moisés a quedarse con ellos, y poco después Jetro le ofreció a Moisés a Séfora, una de sus hijas, como esposa.

Mientras Moisés estaba en la tierra de Madián formando una familia con Séfora, el Faraón murió y el nuevo rey se hizo cargo de Egipto. El nuevo Faraón fue aún más duro con los israelitas, por lo que clamaron a Dios, quien escuchó sus gemidos y recordó su promesa a Abraham, Isaac y Jacob. Dios puso en marcha un plan para sacar a su familia escogida de Egipto.

La zarza ardiente

Mientras tanto, Moisés se había convertido en pastor en la tierra de Madián. Estaba en el campo con el rebaño y vio a lo lejos una zarza que ardía, pero que no se quemaba. Moisés decidió que tenía que ver esa zarza ardiente. Cuando Moisés se acercó a la zarza ardiente, Dios habló desde el centro de la zarza indicándole que se quitara las sandalias porque estaba en tierra santa. Moisés obedeció y Dios le contó su plan diciendo:

He visto la dureza con la que se ha tratado a mi pueblo y quiero liberarlo. Quiero que seas tú quien vaya a exigirle al Faraón que permita a los hijos de Israel volver a su tierra.

Moisés respondió: "Dios, no puedo hacerlo. Soy demasiado débil. No soy un líder suficientemente capaz. Por favor, no me lo pidas". Pero Dios volvió a llamar a Moisés y le dijo: "Moisés, te necesito. He decidido que tú eres el que quiero que regrese a Egipto y libere a mi pueblo". Moisés volvió a responder: "Dios, no soy lo suficientemente fuerte para dirigir a tu pueblo. No puedo manejar a los egipcios. No sabría qué hacer". Así que Dios realizó varios milagros para Moisés para demostrar el poder de Dios y mostrarle cómo tendría el control y ayudaría a Moisés. Dios le dijo a Moisés que arrojara su vara al suelo, y cuando Moisés obedeció, la vara se convirtió en una serpiente. Entonces Dios le dijo a Moisés que se agachara y recogiera la serpiente. Cuando Moisés se agachó para recoger la serpiente, ésta volvió a convertirse en una vara.

Luego, Dios le dijo a Moisés que metiera la mano bajo su camisa. Cuando Moisés sacó la mano, tenía lepra (unos feos y dolorosos forúnculos que corroían la carne) por toda la mano. Dios le dijo a Moisés que volviera a meter la mano bajo la camisa, y esta vez cuando sacó la mano estaba normal de nuevo. Dios dijo: "Hice estos milagros para que supieras que soy el Señor, tu Dios, y que estaré allí para cuidarte". Moisés seguía protestando. Había perdido el valor muchos años antes cuando dos compañeros israelitas se volvieron contra él.

Moisés siguió diciendo que no hasta que Dios dijo: "Moisés, te he llamado". Moisés volvió a decir: "Pero soy lento para hablar y tengo miedo de tartamudear". Dios le dijo: "Moisés, yo estaré contigo y te daré las palabras para hablar". Pero de nuevo Moisés insistió en que no podía hacerlo. Finalmente, Dios se enfadó con Moisés y le dijo: "Haré que tu hermano Aarón, que tiene un buen discurso, sea el que hable por ti delante del Faraón".

¿Puede imaginarse discutiendo con Dios? Yo no puedo, excepto si estuviera realmente asustado como lo estaba Moisés. Intentó una vez luchar por sus compañeros israelitas y fracasó, así que tuvo miedo de volver a intentarlo. ¿Y usted? ¿Ha tenido demasiado miedo para intentar algo? Recuerdo que cuando tenía cuatro o cinco años quería saltar desde el trampolín alto de la piscina. Subía los escalones hasta arriba, caminaba hasta el final del trampolín y luego volvía a bajar los escalones. Parecía demasiado alto para un niño tan pequeño. Lo hice varias veces, y cada vez mis padres me animaban. ¡Hasta que por fin lo hice! Me sentí muy orgulloso. Superar nuestros miedos es importante. Tenemos que darnos cuenta de que Dios estará ahí para nosotros, tal como se lo prometió a Moisés. Solo tenemos que estar dispuestos a confiar en Él y "dar el paso de fe", como hice yo desde el trampolín.

Dios cumple el plan

Finalmente, Moisés aceptó la orden de Dios y aceptó volver a Egipto para liberar a su pueblo. Preguntó a Dios: "Cuando hable a Israel, ¿quién les diré que me ha enviado?". Dios respondió: "Diles que YO SOY me envió". Para explicarlo, la palabra hebrea Yahveh significa "Yo existo" o "Yo soy" y es la palabra que designa al único Dios verdadero. Posteriormente aprenderemos en el Evangelio de Juan que Jesús se llama a sí mismo el mismo "YO SOY" que Abraham vio y se alegró[1]. Entonces Dios le dijo a Moisés que le recordara al pueblo que Él es el Dios de Abraham, Isaac y Jacob; por lo tanto, ellos son su familia escogida. Dios sabía que esto demostraría a los israelitas que fue Dios quien envió a Moisés. Dios ordenó a Moisés que dijera a los hijos de Israel que los sacaría de Egipto y los llevaría a la tierra de Canaán, que manaba leche y miel (lo que significa que era una tierra muy fértil). Esta era la tierra que Dios prometió a Abraham, Isaac y Jacob que sería su tierra para siempre.

También necesitamos recordar que nosotros también somos la familia escogida de Dios. Cuando estudiamos la historia de Abraham, aprendimos que cualquiera que crea (tenga fe) como Abraham se convierte en un verdadero hijo de Dios y, por lo tanto, en un miembro de su familia escogida. ¿Está preparado para unirse a la familia?

Dios le confesó a Moisés: "Sé que no será fácil conseguir que el Faraón deje ir al pueblo porque necesita a los esclavos para construir los ladrillos y las grandes pirámides". Por lo tanto, Dios le prometió a Moisés:

Extenderé mi mano y heriré a Egipto con mi poder y sabrán que soy Dios; tú serás mi líder y mi instrumento a través del cual realizaré todos estos milagros. Abrumaré tanto a los egipcios con mis milagros que te darán su oro, su plata y sus vestidos. Compensarán el tiempo que han castigado y tratado duramente a mis hijos de Israel[2].

Moisés volvió a la casa de Jetro y le contó lo que había sucedido y lo que debía hacer.

¿Ha oído alguna vez que Dios lo llama? ¿Sabía que le habla?[3] ¿Pensaba ignorar su voz? Tal vez quería que fuera amable con alguien que se había portado mal usted. Tal vez pensó que no podía hacer el trabajo que Él quería que hiciera. Muy pocas personas han sido llamadas a hacer un trabajo tan grande como el de Moisés. Incluso una tarea pequeña es importante para Dios[4]. Tal vez estaba demasiado ocupado para escuchar la voz o no reconoció que era Dios. Tenemos que saber que Dios nos habla, aunque rara vez se dirige a nosotros de forma tan dramática como una zarza ardiente. Él habla; de hecho, quiere hablar usted a menudo. ¿Está escuchando?

Preguntas para profundizar

- Pasan cuarenta años hasta que Dios llama a Moisés para que regrese a Egipto. ¿Por qué se resistió Moisés a volver? (Recuerde que cuando mató al egipcio pensó que Dios lo llamaba para salvar al pueblo de la esclavitud). Esta historia muestra que Dios utilizará incluso a la persona más improbable (Moisés ya había fracasado una vez y huyó; tartamudeaba y era demasiado manso para ser lo suficientemente fuerte como para enfrentarse al Faraón). ¿Cómo explica esto que Dios sea capaz de usarlo a usted?
- ¿Alguna vez ha sentido que no debería hacer algo, pero lo ha hecho de todos modos? Puede que esa sea la voz de Dios que le dice que no lo haga.

Para estudio adicional

1. Juan 8:56-58: Jesús dijo a los fariseos que "Abraham vuestro padre se gozó de que había de ver mi día; y lo vio, y se gozó; Antes que Abraham fuese, YO SOY".
2. Romanos 9:15-17: Dios le dice a Moisés: "Tendré misericordia del que yo tenga misericordia, y me compadeceré del que yo me compadezca". Dios levantó al Faraón para demostrar el poder de Dios y para que su nombre fuera proclamado en toda la tierra.
3. Juan 10:1-5, 14: Jesús es el buen pastor y sus ovejas (los creyentes) conocen su voz; oirán su voz y le seguirán.
4. 1 Corintios 12:12-25: Todos somos miembros del mismo cuerpo (de Cristo), y cada uno de nosotros tiene una tarea que realizar. Algunos parecen más importantes que otros, pero para Dios todos son igualmente importantes, y a los que parecen menos importantes Dios les concederá abundante honor.

25
Moisés libera a Israel de Egipto: Parte 1

Éxodo 5-15

El viaje de regreso a Egipto

De regreso a Egipto, Dios le dijo a Moisés que no se preocupara porque todos los que querían matarlo ya estaban muertos. Moisés creció en el palacio con el Faraón, el rey egipcio, y vivió allí durante cuarenta años. Luego vivió en Madián con Jetro durante otros cuarenta años. Ahora, a los ochenta años, Moisés regresaba a Egipto para liberar a los israelitas de las manos del Faraón. Aprendemos una importante lección del viaje de Moisés a Egipto cuando ocurre un incidente muy sorprendente. Dios planea matar a Moisés. ¿De qué se trata todo esto? ¿Por qué enviaría Dios a Moisés a una misión crítica y luego decidiría matarlo en la primera noche?

Moisés desobedeció las instrucciones de Dios. En contra de la voluntad de Dios, la esposa de Moisés, Séfora, lo convenció de no circuncidar a su hijo. Como recordará de la historia de Abraham, a Israel le correspondía la circuncisión de todos los hijos varones en el pacto especial que Dios hizo con Abraham y sus descendientes. Si Moisés iba a llevar a cabo su misión para Dios, tenía que estar totalmente en sintonía con Dios y obedecerle. El punto de vista de su esposa, aunque importante, debía ser secundario respecto al de Dios. Séfora se dio cuenta de que Moisés tenía problemas con Dios por su culpa, así que, enfadada, realizó la ceremonia y arrojó el prepucio de las partes íntimas de su hijo a los pies de Moisés.

Cuando Dios nos llama a realizar una tarea o actuar de una determinada manera, debemos obedecerle. En muchos casos, Él no puede o no realizará sus milagros y obras a través de nosotros si no hacemos nuestra parte. Hace muchos años, cuando conducía solo hacia la universidad, mi madre me recordaba que era mi responsabilidad conducir al límite de velocidad. Ella oraba para que yo llegara sano y salvo, pero consideraba que ayudaba a Dios a honrar sus oraciones si yo hacía mi parte obedeciendo las leyes. Aunque en aquel momento no me gustó escuchar eso, ahora creo que había mucha sabiduría en sus palabras. Creo que su teoría se aplica a todos los aspectos de nuestra vida. Debemos comprometernos a seguir a Dios y sus caminos. Esto no significa que no vayamos a cometer errores, pero no podemos ser desobedientes intencionadamente[1].

Recuerde que somos parte de la familia de Dios y que Jesús es la cabeza de nuestra familia. Como miembros de la familia de Dios, debemos seguir sus reglas. Es importante que pongamos a Dios en primer lugar y hagamos lo que Él quiere que hagamos, incluso cuando pensamos de manera diferente o cuando tenemos que enfrentarnos a alguien a quien amamos[2]. Moisés debería haberse asegurado de que Séfora entendiera la importancia de seguir el pacto. Al final, ella hizo lo que se le ordenó y aprendió que era mejor obedecer a Dios aunque obedecer la hiciera infeliz en ese momento. Nosotros también necesitamos ser lo suficientemente sabios como para seguir a Dios incluso cuando no queremos hacerlo. Un día veremos la sabiduría de nuestras acciones.

Mientras Moisés estaba en su viaje de regreso a Egipto, Dios visitó a Aarón, el hermano de Moisés, para decirle que Moisés estaba regresando. Aarón se reunió con Moisés en el lugar que Dios le indicó y Moisés le contó a Aarón todo lo que Dios había planeado. Luego fueron a Egipto y reunieron a todo el pueblo de Israel. Como Moisés y Dios acordaron, Aarón habló y Moisés hizo señales en presencia de los israelitas para hacerles saber que Dios estaba con él.

Al ver los milagros, la gente creyó que Dios había escuchado sus oraciones y se inclinó y lo adoró. ¿Has orado alguna vez por algo y luego ha visto que su oración ha sido respondida? Si es así, ¿cómo se sintió? Tal vez nunca haya intentado pedirle nada a Dios. Siempre que no sea una petición egoísta, ¿por qué no intentarlo?

Moisés confronta al Faraón

Después de hablar con los israelitas, llegó el momento de que Moisés y Aarón visitaran al Faraón. Es probable que Moisés conociera muy bien a este Faraón porque habrían crecido en la misma casa. Habría sido el "futuro rey", por lo que Moisés no solo lo conocería, sino que también sabría el funcionamiento interno de las actividades de palacio y las costumbres egipcias[3]. Este conocimiento también le dio a Moisés la oportunidad de hablar con gente que conocía para saber la mejor manera de acercarse al Faraón.

Moisés y Aarón entraron en el palacio del Faraón y le dijeron: "El Dios de Israel le dice al Faraón: 'Deja ir a mi pueblo a celebrarme fiesta en el desierto. [...] o de lo contrario le causará [muchos problemas]'". El Faraón respondió: "¿Por qué habría de hacerlo? Necesitamos ladrillos. Además, no sé quién es ese Dios del que hablas, así que no dejaré ir a Israel". El Faraón no solo se negó, sino que también envió un mensaje a sus capataces que estaban a cargo de los esclavos, diciéndoles que como castigo por querer tres días de vacaciones los israelitas tendrían ahora que recoger la paja utilizada en la fabricación de los ladrillos, además de hacer el mismo número de ladrillos diariamente. El pueblo de Israel se enfadó con Moisés y Aarón y gritó: "¿Por qué volvieron aquí? ¿Por qué nos dijeron que iban a salvarnos? Todo lo que han hecho es causarnos más miseria y dolor".

Con este castigo, los israelitas no pudieron hacer tantos ladrillos cada día porque ahora tenían que recoger la paja. Los capataces los golpeaban y hacían que las cosas fueran aún más duras, lo que hizo que Moisés clamara a Dios: "¿Por qué me has traído de vuelta para hacer daño a mi pueblo? No he hecho más que causar más daño entre ellos y yo". Dios dijo:

Solo haz lo que te digo. Mi plan y propósito es seguir endureciendo el corazón del Faraón. Diles que soy su Dios y los liberaré como he prometido. Pero primero debo llevar a los egipcios hasta el punto en que estén dispuestos a expulsarlos y a darles su oro, su plata y sus prendas de vestir para pagarles por sus años de esclavitud.

Dios tenía planes mucho más grandes que unas vacaciones de tres días. Quería que el corazón del Faraón se endureciera tanto que su familia escogida pudiera salir de Egipto como un pueblo rico y libre y regresar a la tierra prometida. Sin embargo, el pueblo no estaba dispuesto a confiar en Dios y seguía sin ser feliz a causa de la cruel esclavitud.

Dios sabía lo que era mejor. Incluso cuando sufrimos como los israelitas, Dios conoce nuestro dolor y nos dará mucho más a cambio cuando sufrimos por su causa (la de Jesús)[4]. Dios le habló a Moisés y le dijo: "Ve donde el Faraón y te presentaré como Dios ante el Faraón y tu hermano Aarón será tu profeta para hablar en tu nombre, él hará todo lo que le ordenes". Así que Moisés y Aarón se presentaron ante el Faraón para exigirle que dejara ir al pueblo de Dios. Dios le dijo a Moisés que cuando el Faraón le pidiera que hiciera un milagro, Moisés debía ordenarle a Aarón que arrojara su vara y Dios la convertiría en una serpiente como lo hizo con Moisés en la zarza ardiente. Aarón hizo lo que Moisés le ordenó y su vara se convirtió en una serpiente. El Faraón llamó a sus magos, y ellos utilizaron sus artes secretas y convirtieron sus varas en serpientes también.

A través de esta historia tenemos que aprender que el mal tiene un gran poder[5] y que debemos enfrentarnos al diablo (satanás) y a sus maldades con Dios de nuestro lado o perderemos o seremos tratados cruelmente. Un día podemos descubrir que, como los israelitas, estamos bajo el control de satanás[6]. Con Dios en control, la serpiente de Moisés se comió cada una de las serpientes hechas por los magos del Faraón. Sin embargo, como Dios predijo, el Faraón no quiso escuchar a Moisés, y su corazón se endureció aún más. El Faraón era demasiado terco para aceptar a Dios como el verdadero Creador y gobernante. Así que Dios le dijo a Moisés que le advirtiera al Faraón que, debido a su terquedad, Dios iba a traer una serie de plagas sobre los egipcios. Esto puede ser una advertencia para nosotros también. ¿Qué puede hacer para evitar que el mal entre en su vida y tome el control?

Preguntas para profundizar

- Siempre es importante obedecer a Dios y esto es aún más importante cuando nos encontramos realizando una misión especial para Dios. Moisés tenía que obedecer a Dios y no ceder a la tentación que le hizo su esposa. ¿Hay cosas que sus amigos tratan de convencerle que haga que sabe que están mal? No ceda ante tus amigos, sino ayúdelos a seguir a Dios con su ejemplo
- ¿Le sorprendió que los sacerdotes del Faraón pudieran hacer los mismos milagros que Moisés? Satanás tiene poderes que pueden perjudicarnos. ¿Puede comentar algunos ejemplos actuales? ¿Cómo podemos combatir los poderes de satanás? ¿Cómo podemos determinar qué poderes son del mal y cuáles del bien? Lea Efesios 6:10-18 y Santiago 4:7-8 para obtener algunas ideas.

Para estudio adicional

1. Cuando Dios nos llama, debemos estar dispuestos a seguir sus mandamientos, tener fe, evitar las peleas con otros cristianos y aprender a pedir a Dios nuestras necesidades con los motivos correctos. Acérquese a Dios y resista al diablo y sus tentaciones. Cuando nos humillemos ante Dios, Él nos exaltará.

a. 1 Juan 3:22
b. Hebreos 11:6
c. James 4:1-10

2. Mateo 10:37: El que ama a padre o madre más que a mí [Jesús], no es digno de mí; el que ama a hijo o hija más que a mí, no es digno de mí.

3. Hechos 7:22: Y fue enseñado Moisés en toda la sabiduría de los egipcios; y era poderoso en sus palabras y obras.
4. 1 Pedro 1:3-9: Tenemos una herencia reservada en el cielo; sin embargo, mientras tanto tendremos que sufrir a través de muchas pruebas y problemas.
5. Génesis 11:6: Dios tuvo que impedir que el pueblo construyera la Torre de Babel; de lo contrario, nada de lo que se propusieran hacer habría sido imposible.
6. Efesios 6:10-12: Nuestra batalla no es contra nuestros semejantes, sino contra el diablo y las fuerzas espirituales de la maldad en las regiones celestiales.

Moisés libera a Israel de Egipto: Parte 2

Éxodo 5-15

Dios envía plagas a Egipto

Después de que el Faraón rechazara la petición de Moisés de dejar a los israelitas salir durante tres días para adorar a su Dios, Dios cumplió su promesa de traer plagas sobre Egipto. La mañana siguiente a la advertencia de Moisés al Faraón, Dios envió la primera plaga. Cuando el Faraón se dirigió al Nilo, Moisés ordenó a Aarón que golpeara el agua con su vara, y al hacerlo comenzó a correr sangre por las aguas de Egipto.

Todos los peces murieron y los egipcios tuvieron dificultades para encontrar agua para beber. El agua que encontraban tenía un olor tan desagradable que nadie quería beberla. Los magos del Faraón hicieron lo mismo con sus artes secretas; por lo tanto, el Faraón continuó siendo obstinado. Sin darse cuenta, Faraón estaba siendo controlado por satanás. Dios estaba tendiendo una trampa a satanás y al faraón. El plan de Dios para que los israelitas salieran de Egipto y regresaran a la tierra prometida había comenzado. ¿Recuerda la historia de la Torre de Babel donde aprendimos el poderoso poder que tiene satanás? Ahora aprendemos que él puede enseñar a los humanos a hacer magia para darles poder. A menos que nos sometamos a Dios, seguiremos perdiendo una batalla tras otra contra satanás[1]. Es importante que sepamos que él quiere robar, matar y destruir[2]. Como dice Efesios 6:12, nuestra batalla no es contra nuestros semejantes, sino contra el diablo y sus fuerzas malignas en las regiones celestiales. Así que, aunque estas fuerzas malignas viven en un mundo diferente, tienen acceso a nuestro mundo para hacer el mal[3]. A menos que nos pongamos la armadura de Dios (protección), no estaremos preparados para pelear la batalla. Habrá tiempos difíciles al igual que los israelitas soportaron dificultades en esta historia. Pero si nos quedamos con Dios y estamos dispuestos a soportar las dificultades de esta vida, la victoria final será de Dios[4]. Al final habrá alabanza, honor y gloria cuando Jesucristo regrese de nuevo[5].

La segunda plaga que Dios envió a los egipcios fueron las ranas. Las ranas eran una señal especial de buenos tiempos para el pueblo de Egipto porque aparecían cada año cuando el Nilo se desbordaba para traer agua a las cosechas. Sin embargo, Dios envió demasiado de algo bueno y todos los hogares fueron invadidos por las ranas. Una vez más, los magos del Faraón hicieron lo mismo con sus artes secretas e hicieron subir ranas del Nilo, pero esto solo empeoró las cosas.

Es interesante que los magos del Faraón siempre hicieran exactamente el mismo milagro que Moisés y Aarón. Me parece que hubiera sido mejor que los magos del Faraón volvieran a convertir el agua ensangrentada en agua limpia y buena y que hicieran desaparecer las ranas. Pero los magos no eran lo suficientemente poderosos como para igualar a nuestro Dios; así que las ranas llenaron las casas del pueblo.

El Faraón llamó a Moisés y le pidió que se deshiciera de esas terribles ranas. A cambio, el Faraón prometió dar a los israelitas tiempo libre para hacer un sacrificio a Dios. Moisés devolvió las ranas a las aguas del Nilo para que el Faraón supiera que Dios podía eliminar las ranas. Sin embargo, cuando el Faraón vio que las ranas habían desaparecido, su corazón se endureció de nuevo y se negó a dejar que el pueblo fuera a hacer su sacrificio. Antes de que Dios quitara las ranas, muchos murieron en las casas del pueblo y un terrible olor llenó la tierra.

La tercera plaga fueron insectos irritantes (similares a los mosquitos) enviados a la tierra de Egipto. Pero esta vez los magos del Faraón no pudieron reproducir los mosquitos, ni pudieron duplicar ninguna de las plagas que estaban por venir. Dios tomó el mando y su poder gobernaba ahora la tierra. Sin embargo, el Faraón seguía sin dejar ir al pueblo de Dios. Así que Dios envió una cuarta plaga de moscas y una quinta plaga de enfermedades sobre las vacas. La sexta plaga provocó úlceras en el pueblo egipcio y en su ganado, úlceras de aspecto desagradable que dolían tanto que

nadie podía tocarlas sin causar un fuerte dolor. La séptima plaga fue una tremenda tormenta de granizo. La octava plaga fueron langostas que se comieron todas las cosechas; y la novena plaga fue la oscuridad sobre la tierra de Egipto. Los egipcios se volvían cada vez más temerosos de Dios y de las plagas. Aunque el Faraón a veces decía que dejaría ir al pueblo, cada vez que la plaga era eliminada cambiaba de opinión y se negaba a dejar ir a los israelitas.

Con la décima plaga, vemos cómo se desarrolla el plan mayor de Dios. Como compartimos anteriormente, Dios no quería que el Faraón accediera a su petición de dejar ir al pueblo para un sacrificio de tres días. El quería que el pueblo de Egipto le exigiera al Faraón que les dijera a los israelitas que abandonaran su tierra para siempre[6]. Dios quería que los egipcios se alegraran tanto de ver a los israelitas irse que les dieran oro, plata y buena ropa. Así que, aunque no fue divertido para los israelitas sufrir la ira del Faraón, Dios tenía un plan mejor en mente para ellos; dispuso la libertad de la esclavitud y también grandes riquezas. ¿Estará dispuesto a esperar a Dios, aunque eso signifique sufrir por un tiempo? La recompensa valdrá la pena.

La plaga final: la muerte para Egipto

Dios le advirtió a Moisés de la décima y última plaga, que llegaría cuando Dios estuviera dispuesto a que el Faraón dejara ir a su pueblo. Dios planeaba enviar a su ángel de la muerte para que matara al hijo varón mayor de cada familia que no siguiera sus instrucciones. Con cada plaga, el corazón del Faraón se había endurecido más y más, lo que significa que se volvió más obstinado en hacer solo lo que él quería. El Faraón había descargado su frustración siendo mucho más duro con los israelitas. El pueblo de Israel seguía clamando a Dios y se preguntaba por qué había traído a Moisés y a Aarón para ayudar a salvarlos; no creían que estuvieran siendo salvados en absoluto ya que experimentaban más y más problemas.

Lamentablemente, con demasiada frecuencia vemos la vida de la misma manera que los israelitas. Solo podemos ver los problemas que tenemos en lugar de entender lo que Dios está tratando de hacer por nosotros y enseñarnos a través de nuestras pruebas y tribulaciones (sufrimientos). El libro de Romanos nos dice que nuestras pruebas y tribulaciones producen perseverancia, que significa soportar o seguir adelante a través de estas pruebas. Mediante nuestra capacidad de perseverar desarrollamos el carácter; es decir, nos convertimos en mejores personas. Una vez que hemos desarrollado el carácter, tenemos esperanza, lo que significa que podemos esperar que Dios haga lo que prometió[7]. Pero a menudo todo lo que hacemos es quejarnos. Sin embargo, Dios espera pacientemente y hace su trabajo. ¿No está agradecido de que nunca se canse de oírnos quejarnos ante Él?

A pesar de todo, nos sigue amando, sí, a pesar de todo. Y envió a su Hijo para salvarnos del dolor y el sufrimiento que habríamos tenido que soportar si Jesús no hubiera muerto en la cruz por nosotros. A medida que estas historias de Moisés continúen, veremos que muchos israelitas no aprendieron esta lección. ¿Y usted?

Si estamos dispuestos a perseverar a través de nuestras pruebas, nos convertiremos en personas mejores y más fuertes y seremos más capaces para ser utilizados por Dios para llevar a cabo su plan y propósito para nosotros. Tómese un momento para examinar cualquier dificultad por la que esté pasando, y pídale a Dios que le guíe a través del problema y le ayude a entender lo que está tratando de enseñarle. ¿Alguna vez ha aprendido una valiosa lección acerca de algún problema que haya tenido que soportar? ¿Le hizo ser mejor persona?

Preparándose para la Pascua

Es interesante notar que mientras el corazón del Faraón seguía endureciéndose, Moisés se convirtió en alguien muy respetado en la tierra de Egipto. Los egipcios sabían que Moisés era el responsable de todas las plagas y que Dios actuaba a través de él. Así que se volvieron muy temerosos de los israelitas, y particularmente temerosos de Moisés. Dios estaba preparando a los egipcios para que entregaran su oro, su plata y su buena ropa para que los israelitas pudieran cobrar por sus muchos años de esclavitud y, en última instancia, llevar estas riquezas a la tierra de Canaán, su tierra prometida. Pero de nuevo los israelitas estaban demasiado preocupados por sus problemas temporales como para darse cuenta del plan maestro de Dios y confiar en Él. Dios cumple su promesa incluso cuando nos quejamos y refunfuñamos.

Cuando Moisés y el Faraón se reunieron por última vez, el Faraón le dijo a Moisés: "Retírate de mí; guárdate que no veas más mi rostro, porque en cualquier día que vieres mi rostro, morirás". Y Moisés dijo: "No veré más tu rostro". Por supuesto, Moisés sabía y confiaba en Dios en que sería el Faraón quien lo lamentaría. Dios le dijo a Moisés que ya estaba listo para enviar a su pueblo de vuelta a Canaán, la tierra prometida que les había dado. Los israelitas llamaron al día en que salieron de Egipto el Éxodo. Pero antes de comenzar su Éxodo, Dios exigió que esperaran una noche y que confiaran en Él. Este sería un nuevo comienzo para su familia escogida. En esta noche, los israelitas tendrían una fiesta especial que más tarde se llamaría la "Pascua". ¿Por qué se llamaba la Pascua? La sangre del cordero sacrificado debía esparcirse en los dos postes

y en el dintel de cada puerta porque esa noche Dios enviaría un ángel de la muerte por toda la tierra de Egipto. El ángel de la muerte "pasaba por encima" de las casas con sangre en el dintel, y ningún niño de la casa sufría daño. Más tarde, Dios establecería una celebración anual de esta fiesta.

Dios le dio a Moisés instrucciones específicas sobre cómo los israelitas debían llevar a cabo esta fiesta especial. Dios le ordenó a Moisés que le dijera al pueblo que consiguiera un cordero, uno que fuera puro e inocente, sin mancha ni defecto, que sacrificarían a Dios. Era imperativo que todo el pueblo de Israel siguiera las instrucciones para esta fiesta porque cualquiera que no obedeciera sufriría el dolor de la muerte de un niño. Los israelitas debían comer el cordero junto con pan sin levadura (pan hecho rápidamente sin levadura). Dentro de cada hogar israelita, permanecían en silencio y comían todo el cordero. Lo que sobraba debía quemarse en fuego para que no quedara nada.

Por cada hogar que no tuviera la sangre del cordero en el dintel de la puerta, el ángel de la muerte mataría al primogénito varón. Cada hogar egipcio pagaría el precio. Lamentablemente, la muerte del primogénito del Faraón (el futuro rey) sería necesaria para que dejara ir a los israelitas.

¿Es ésta otra imagen de la vida de Jesús en la tierra? Le animo a que use su imaginación mientras le cuento la siguiente historia (Parte 3) y vea cómo se relaciona con la vida de Jesús la semana antes de su muerte. Observe si puede encontrar el paralelismo entre la Pascua y el propio sacrificio de Jesús en la cruz por nosotros muchos años después.

Preguntas para profundizar

- ¿Qué sucedió cuando Dios comenzó a realizar más milagros y a crear más problemas a los egipcios? Aunque satanás tiene poderes, Dios siempre obtendrá la victoria.
- ¿Ve cómo Dios estaba preparando a los israelitas para salir de Egipto (tanto para sus necesidades físicas como espirituales)? Aunque eran esclavos sin derecho a poseer nada, no saldrían de Egipto con las manos vacías. ¿Cómo lo hizo Dios?
- ¿A quién representa el cordero inocente?

Para estudio adicional

1. Santiago 4:7-8: Someteos, pues, a Dios; resistid al diablo, y huirá de vosotros. Acercaos a Dios, y él se acercará a vosotros. Pecadores, limpiad las manos; y vosotros los de doble ánimo, purificad vuestros corazones.

2. Juan 10:10: Satanás viene para hurtar y matar y destruir.
3. Efesios 6:10-12: Porque no tenemos lucha contra sangre y carne, sino contra principados, contra potestades, contra los gobernadores de las tinieblas de este siglo, contra huestes espirituales de maldad en las regiones celestes.
4. 1 Corintios 15:51-58: Cristo vendrá de nuevo por nosotros, y recibiremos nuestro cuerpo inmortal (eterno); la muerte será derrotada y la victoria será nuestra, gracias a Dios.
5. 1 Pedro 1:3-9: Tenemos una herencia reservada en el cielo y, mientras tanto, tendremos que sufrir varias pruebas y problemas.
6. Romanos 9:15: Dios le dice a Moisés: "Tendré misericordia del que yo tenga misericordia, y me compadeceré del que yo me compadezca". Dios levantó al Faraón para demostrar su poder y para que su nombre fuera proclamado en toda la tierra.
7. Romanos 5:3-5: Nuestras luchas construyen nuestra resistencia, lo que nos da un carácter probado y resulta en recibir la esperanza por la que nos esforzamos.

Moisés libera a Israel de Egipto: Parte 3

Éxodo 5-15

La primera Pascua

El Faraón cometió el error de desafiar a Dios demasiadas veces; como resultado, Dios decidió traer la décima y última plaga sobre Egipto. Como recordará en la última historia (Parte 2), el ángel debía ejecutar la sentencia de muerte impuesta por Dios. La noche debió ser muy espantosa. Los israelitas pudieron escuchar los gritos de dolor y tristeza en toda la tierra mientras el primogénito varón de cada familia egipcia moría a manos del ángel de la muerte. El ángel incluso entró en la casa del Faraón para dar muerte a su primogénito.

Pero todo estaba tranquilo en los hogares de los israelitas porque habían seguido las instrucciones de Dios. La sangre de un cordero para el sacrificio estaba marcada en el dintel de cada puerta, y cada familia comía el cordero y el pan sin levadura. Como parte de su plan, Dios dijo a los israelitas que recordaran este día y lo celebraran cada año. Esta celebración anual se conoce hoy como la Fiesta de la Pascua porque el ángel de la muerte "pasó por encima" de las casas de los israelitas. Sus hijos se salvaron como resultado de su obediencia a Dios. La fiesta sería un momento especial para recordar cómo sus familias se salvaron de la muerte gracias al sacrificio del cordero inocente.

Al final de la Parte 2, le pedí que considerara cómo este evento especial representa un reflejo de lo que Jesús hizo por nosotros muchos años después. Así es como yo veo el paralelismo. El cordero inocente representa a Jesús. El cordero fue sacrificado y su sangre se utilizó para proteger a los israelitas que creyeron y siguieron las instrucciones de Moisés de parte de Dios[1]. Dios orquestó un plan cuidadosamente diseñado para los israelitas la noche de la Pascua que predijo el plan de la muerte de Jesús para nosotros mil quinientos años después. Los que eligieron creer y seguir el plan de Dios se salvaron de la muerte, al igual que nosotros nos salvamos de la muerte espiritual (separación de Dios) cuando creemos que la sangre inocente que derramó Jesús nos salvará del castigo por nuestros pecados[2]. Escapamos del juicio y del castigo de Dios porque seguimos las instrucciones que Dios nos da[3].

Este retrato en particular tiene un significado aún más especial cuando entendemos que Jesús murió en la cruz el mismo día de la celebración anual de la Pascua. Es fascinante que el plan de Dios sea tan específico que, al igual que Dios dio instrucciones de que no se rompieran los huesos del cordero, no se rompió ningún hueso de Jesús cuando estaba en la cruz[4]. Y lo que es aún más sorprendente, estableció esta fiesta de la Pascua para conmemorar un acontecimiento pasado (el sacrificio del cordero inocente para salvar a los hijos de Israel) para predecir un acontecimiento futuro (el sacrificio de Jesús inocente para salvar a los hijos de Dios) que tendría lugar en la misma noche de la celebración anual de la Pascua[5].

Sin embargo, hay un lado muy triste en esta historia. También es una imagen de lo que les ocurre a los que no creen en el sacrificio de Jesús. El plan de Dios es que todos crean, pero mucha gente quiere vivir a su manera; Dios no es real para ellos. Así que, al igual que el juicio llegó a cada hogar egipcio sin la sangre del cordero en su puerta, el juicio llegará a aquellos que no están dispuestos a aceptar el sacrificio de Jesús por sus pecados. Este juicio se impone como muerte eterna, que es la separación eterna de Dios y el castigo eterno por todos los pecados cometidos durante su vida[6].

El Éxodo

Cuando llegó la mañana, el Faraón, en medio de su dolor y sufrimiento, ordenó al pueblo de Israel que se fuera de su vista. Oh, ¡qué día tan feliz para los israelitas! Les dijeron que se fueran, ya no eran esclavos; eran libres. ¿Alguna vez ha experimentado una alegría semejante? ¿El día que se casó? ¿El día en que nacieron sus hijos? ¿En la mejor Navidad del mundo?

Se les permitió empacar y abandonar Egipto para volver a la tierra de Canaán, la tierra prometida. A lo largo de los años, este día se ha conocido como el Éxodo. Fue un evento tan especial que Dios estableció una fiesta anual que se celebraría durante siete días llamada la Fiesta de los Panes sin Levadura. Los ácimos representaban la limpieza de Egipto y la esclavitud (la levadura representaba la impureza). Los israelitas empacaron rápidamente todas sus pertenencias junto con los regalos de oro, plata y ropa fina que recibieron de los egipcios. También se llevaron todos los conocimientos de los egipcios, que eran la nación más avanzada de su época. Y se dirigieron a la tierra prometida, que fluye leche y miel y que es libre para servir a Dios en los caminos que Él les trazará. Será un tiempo glorioso.

Un día los israelitas eran esclavos y al día siguiente se despertaron como personas libres. Lo mismo ocurre con nosotros. El día que aceptamos a Jesús como nuestro Señor y Salvador, nosotros también despertamos libres y limpios; libres del pecado y libres de la muerte (separación de Dios) y del castigo que conllevan nuestros pecados. Y tenemos la promesa de Dios de que tendremos una vida como herederos de Dios con Jesús por la eternidad[7]. Y nosotros también nos dirigimos hacia nuestra tierra prometida, el cielo, para un tiempo de alegría y acción de gracias.

Cuando el pueblo comenzó su Éxodo, Dios los llevó por el camino largo a través del desierto hasta el mar Rojo para evitar una guerra con sus nuevos vecinos, los filisteos. Aunque fue muy difícil viajar por el desierto, Dios estuvo con ellos todo el camino. Iba delante de su familia en una columna de nube durante el día y en una columna de fuego durante la noche para darles luz; ambas fueron dadas como señal de que los estaba guiando. De la misma manera, Dios nos ha dado el Espíritu Santo como una luz para guiarnos a través de nuestra vida aquí en la tierra. El Nuevo Testamento nos dice que el Espíritu Santo es Dios que viene a vivir en nosotros cuando invitamos a Jesús a nuestros corazones, lo que significa que creemos que Jesús murió y resucitó para salvarnos de los pecados que nos separaban de Él. ¿Ha invitado a Jesús a su corazón?

Se podría pensar que ya estamos listos para un final feliz. Sin embargo, el Faraón intentó una vez más tomar el control. Mientras se acercaban al mar Rojo, Dios le habló a Moisés para informarle de que el Faraón se arrepentiría de haber dejado ir a los israelitas. Sin ellos, ya no podría construir los templos, las tumbas y las pirámides que él y sus antepasados construyeron. Dios le dijo a Moisés: "El Faraón vendrá tras ustedes, pero yo seré honrado durante años por la gran victoria que se obtendrá sobre el Faraón y su ejército".

Moisés tenía fe, pero los israelitas no tenían tanta confianza porque estaban de espaldas al mar Rojo sin poder escapar. Todavía no habían aprendido a confiar en su Dios. Con las fuerzas del Faraón y sus carros acercándose a los israelitas, éstos tuvieron miedo y clamaron a Moisés:

"¿Por qué nos has traído al desierto para morir? Hubiéramos sido mucho más felices permaneciendo en Egipto como esclavos. Teníamos mucho que comer y estábamos a salvo. Y ahora vamos a morir, aquí mismo, en medio del desierto". Los israelitas aún tienen que aprender que Dios estaría con ellos. Tendrían que soportar mucho más antes de llegar a la tierra prometida. Es parte de la vida que se lleva aquí en la tierra.

Poco después de que seamos libres y aceptemos a Jesús como nuestro Señor y Salvador, como los israelitas, seremos probados. Nuestro enemigo, el diablo, o incluso nuestras propias debilidades, pueden hacernos sucumbir. Dios nos dice que puede haber muchas cosas que tengamos que soportar en nuestro camino al cielo[8]. Afortunadamente, como veremos en el mensaje siguiente, Dios entiende nuestras debilidades y nos guiará y protegerá incluso cuando flaqueemos durante nuestro viaje a "casa".

El Faraón es un enemigo formidable, pero Moisés está dispuesto a liberar a la Familia Escogida. Confiando en Dios, Moisés dice: "No temáis; estad firmes, y ved la salvación que Jehová hará hoy con vosotros".

La separación del mar Rojo

El Señor le habló a Moisés:

Levanta tu vara y extiende tu mano sobre el mar; yo dividiré el mar en dos mitades; entonces el pueblo de Israel pasará por el medio del mar Rojo con las aguas divididas. Entonces, cuando los egipcios vayan detrás, dejaré que las aguas caigan sobre ellos y así seré honrado porque se recordará durante años cómo Dios salvó a su pueblo; y cómo dividió el mar y, a la vez, destruyó el ejército del Faraón.

El ángel de Dios y la columna de nube que había estado guiando el campamento de Israel se movieron detrás de los israelitas, interponiéndose entre el campamento de Egipto y el de Israel. Así, los egipcios no podían acercarse a los israelitas porque la nube los protegía.

Entonces Moisés hizo lo que Dios le ordenó y extendió su mano sobre el mar, haciendo que las aguas retrocedieran y el mar se convirtiera en tierra seca. Las aguas quedaron como un muro tanto del lado izquierdo como del lado derecho. El pueblo de Israel pasó al otro lado del mar Rojo. Una vez que cruzaron al otro lado, la nube se retiró de entre los egipcios y los israelitas. Los carros del Faraón siguieron al pueblo de Israel hacia el mar Rojo, y cuando llegaron al medio del mar, Dios hizo que las ruedas de los carros se desviaran de manera que les fuera difícil conducir. Los egipcios dijeron: "Dios está luchando por ellos, así que regresemos y huyamos". Pero era demasiado tarde. Cuando se dieron la vuelta para regresar, las aguas se estrellaron contra ellos y ninguno de los carros sobrevivió. Así, el Señor salvó una vez más a Israel de la mano de los egipcios.

Cuando los israelitas vieron el gran poder que el Señor usó contra los egipcios, el pueblo temió al Señor y creyó en Él y en su siervo, Moisés. Cuando veamos los poderes de Dios realizados, nosotros también creeremos en Él; pero debemos tener fe en Él ahora en lugar de esperar hasta que Dios venga con su poder y su fuerza. Como dijo Jesús una vez a Tomás, su discípulo: "Pon aquí tu dedo, y mira mis manos; y acerca tu mano, y métela en mi costado; y no seas incrédulo, sino creyente". Y Tomás vio y creyó. Entonces Jesús le dijo: "Porque me has visto, Tomás, creíste; bienaventurados los que no vieron, y creyeron"[9]. Así que su mensaje es claro: acudamos todos a Jesús con fe y creamos.

A medida que creamos, veremos el poder de Dios manifestado en nosotros cuando demos los pasos de la fe. La fe no significa solo creer en Dios; también significa vivir de la manera en que la Biblia ordena, incluso cuando el mundo exige otras acciones. ¿Puede nombrar algunas situaciones en las que Dios dice una cosa, pero que otros le dicen otra muy distinta? Le daré unos ejemplos. ¿Quién dice "yo soy el número uno" y quién dice "pon a los demás antes que a ti mismo"? ¿Quién dice "me lo merezco y es mío" y quién dice "los primeros serán los últimos y los últimos serán los primeros"? El mundo dice que hay que ver para creer; la Biblia dice "porque por fe andamos, no por vista"[10].

Preguntas para profundizar

- Explique cómo la celebración de la Pascua se asemeja a Jesús perdonando nuestros pecados. ¿Qué debemos hacer para obtener el perdón?
- ¿Qué significa la Pascua para los creyentes de hoy? ¿Por qué los cristianos no celebran la Pascua hoy en día?
- ¿Podemos esperar que Jesús vuelva por nosotros? ¿Cómo cree que será cuando lo haga?

Para estudio adicional

1. En el Nuevo Testamento aprendemos que el cordero inocente representa a Jesús y su sacrificio en la cruz para salvarnos. El cordero era un sustituto que anunciaba la venida de Jesús. Como Cordero de Dios, Jesús se convirtió en nuestro sustituto para salvarnos de nuestros pecados y del castigo requerido por los pecados que cometimos.
   a. Juan 1:29-36
   b. 1 Pedro 1:17-21

   c. Apocalipsis 5:6-13
   d. Apocalipsis 12:11
   e. Apocalipsis 22:1-3
2. Nos salvamos del castigo y de la muerte espiritual cuando creemos que el inocente y puro Jesús murió en la cruz y resucitó para salvarnos.
   a. Hebreos 7:25-27: El inocente Jesús murió una sola vez por todos.
   b. Romanos 3:23-25: Nuestros pecados son "pasados por alto" debido a Jesús.
3. Mateo 25:31-40: Los creyentes que ayudaron a sus semejantes fueron acogidos en el reino de Dios preparado para ellos (nosotros) desde la fundación del mundo.
4. Juan 19:31-37: Los soldados vinieron a romperle las piernas a Jesús, pero vieron que ya estaba muerto y prefirieron no romperle los huesos.
5. La fiesta de la Pascua comenzó la noche en que Dios liberó a los israelitas de Egipto. Era un símbolo de un acontecimiento mucho más importante, aproximadamente mil quinientos años después, cuando en la misma noche de la celebración de la Pascua Jesús yacía en la tumba después de haber sido sacrificado en la cruz por nosotros, y por lo tanto el ángel de la muerte ahora "pasa por encima" de nosotros y podemos entrar en la vida eterna con el Padre, el Hijo y el Espíritu Santo.
   a. Mateo 26:17
   b. Juan 19:14-16, 30-31, 40-42
6. El juicio y el castigo eterno llegan a todos los que eligen desobedecer el llamado de Dios a creer en su Hijo, Jesús, y que Él murió y resucitó para salvarnos.
   a. 2 Tesalonicenses 1:5-10
   b. 2 Pedro 3:9
   c. Judas 1:7
   d. Mateo 22:1-13
   e. Mateo 25:31, 41-46
   f. Juan 5:24-27
7. Cuando aceptamos a Jesús como nuestro Señor y Salvador, tenemos el regalo gratuito de Dios de la vida eterna, y también, somos coherederos con Jesús.
   a. Romanos 10:9: Si confesares con tu boca que Jesús es el Señor, y creyeres en tu corazón que Dios le levantó de los muertos, serás salvo.
   b. Romanos 6:23: Porque la paga del pecado es muerte, mas la dádiva de Dios es vida eterna.
   c. Romanos 8:16-17: El Espíritu mismo da testimonio a nuestro espíritu, de que somos hijos de Dios. Y si hijos, también herederos; herederos de Dios y coherederos con Cristo, si es que padecemos juntamente con él.
8. 1 Pedro 4:12-13: Amados, no os sorprendáis del fuego de prueba que os ha sobrevenido, como si alguna cosa extraña os aconteciese, sino gozaos por cuanto sois participantes de los padecimientos de Cristo, para que también en la revelación de su gloria os gocéis con gran alegría.

9. Juan 20:26-29: Tomás dudó de que Jesús hubiera resucitado de entre los muertos hasta que vio las manos con los clavos y el costado traspasado. Tomás fue bendecido por creer, pero también son bendecidos los que no ven, pero creen.
10. 2 Corintios 5:7: Camine por la fe, no por la vista, lo que significa seguir los caminos de Dios y no lo que ve que hace el mundo.

Moisés e Israel caminan por el desierto

Éxodo 15-31; Deuteronomio 5-6, 27-30

El pueblo escogido de Dios

El pueblo de Israel, la familia escogida por Dios, estaba a salvo del Faraón y su ejército. Para llegar a la tierra prometida, los israelitas tuvieron que viajar muchos días a través del desierto, donde es muy difícil encontrar agua. Así que no pasó mucho tiempo antes de que el pueblo comenzara a quejarse a Moisés, preguntándole por qué los había sacado de sus hogares seguros a este desierto. Sentían que iban a morir por falta de comida y agua. Esta gente había sido esclava durante muchos años, así que estaban acostumbrados a que alguien les dijera lo que tenían que hacer. Ahora tenían que aprender a vivir por su cuenta, y vivir en el desierto era un lugar difícil para aprender. Desde el primer momento, Dios estaba tratando de enseñar a su pueblo a tener fe en Él y en Moisés, el líder elegido por Dios.

Moisés le habló al pueblo diciendo:

Si escuchan la voz de Dios y hacen todo lo que les dice, los protegerá y atenderá todas sus necesidades.

Los israelitas pronto llegaron a un manantial de agua que era amarga y no apta para beber. Para mostrar el poder de Dios, Moisés arrojó un pequeño árbol al agua y ésta se volvió dulce y buena para beber. Sin embargo, pronto volvieron a quedarse sin agua y, en lugar de tener fe en Dios y en Moisés, el pueblo volvió a quejarse y a refunfuñar.

Muy a menudo somos como este pueblo de Israel. Nos quejamos y refunfuñamos por lo que no tenemos y nos preocupamos demasiado por los problemas que encontramos[1]. Sin embargo, Dios nos llama a tener fe y a depender de Él para suplir todas nuestras necesidades según sus riquezas en gloria en Cristo Jesús, nuestro Señor y Salvador[2].

Maná del cielo

Nuestro Dios es un Dios bondadoso y misericordioso que nos perdona y viene a rescatarnos como lo hizo con el pueblo de Israel. Dios cuida de su familia, antes y ahora. Cuando el pueblo clamó a Moisés, Dios lo liberó de manera poderosa y gloriosa. El Señor le dijo a Moisés:

He oído el clamor de mi pueblo. Dispondré para ustedes pan del cielo por las mañanas y el pueblo saldrá a recoger la porción de un día cada día. Pero es importante que sigan mis instrucciones.

Así que a la mañana siguiente, cuando el pueblo de Israel se despertó, salió de sus tiendas y encontró un pan dulce que cubría el suelo como el rocío. La Biblia llama a este nutritivo pan maná del cielo. Dios dio a su pueblo instrucciones muy específicas: debían recoger todo el pan que necesitaran para ese día y nada más. Quería que tuvieran confianza en que Él proveería sus necesidades cada día, un día a la vez. Sin embargo, como mucha gente tenía miedo de que no hubiera más pan al día siguiente, recogieron mucho más de lo que necesitaban para un día.

Cuando se despertaron a la mañana siguiente para comer el pan sobrante, descubrieron que estaba lleno de gusanos. Los que habían recogido solo el pan suficiente para el día anterior, se despertaron para encontrar pan fresco en el suelo. Como aprendimos de los Diez Mandamientos, Dios estableció el sábado como día de descanso, llamado Shabbat. Como no quería que trabajasen en Shabbat, el pueblo recibió instrucciones de recoger lo suficiente para dos días, ya que el maná del viernes duraba hasta el Shabbat.

Qué gran lección aprendemos sobre Dios y nuestras necesidades[3]. Queremos tener el control y hacer las cosas a nuestra manera, a pesar de que Él nos dice una y otra vez a través de estas historias que si dependemos de Él, nos proveerá de todas nuestras necesidades e incluso más. Jesús dijo a sus seguidores que sus antepasados comieron maná, pero murieron; y que quien lo acepte, será su pan de vida que durará para siempre[4]. ¿Por qué no darle una oportunidad a Jesús, empezando ahora mismo?

En una historia posterior, aprenderemos que el pueblo de Israel pasó cuarenta años vagando por el desierto porque no estaban dispuestos a tener fe y confiar en que Dios les ayudaría a regresar a su tierra prometida. Pero aunque fueron desobedientes, Dios fue fiel al darles pan cada mañana durante los cuarenta años en el desierto, y cada vez que se les acababa el agua, Dios les proporcionaba una nueva fuente. Por ejemplo, leímos anteriormente que Dios instruyó a Moisés para que arrojara un árbol en el agua para limpiarla. En otra ocasión hizo que Moisés golpeara una roca y el agua salió de la roca. Y en otra ocasión Moisés golpeó la tierra y de nuevo apareció agua. Por las tardes, cuando necesitaban carne, Dios hacía volar una bandada de codornices hacia el campamento para que pudieran recogerlas y tener carne fresca para comer con su pan.

¿Milagros? ¿Qué milagros?

Debido a que Dios realizó tantos milagros para su familia, puede resultar difícil creer que esta gente se rebelara contra Él tan a menudo y tan rápidamente. Primero fueron testigos de la serie de plagas que Dios trajo sobre los egipcios; luego vieron el poder de Dios cuando partió el mar Rojo e hizo que el muro de agua se derrumbara sobre el ejército egipcio, matando así al enemigo de los israelitas. Después, en el desierto, Dios les dio agua cuando la necesitaban y les proporcionó maná del cielo cada mañana. Incluso les proporcionó carne enviando una bandada de codornices que volaban hacia su campamento. Entonces, ¿cómo pudieron olvidar tan fácilmente las provisiones de Dios? Hace años, había muchas cosas que la gente no entendía. Muchos acontecimientos inexplicables se consideraban milagros causados por los dioses del cielo y no solo por un Dios. No podían comprender que su Dios era el único Dios verdadero. Además, los israelitas eran un pueblo duro y egoísta que no sabía lo que significaba confiar plenamente en Dios y tener fe en Él.

Creo que hoy en día a menudo caemos en la misma trampa en la que nos convertimos en un esclavo de nuestro estilo de vida. Piense en lo que significa realmente ser "esclavo de nuestro estilo de vida". Se nos da demasiado y, sin embargo, esperamos más; nos quejamos y protestamos si no conseguimos lo que queremos, cuando lo queremos. Queremos depender de nosotros mismos y no de Dios. Y luego, cuando las cosas no nos salen bien, podemos decir que es culpa de Dios. Así como los israelitas se volvieron a otros dioses, nosotros nos volvemos a las cosas materiales de este mundo (computadoras, videojuegos, ropa, estrellas de rock, etc.). De alguna manera, nunca entendemos nuestros caminos errantes y, con demasiada frecuencia, sufrimos innecesariamente[5]. Dios está tratando de mostrarnos que si sufrimos a su manera, saldremos victoriosos[6]. El camino de Dios trata en depender de Él y buscar en Él todas nuestras necesidades. Jesús nos dice que no debemos preocuparnos por lo que vamos a comer, lo que vamos a beber o la ropa que vamos a vestir, porque Dios se encargará de todo esto[3]. Cuando buscamos a Dios, lo encontraremos; lleva tiempo, esfuerzo y a veces sufrimiento, pero ¡vale la pena!

Preguntas para profundizar

- A medida que lea esta historia y el resto del Antiguo Testamento, verá que el pueblo escogido por Dios (los israelitas) se aleja continuamente de Dios y vuelve a caer en sus viejas costumbres, incluso cuando Dios realizó milagros increíbles unos años o incluso unos días antes. ¿Cómo podría alguien no seguir a Dios después de verlo partir el mar Rojo? Desgraciadamente, no somos mejores que los israelitas. Nosotros también olvidamos muy pronto cuántas bendiciones nos ha dado Dios. También nos quejamos cuando no conseguimos lo que queremos. ¿Puede dar algunos ejemplos? ¿Es usted un gruñón o un quejoso? Piense en cambiar su actitud y verá cómo las cosas pueden mejorar.
- ¿Qué opina de este maná del cielo? Tal vez no haya experimentado nada tan dramático como la comida frente a su puerta todos los días, pero ¿alguna vez Dios le ha entregado algo especial?
- Dios es misericordioso y lo perdonará siempre que esté dispuesto a pedirle perdón. Piense en lo que debería cambiar. ¿Pasa demasiado tiempo siendo egoísta con demasiadas cosas cuando podría dedicar más tiempo a Dios?

Para estudio adicional

1. Filipenses 2:14–15: Haced todo sin murmuraciones y contiendas, para que seáis irreprensibles y sencillos, hijos de Dios.
2. Filipenses 4:19: Mi Dios, pues, suplirá todo lo que os falta conforme a sus riquezas.
3. Mateo 6:25-34: Tenemos que dejar que Dios tenga el control y no preocuparnos por las cosas básicas que necesitamos en la vida.
4. Juan 6:48-51: Jesús dijo: "Yo soy el pan de vida. Vuestros padres (ancestros) comieron el maná en el desierto, y murieron. Este es el pan que desciende del cielo, para que el que de él come, no muera; si alguno comiere de este pan, vivirá para siempre".
5. 1 Pedro 4:13-14: Gozaos por cuanto sois participantes de los padecimientos de Cristo, para que también en la revelación de su gloria os gocéis con gran alegría. Si sois vituperados por el nombre de Cristo, sois bienaventurados.
6. 1 Pedro 5:10: Mas el Dios de toda gracia, que nos llamó a su gloria eterna en Jesucristo, después que hayáis padecido un poco de tiempo, él mismo os perfeccione, afirme, fortalezca y establezca.

Moisés recibe los diez mandamientos

Éxodo 15-31; Deuteronomio 5-6, 27-30

Los diez mandamientos

Ahora que los israelitas ya no eran esclavos y que estaban muy lejos de Egipto, necesitaban alguna dirección. Estaban acostumbrados a que les dijeran lo que tenían que hacer cada día. A veces el exceso de libertad es tan problemático como el exceso de control, como un adolescente al que sus padres dejan solo el fin de semana. Muchos adolescentes se aprovecharían de la situación y se meterían en problemas. ¿Por qué parece que los atrapan a menudo?

Así que para que los israelitas fueran la familia de Dios, necesitaban seguir una lista de reglas que los diferenciara de los demás pueblos de la tierra. Dios los llamó a su manera de ver las cosas. Dios llamó a Moisés a una montaña llamada Monte Sinaí, donde le dio instrucciones para los israelitas. Además de los famosos Diez Mandamientos, Dios le dio a Moisés muchas otras leyes y reglas para que los israelitas las siguieran.

Estas reglas, conocidas como las Leyes de Moisés, no pretendían dificultar la vida ni hacer sufrir a su pueblo, sino protegerlo y mantenerlo a salvo y enseñarle a convivir de forma feliz y armoniosa. Veamos los Diez Mandamientos y descubramos por qué son una guía maravillosa para vivir.

1. No tendrás dioses ajenos delante de mí (Dios).
2. No te harás imagen. No te inclinarás a ellas, ni las honrarás (porque es un Dios celoso y ordena que le adoremos solo a Él).
3. No tomarás el nombre de Jehová tu Dios en vano (es decir, no diga nunca el nombre de Dios de forma irrespetuosa).
4. Acuérdate del día de reposo para santificarlo (el pueblo de Dios debía tomar el sábado y convertirlo en un día para adorar a Dios y no para trabajar; en el Génesis aprendimos que Dios descansó en el séptimo día y dijo que su familia también necesitaba descansar).
5. Honra a tu padre y a tu madre (obsérvese que este mandamiento viene acompañado de la promesa de que si honramos a nuestro padre y a nuestra madre, podremos vivir una larga vida).
6. No matarás.
7. No cometerás adulterio (incluye ser fiel en su matrimonio).
8. No hurtarás.
9. No hablarás contra tu prójimo falso testimonio (no diga mentiras sobre otras personas).
10. No codiciarás nada de lo que pertenece a tu prójimo (es decir, no desee lo que tiene otro hasta el punto de hacer las cosas mal y actuar de forma incorrecta; no tenga envidia de lo que tienen los demás y no pase el tiempo pensando y tratando de poseer lo que ellos tienen).

Aunque Dios les dio a los israelitas muchas otras reglas y mandamientos, si pudiéramos aprender a vivir según estas diez reglas, nuestra vida con nuestros semejantes sería mucho mejor y mucho más agradable. Podemos separar los Diez Mandamientos en dos categorías: nuestra relación con Dios y nuestra relación con los demás.

Los cuatro primeros mandamientos se refieren a nuestra relación con Dios. Quiere que lo reconozcamos como el único Dios y que no adoremos otras cosas u otros dioses. Solo debemos pronunciar su nombre con reverencia y respeto por lo que es y no con frustración o de forma fea. Se nos instruye a dedicar un día para honrar y adorar a Dios. Jesús dijo que nuestros cuerpos debían descansar y no trabajar todo el tiempo y darnos cuenta de lo maravilloso que es el Dios que tenemos y darle honor adorándolo.

Los últimos seis mandamientos forman una segunda categoría. Estos seis mandamientos se refieren a nuestra relación con los demás: cada uno de ellos nos instruye sobre cómo tratar a los demás de la misma manera que nos gustaría ser tratados.

Vuelva a leer los últimos seis mandamientos para entender mejor la forma en que debe actuar con los demás.

Observe que obedecer a su padre y a su madre es tan importante para Dios que a los que los honran se les promete una larga vida. Esto es cierto sin importar nuestra edad. Cuando nos convertimos en adultos, también miramos a Dios como nuestro Padre que necesita ser obedecido. Como muestra la siguiente anécdota, incluso a una edad temprana pensamos que sabemos más y empezamos a encargarnos de las cosas con nuestras propias fuerzas.

Cuando tenía cinco años, pensaba que jugar con fósforos era emocionante. No entendía por qué mis padres no me dejaban divertirme encendiendo y apagando los fósforos. Entendía que el fuego podía quemar y sabía cómo ser cuidadoso, o eso creía. Sin embargo, no se me permitía ni siquiera sostener la caja, y mucho menos encender el fósforo sin que mis padres estuvieran a mi lado. Así que un día, cuando mi madre estaba en la parte de atrás de la casa, tuve la oportunidad de divertirme como creía que merecía.

Agarré la caja y salí por la puerta hacia uno de mis árboles favoritos. Era un gran escondite, con lianas que crecían en lo alto del árbol y llegaban hasta el suelo; parecía un tipi indio. Había un agujero lo suficientemente grande como para poder arrastrarme y esconderme. Era un lugar estupendo para divertirme con los fósforos. Era otoño y las hojas habían empezado a caer y las vides ya no eran verdes sino oscuras y secas; aún así, era el escondite perfecto. Encendí los primeros fósforos y vi cómo el fuego iluminaba el oscuro escondite. Apagaba cada uno y encendía otro. Al parecer, no tuve tanto cuidado al apagar el fósforo. Con las vides tan secas, de repente se incendiaron, y antes de darme cuenta el árbol estaba ardiendo.

Tuve mucha suerte de no quemarme, al menos por el fuego. Pronto apareció todo el vecindario para ver el fuego. Para entonces los bomberos también habían llegado y apagaron el fuego antes de que llegara a nuestra casa. Al principio vi la mirada asustada de mi madre. Pero poco después de ver que yo no había sufrido ningún daño, su miedo se convirtió en indignación. ¿Adivine a quién dirigió toda su furia? Sin duda estaba en serios problemas. Mi trasero se llenó de ampollas debido a la tremenda paliza que recibí. Había aprendido la lección. En la actualidad sigo teniendo mucho cuidado con los fósforos. No fue solo por el castigo que recibí, sino por el recuerdo de lo poderoso que era ese fuego y lo rápido que se había apoderado de mí. También aprendí que mis padres sabían cosas que yo no, así que quizá debí haber prestado más atención.

Estoy seguro de que podemos ver por qué los padres disciplinan a un niño de tres años cuando intenta correr en la calle. No entienden el peligro. Por eso, hasta que puedan comprender el peligro que puede ocurrir, el miedo al castigo puede hacer que no se acerquen al peligro. A medida que crecemos seguimos pensando que sabemos más que nuestros padres. Aunque a veces los padres se equivocan, las lecciones de la vida demuestran que tienen razón mucho más a menudo de lo que se equivocan. Así que este quinto mandamiento es por nuestro propio bien; no es para evitar que nos divirtamos.

E incluso más allá de nuestros padres, Dios sabe más que nosotros. Por eso, cuando nos dice que debemos ser amables con nuestros enemigos y dejar que alguien se aproveche de nosotros, no tiene sentido. Pero nosotros, incluyendo a los padres, a los adultos y a los adolescentes, necesitamos recordar que debemos seguir las reglas de Dios para no ser atropellados cuando corramos por las calles de la vida o nos quememos con los fósforos.

Para muchos, a medida que envejecemos empeoramos, no mejoramos. Es más difícil porque no tenemos a nuestros padres vigilándonos de reojo. Aprendemos a disimular y, sin embargo, nos encontramos con muchos errores que tenemos que pagar. Si tan solo aprendiéramos a escuchar a Dios.

Jesús habló sobre estos Diez Mandamientos de otra manera cuando le preguntaron: "¿Cuál es el mayor mandamiento?". Citó un versículo en Deuteronomio 6:5: "Y amarás a Jehová tu Dios de todo tu corazón, y de toda tu alma, y con todas tus fuerzas". Esto es realmente un gran resumen de los primeros cuatro mandamientos. Y luego Jesús dijo que el segundo mandamiento más grande va de la mano con el más grande. Dijo: "Amarás a tu prójimo como a ti mismo", que es un maravilloso resumen de los últimos seis mandamientos[1]. Si seguimos la Regla de Oro, "hacer a los demás lo que queremos que nos hagan a nosotros"[2], entonces ciertamente no querremos matar a nadie, ni robar, ni mentir, ni hacer nada que sea perjudicial o injusto para los demás.

Aplicando estas leyes en nuestras vidas

Si queremos vivir según estas reglas, debemos olvidar la forma en que este mundo nos enseña a comportarnos. Debemos aprender a poner a los demás antes que a nosotros mismos[3]. Este mundo nos enseña a poner nuestros deseos por delante de lo que necesitan los demás, y nos hace creer que merecemos todo lo que queremos y que debemos odiar a nuestros enemigos. Cuando alguien nos trata mal, es difícil responder de forma amable. ¿Por qué habríamos de seguir las instrucciones de Jesús cuando dijo "cuando alguien te pegue, deja que lo haga de nuevo"?[4] ¿Por qué deberíamos ser amables con los que no son nuestros amigos? Porque esto es exactamente lo que Jesús hizo por nosotros. Veamos cómo lo hizo.

Dios nos sigue amando, cuidando y proveyendo, incluso cuando tratamos mal a los demás y no pensamos en Él como deberíamos. Incluso envió a Jesús, su Hijo, para que muriera por nosotros y recibiera el castigo que merecemos. Como resultado, todos los que creen en Él pueden vivir con Él en la vida después de ésta. Así que si Él puede hacer todo esto por nosotros, se espera que actuemos de la misma manera con los demás. Lo maravilloso de poner a los demás por delante de nosotros mismos es que, cuando seguimos a Dios en este difícil camino, nos promete que la recompensa que recibiremos será tan grande que valdrá la pena cualquier cosa a la que hayamos tenido que renunciar para obedecer.

Las bendiciones especiales vinieron junto con todas las leyes especiales que Dios proveyó para su familia escogida. Dios entró en un pacto (acuerdo especial) con su pueblo. Si estaban dispuestos a seguir estas reglas, les prometió que llovería en sus cultivos agrícolas, su ganado no se enfermaría, sus hijos serían felices y no pelearían ni se quejarían con ellos, sus enemigos no les harían daño y serían ricos y exitosos. En términos actuales, esto significaría que Dios prometió una gran casa con una piscina en el patio trasero, autos deportivos de lujo, varios Xbox, juegos de Nintendo DS, teléfonos inteligentes y iPads para que todos los usen, mucho dinero para conseguir todo lo que quisiera, incluyendo viajes a Disney World o cualquier otro lugar especial de vacaciones y, aún más sorprendente, que sus hermanos y hermanas serían amables con usted.

Esto parece un acuerdo maravilloso. Por desgracia, hay otra parte en el acuerdo. Si la gente no obedecía las reglas, entonces no llovería en las cosechas de la granja, su ganado enfermaría, sus hijos se pelearían y quejarían entre sí y con sus padres, sus enemigos les harían daño y serían pobres y no tendrían éxito. Entonces, ¿qué cree que haría usted? Estoy seguro de que todos planearíamos obedecer las reglas, pero nos resulta tan difícil hacer lo que no nos sale de forma natural. Queremos lo que tienen los demás y, a veces, hacemos cualquier cosa para conseguirlo. Es muy difícil levantarse e ir a la iglesia, y es difícil ser amable con los que nos tratan mal. ¿Y realmente tengo que ser amable con mi hermano? ¿O con mi hermana? Nos volvemos egoístas y, aunque tengamos la intención de seguir las reglas de Dios, simplemente no podemos hacerlo.

Una vez que la humanidad demostró que no podía hacerlo por sí misma, Dios estaba dispuesto a enviar a Jesús y cambiar el acuerdo. Esta vez el acuerdo sería perfecto. Dios y Jesús lo harían todo por nosotros. Esta vez no tenemos reglas que seguir. Nuestro único trabajo es creer que Jesus murió por nosotros y resucitó para preparar un lugar para nosotros con Dios por la eternidad. Sin embargo, en lugar de piscinas y autos de lujo, sus promesas son mejores. Son paz, paciencia, bondad, amor y autocontrol. Lo mejor de todo es que nos promete la vida eterna con Él. Y luego obtenemos todas las recompensas y bendiciones que un Dios poderoso y potente podría darnos a cada uno de nosotros. Si pudiéramos olvidarnos de lo que queremos y seguir a Dios, nuestras vidas serían mucho más maravillosas, mucho más significativas y mucho más agradables a Dios.

Preguntas para profundizar

- ¿Cuál de los Diez Mandamientos le resulta difícil de cumplir? ¿Con qué frecuencia dice "hoy no quiero ir a la iglesia" (mandamiento #4)? ¿Qué le parece honrar (obedecer) a su padre y a su madre (mandamiento #5)? ¿Alguna vez ha sentido celos de algo que un amigo tiene y que usted no tiene? "Por favor, mamá, realmente necesito ese nuevo juego; ¡todos mis amigos lo tienen!" (mandamiento #10).

- ¿Cómo el hecho de amar a Dios correctamente se refleja en los cuatro primeros mandamientos?
- ¿Cómo se compara amar al prójimo como a uno mismo con los últimos seis mandamientos? ¿Significa esto ser amable incluso cuando alguien lo trata mal primero? Será difícil para nosotros hacerlo, pero Jesús lo hizo, así que deberíamos esforzarnos por hacer lo mismo.

Para estudio adicional

1. Mateo 22:37-40: Jesús le dijo: Amarás al Señor tu Dios con todo tu corazón, y con toda tu alma, y con toda tu mente. Este es el primero y grande mandamiento. Y el segundo es semejante: Amarás a tu prójimo como a ti mismo. De estos dos mandamientos depende toda la ley y los profetas.
2. Lucas 6:31: Y como queréis que hagan los hombres con vosotros, así también haced vosotros con ellos.
3. Filipenses 2:3-4: Nada hagáis por contienda o por vanagloria; antes bien con humildad, estimando cada uno a los demás como superiores a él mismo; no mirando cada uno por lo suyo propio, sino cada cual también por lo de los otros.
4. Lucas 6:29-30: Al que te hiera en una mejilla, preséntale también la otra; y al que te quite la capa, ni aun la túnica le niegues. A cualquiera que te pida, dale; y al que tome lo que es tuyo, no pidas que te lo devuelva.

Las leyes de Moisés para un pueblo elegido pecador

Éxodo 32, Levítico, Números y Deuteronomio

El resto de los cinco primeros libros de la Biblia son en su mayoría detalles de las leyes que Dios dio a Moisés, muchas de las cuales ya no se aplican a nosotros en la actualidad. Sin embargo, dentro de las propias leyes, Dios transmite un mensaje maravilloso. No solo dio instrucciones para que el pueblo de Israel viviera su vida diaria, sino que también dibujó su mundo (simbólicamente)[1] y cómo traería a su propio Hijo a nuestro mundo para liberarnos del mal que no podemos derrotar por nuestra cuenta[2]. Entre los detalles de todas estas leyes hay varias historias dispersas, interesantes y significativas que a menudo el lector casual de la Biblia pasa por alto. Es fácil aburrirse con los detalles y perder el interés al leer la última mitad de Éxodo, Levítico, Números y Deuteronomio. Desgraciadamente, cuando perdemos el interés no vemos el significado de lo que Dios está tratando de revelarnos.

En su mayor parte, los detalles de estas leyes son para otro estudio y no serán cubiertos en este Libro de estudio bíblico para la familia; sin embargo, veremos de manera breve las únicas historias escondidas entre los detalles de estas leyes mientras consideramos para quiénes fueron escritas las leyes.

El becerro de oro

Mientras Moisés estaba en el monte recibiendo las leyes de Dios[3], el pueblo de Israel se cansaba y perdía la paciencia. Incluso empezaron a temer que Moisés estuviera muerto o que simplemente los hubiera abandonado. Se parecían mucho a nosotros cuando nos cansamos de leer los detalles de las leyes mosaicas. Empezamos a perder nuestro interés y dejamos a Dios de lado, diciendo que la Biblia es demasiado aburrida o demasiado difícil de entender y la colocamos en un estante para que se empolve. A menudo comenzamos a enfocarnos en otras cosas que no son de Dios, y caemos en el pecado.

Eso es justo lo que le ocurrió al pueblo de Israel, que empezó a clamar a Aarón diciendo: "hagamos un ídolo de oro, un becerro de oro, y este becerro será nuestro dios que nos sacó de la tierra de Egipto". El pueblo no podía acostumbrarse a un Dios invisible, aunque hubiera pruebas a su alrededor de su existencia. Y querían bailar y hacer una fiesta. Estaban cansados de esperar a que Moisés bajara del monte. Qué rápido habían olvidado los milagros: las plagas en Egipto, el ángel de la muerte "pasando por encima" de ellos, la separación del mar Rojo y el maná del cielo. Al igual que los israelitas, nos olvidamos demasiado rápido de nuestro Dios y volvemos a las cosas con las que nos sentimos más cómodos, incluso cuando esa comodidad nos esclaviza y nos hace dejar al Dios que amamos y, más aún, al Dios que nos ama[4].

Creo que a nosotros también nos cuesta mucho tener un Dios invisible. Preferimos ver las cosas. Y queremos estar entretenidos. ¿Puede pensar en ocasiones en las que no quería ir a la iglesia o se aburría durante los servicios de adoración? ¿Cuánto de su aburrimiento fue causado por su actitud? En lugar de alejarse de Dios o actuar con aburrimiento, deje que su mente piense en lo maravilloso que es Dios con una actitud de agradecimiento hacia Él. Debemos ir a la iglesia no para entretenernos sino para adorar a Dios. Si usted hace esto, usted será bendecido.

Por desgracia, Aarón fue víctima de los gritos del pueblo y ayudó a construir el becerro de oro. Cuando Dios vio lo que su pueblo había hecho, se enfadó tanto con ellos que amenazó con matarlos a todos y levantar otra nación bajo el mando de Moisés[5]. Dios envió a Moisés desde el monte. Moisés suplicó a Dios que le diera al pueblo otra oportunidad para que los egipcios no pudieran decir que Dios sacó a los israelitas de Egipto solo para matarlos en el desierto. Moisés dijo: "Acuérdate de Abraham, Isaac e Israel, tus siervos, a quienes prometiste que sus descendientes serían tu pueblo". Dios escuchó las súplicas de Moisés y accedió a darles otra oportunidad.

Ahora, Josué, la mano derecha de Moisés, no se unió al pueblo de Israel para hacer el becerro de oro. Se sentó al pie del monte a esperar a Moisés. Cuando Moisés se acercó a Josué con las tablas en las que Dios había escrito los Diez Mandamientos, Josué le contó a Moisés oyó un fuerte grito que procedía del campamento. Moisés respondió que no era un grito de triunfo del pueblo, sino un grito de derrota. Cuando Moisés se acercó al campamento, vio al pueblo danzando ante el becerro de oro y estalló de ira. Arrojó las tablas y las hizo añicos al pie del monte. Quemó el becerro de oro, lo redujo al polvo y lo esparció sobre la superficie del agua, y luego hizo que los hijos de Israel bebieran el agua.

Después, Moisés dirigió su atención hacia su hermano Aarón y le preguntó: "¿Qué te ha hecho este pueblo, que has traído sobre él tan gran pecado?". Aarón, por supuesto, culpó al pueblo. Aarón señaló con el dedo a los demás en lugar de admitir su propio error. Es cierto, el pueblo fue el que lo convenció de guiarlos, pero fue su elección unirse a ellos. Es interesante notar que Dios perdonó a Aarón, ya que más adelante en esta historia conoceremos los planes especiales que Dios tenía para Aarón y su familia.

¿Alguna vez ha intentado culpar a otra persona aunque haya sido usted quien se equivocó? Hay una tendencia natural de evitar asumir la culpa. Pero a Dios le agrada mucho más cuando le decimos que lamentamos nuestros errores y dejamos que se encargue de los pecados de los demás.

Moisés llamó al pueblo al arrepentimiento, y su familia, la tribu de Leví, fue la primera en unirse a él. Moisés envió a los levitas a las otras tribus de Israel para que mataran a todos los que no estaban dispuestos a arrepentirse. Aproximadamente tres mil hombres fueron asesinados ese día. Moisés reunió al pueblo a su alrededor y los llamó a sacrificar ofrendas al Señor en señal de arrepentimiento junto con su promesa de adorar a Dios y solo a Dios.

¿Quién es Leví y quiénes son los levitas?

Ahora, como se acaba de mencionar, Moisés era de la familia de Leví que, como recordará, era uno de los doce hijos de Jacob. Dios cambió el nombre de Jacob por el de Israel, y los doce hijos de Israel iban a ser la familia escogida de Dios. Debido al liderazgo de Moisés y Aarón, Dios dio el privilegio especial del sacerdocio a la familia de Leví. De hecho, de la familia de Aarón saldrían los sacerdotes y los otros miembros de la familia de Leví apoyarían a los sacerdotes en sus deberes. Si comparamos esto con nuestras iglesias de hoy en día, la familia de Aarón representaría a los predicadores y los otros miembros de la familia de Leví serían los directores de música, los cantantes, los líderes de jóvenes, los asistentes administrativos y el personal de finanzas necesario para realizar todas las tareas de apoyo requeridas para el funcionamiento de la iglesia.

El deber más importante de los levitas era representar a los israelitas ante Dios. Los sacerdotes ofrecían sacrificios de animales y granos como forma de solicitar el perdón de los pecados para el pueblo. Los sacrificios se realizaban en el tabernáculo, una estructura móvil cubierta por una gran tienda construida a partir de instrucciones especiales dadas por Dios. Dentro del tabernáculo estaba el Arca de la Alianza. Esta arca era una caja de oro con dos ángeles enfrentados en la parte superior. El arca contenía recordatorios del cuidado de Dios hacia su familia escogida, incluyendo el maná, las tablas de piedra de los Diez Mandamientos y la vara de Aarón como jefe del sacerdocio. Era aquí donde Moisés visitaba regularmente a Dios. Aprenderemos más sobre el tabernáculo y el arca en historias posteriores.

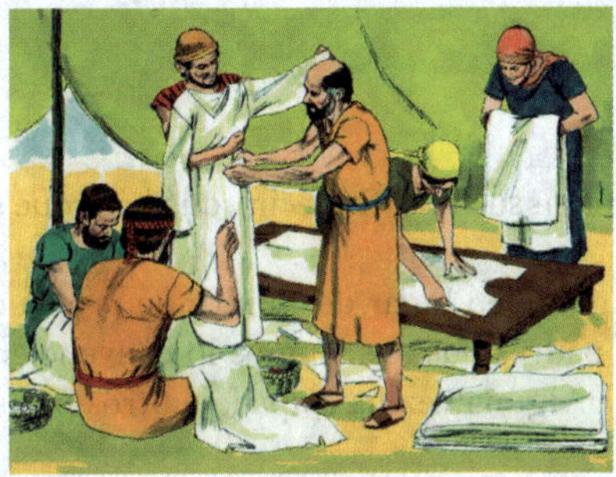

En la época del Antiguo Testamento, los deberes de apoyo de los levitas incluían el lavado y la matanza de los animales que iban a ser sacrificados y ofrecidos a Dios y la preparación de las ofrendas de grano e incienso. El canto era la mejor manera de enseñar las historias y las leyes porque la mayoría de la gente no sabía leer ni escribir. La mayoría de la gente responde a la música, y es una forma útil de enseñar. Por ejemplo, ¿a cuántos de ustedes les gusta escuchar música y se saben la letra de las canciones? Cuando se toca la música se puede cantar la letra, pero no se puede recordar la letra sin la música. Por lo tanto, los directores de música y los miembros del coro tenían un papel importante en estos tiempos.

Otros trabajos de apoyo incluían la recaudación y la contabilidad del dinero y la alimentación, el vestido y el alojamiento de los levitas. Había muchas tareas y todos tenían que colaborar para seguir las leyes dadas por Dios. El libro de Levítico, que lleva el nombre de la familia, trata de sus obligaciones. El propósito principal de los deberes de los levitas era mantener al pueblo enfocado en las cosas correctas y poner continuamente ante Dios las ofrendas y sacrificios para expiar (obtener el perdón) por los muchos pecados del pueblo escogido por Dios, los israelitas. En resumen, Levítico describe cómo se debía adorar a Dios.

Es alentador saber que Dios concedió este privilegio especial del sacerdocio a la familia de Aarón a pesar de que éste ayudó al pueblo a construir el becerro de oro, lo mismo que Dios les dijo que no hicieran. Aarón había sido un siervo fiel de Dios, y cuando cometió el gran error de construir el ídolo de oro, se arrepintió y Dios lo perdonó[6]. Es un recordatorio para nosotros de que, como Aarón, cometeremos errores. Recuerde que cuando lo haga debe arrepentirse pidiéndole a Dios que lo perdone. Y recuerde también que el arrepentimiento es más que lamentarse por haber sido sorprendido haciendo algo malo; más bien, es estar verdaderamente disgustado por haber hecho algo malo y prometer no volver a hacerlo[7]. Sé que será difícil mantener la promesa de no volver a fallar, pero es importante que haga lo mejor que pueda. Lo que hay en su corazón es lo que cuenta para Dios. Y si realmente quiere hacer lo correcto, Él lo sabrá incluso cuando vuelva a equivocarse. ¿Hay algo por lo que necesite pedirle a Dios que lo perdone?

Preguntas para profundizar

- ¿Cuál es el equivalente a un becerro de oro en su vida? Es decir, ¿qué hace que sea más importante que Dios?
- ¿Se dio cuenta de que Aarón culpó a la gente en lugar de admitir su propia debilidad? ¿Alguna vez le ha dicho a sus padres que sus amigos lo convencieron de hacer algo malo o que fue su culpa? ¿Alguna vez ha culpado a otros por sus propias decisiones o acciones?
- Dios tiene una tarea especial para todos nosotros en esta vida. ¿Sabe cuál es la suya? Si no es así, mantenga los ojos y los oídos abiertos a Dios; un día verá o escuchará.

Para estudio adicional

1. Hebreos 8:4-5: Las leyes son una copia de las cosas celestiales.
2. Hebreos 2:14, 17: Jesús cumplió la ley venciendo a la muerte y quitando nuestros pecados.
3. Hechos 7:38: Moisés estaba en el monte Sinaí para recibir las leyes.
4. Gálatas 4:9: Mas ahora, conociendo a Dios, o más bien, siendo conocidos por Dios, ¿cómo es que os volvéis de nuevo a los débiles y pobres rudimentos, a los cuales os queréis volver a esclavizar?
5. Hechos 7:38-41: Mientras Moisés estaba en el monte Sinaí recibiendo las leyes, el pueblo no quiso ser obediente, sino que volvió su corazón a Egipto, diciendo a Aarón: Haznos dioses que vayan delante de nosotros; porque a este Moisés, que nos sacó de la tierra de Egipto, no sabemos qué le haya acontecido. Entonces hicieron un becerro, y ofrecieron sacrificio al ídolo, y en las obras de sus manos se regocijaron.

6. 1 Juan 1:9: Si confesamos nuestros pecados, él es fiel y justo para perdonar nuestros pecados, y limpiarnos de toda maldad.
7. 2 Corintios 7:9-10: Ahora me gozo, no porque hayáis sido contristados, sino porque fuisteis contristados para arrepentimiento; porque habéis sido contristados según Dios, para que ninguna pérdida padecieseis por nuestra parte. Porque la tristeza que es según Dios produce arrepentimiento para salvación [este pasaje es la mejor explicación del verdadero arrepentimiento].

Moisés guía al pueblo de Dios a la tierra prometida

Éxodo 32, Levítico, Números y Deuteronomio

Hacia la tierra prometida

Después de que Moisés recibiera los Diez Mandamientos, los israelitas se dirigieron a la tierra prometida. El pueblo se arrepintió de haber construido el becerro de oro y siguió a Moisés, que seguía a Dios. Dios prometió guiarlos mediante una nube durante el día y un fuego por la noche. Moisés visitaba a Dios con regularidad, y después de cada visita su rostro tenía un resplandor que irradiaba tanto que la gente tenía miedo de acercarse a él. Así que Moisés se puso un velo sobre el rostro hasta que el resplandor se desvaneció.

Los israelitas tardaron un año en viajar desde el monte Sinaí, donde Moisés recibió las leyes, hasta el borde de la tierra prometida. Dos millones de personas no podían desplazarse muy rápido; además, la tierra entre Egipto y Canaán era en su mayor parte desértica. Finalmente los israelitas llegaron a la frontera sur de Canaán. Moisés envió a un líder de cada una de las doce tribus de Israel para confirmar que la tierra "fluía leche y miel", como Dios había prometido. Esto significaba que era un lugar maravilloso para criar sus ovejas y ganado y cultivar sus cosechas de trigo, uvas y otras frutas y verduras. Estos doce líderes también recibieron instrucciones de evaluar la fuerza de la gente que habitaba la tierra. Los líderes, actuando como espías de los israelitas, la encontraron tal como Dios había prometido. Después de pasar cuarenta días explorando la tierra, los espías llegaron a Moisés con un informe brillante y trajeron muestras de los maravillosos frutos. Sin embargo, el informe también venía con una gran preocupación sobre la fuerza de la gente que vivía en la tierra.

Los líderes tenían miedo de los habitantes de la tierra prometida y advirtieron que los israelitas no podrían vencer a los habitantes de Canaán, muchos de los cuales vivían en ciudades fortificadas; algunos eran incluso gigantes. Diez de los líderes suplicaron a Moisés que encontrara otro lugar distinto a Canaán para que los israelitas vivieran. Los otros dos líderes, Josué y Caleb, le dijeron a Moisés que con la ayuda de Dios podrían derrotar a los cananeos. Estos dos estaban listos para la batalla y recibir la promesa de Dios. Los otros dijeron a los israelitas que los gigantes de Canaán devoraban a sus enemigos y que "somos como saltamontes a sus ojos". Creo que muchos de nosotros también estaríamos asustados.

Así que los israelitas volvieron a clamar a Dios: "¿Por qué nos has sacado de la tierra de Egipto para caer a espada? Nombremos un líder y volvamos a Egipto". Moisés y Aarón se postraron, y Josué y Caleb se rasgaron las vestiduras para mostrar su humildad ante Dios y su desacuerdo con el pueblo. Josué y Caleb dijeron a los israelitas "la tierra es sumamente buena" y "si el Señor se complace en nosotros, nos la dará". Justo cuando el pueblo estaba a punto de apedrear a Josué y Caleb, la gloria del Señor se presentó ante los hijos de Israel y se dirigió a Moisés preguntándole: "¿Hasta cuándo no me creerá este pueblo, a pesar de todas las señales que les he hecho?".

Al ver todo lo que Dios había hecho por ellos, podemos ver por qué Dios estaba tan frustrado con su familia. ¿No podían ver todos los milagros que había hecho por ellos? Y si fuera así, ¿por qué no podían confiar en que Dios se encargaría de unos cuantos gigantes? Esta vez Dios se hartó.

Se retrasa la entrada a la tierra prometida

Cuando Dios describió cómo planeaba destruir a los israelitas, Moisés volvió a suplicar a Dios que los perdonara y Dios accedió. Pero prometió que ninguno de los hombres mayores de veinte años podría entrar en la tierra prometida, excepto Josué y Caleb. Dios llegó a la conclusión de que, como el pueblo no tenía suficiente fe para confiar en Él, no recibirían el privilegio de vivir en la tierra prometida a los descendientes de Abraham. A veces nuestro pecado y nuestra falta de fe en Dios son tan graves que Dios tiene que castigarnos más severamente de lo que querría; sin embargo, debe castigarnos por nuestro pecado para que aprendamos la lección y para que se haga su voluntad en la tierra como en el cielo[1].

Así que, como castigo por su pecado, la nación de Israel tuvo que vagar por el desierto durante cuarenta años hasta que todos los hombres mayores de veinte años perecieron. Posteriormente, a Caleb se concedería elegir primero la tierra para su familia debido a su fidelidad, y Josué sería elegido para tomar el lugar de Moisés y conducir al pueblo a la tierra prometida cuarenta años después. A pesar del castigo de Dios, permaneció con el pueblo, guiándolo de día y de noche. Siguió proporcionando maná (el pan dulce que alimentaba al pueblo) todas las mañanas, y durante los cuarenta años sus ropas nunca se rompieron ni sus zapatos se desgastaron.

Esta es otra ocasión en la que tenemos mucho que aprender de la historia de los israelitas. En primer lugar, como hemos visto antes, Dios está dispuesto a perdonarnos cuando somos desobedientes y no estamos dispuestos a hacer lo que nos dice[2]. Y hay veces que espera más de nosotros y, si somos desobedientes a su Palabra, debemos aceptar la disciplina que se nos impone[3]. Por otro lado, cuando apoye a Dios aunque todos los demás se aparten, es muy posible que sea recompensado como lo fueron Josué y Caleb[4].

La tierra prometida es para todos

¿Por qué es tan importante la tierra prometida? En primer lugar, fue una promesa que Dios hizo a Abraham. Dios quería que Abraham y sus descendientes vivieran en un lugar propio para poder cuidar de ellos. Iba a ser un lugar tan excepcional que esta familia especial podría vivir sin necesidad de ayuda de nadie más; se llamaba la tierra que mana leche y miel porque la tierra les proporcionaba abundantemente todo lo que necesitaban.

En segundo lugar, tal vez recuerde que Dios escogió a una familia, Abraham, Isaac, Jacob y sus descendientes, para apartarlos del resto del mundo. Dios quería que todos lo siguieran, pero todos eran tan egoístas que finalmente tuvo que escoger a una sola familia. A través de esta única familia, Dios podría traer un día a todas las naciones y a todas las familias de vuelta a Él, mediante el hijo prometido de Abraham y a través del Hijo de Dios, Jesucristo. Por lo tanto, esta tierra prometida sería un lugar donde se serviría a Dios, se le amaría y se le adoraría. Tuvo que pasar mucho tiempo para que esto ocurriera, pero cuando finalmente ocurrió, Dios estaba listo para enviar a su Hijo para que se uniera a nosotros aquí en la tierra.

Así que en este lugar especial tenemos a un Dios amoroso que se preocupa tanto por nosotros que envió a su único Hijo a morir y resucitar para salvar a todos los que creen. Esta no es solo una tierra prometida para los israelitas; es el lugar de Dios para todos nosotros. Por eso, hasta el día de hoy, personas de todo el mundo viajan a esta tierra prometida para orar y adorar a Dios. Y piense en esto: la tierra prometida es simbólicamente el mundo de Dios (el cielo) donde promete que un día viviremos con Él para siempre. Por lo tanto, también es nuestro lugar.

Preguntas para profundizar

- ¿Alguna vez ha tenido miedo como el pueblo de Israel? Los gigantes me dan mucho miedo. Entiendo por qué los israelitas no querían luchar contra ellos. Pero nosotros también debemos aprender a seguir los caminos de Dios y afrontar los peligros que conlleva hacerlo a su manera. Si tiene miedo de sacar una mala nota en la escuela, puede tener la tentación de hacer trampa. Si no hace trampa, ¡puedes sacar una mala nota! Pero ¿qué pasa si hace trampa y luego lo atrapan? Realmente estaría en problemas, que es mucho peor que tener una mala nota. Así que aprenda a seguir las reglas de Dios y al final ganará la victoria y recibirá grandes recompensas que Dios tiene reservadas para usted.
- Explique cómo se sentiría si fuera Josué o Caleb y Dios les dijera a todos lo orgulloso que está de usted y cómo piensa recompensarlo.
- Hemos recibido muchas bendiciones y dones de Dios y, sin embargo, nos cuesta seguir los caminos de Dios. Por ejemplo, ¿por qué es tan difícil ser amable con nuestro hermano o hermana y tan fácil enfadarse en el trabajo cuando algo no sale como queremos? ¿Siente ahora que la tierra prometida también es suya?

Para estudio adicional

1. Mateo 6:10: Venga tu reino. Hágase tu voluntad, como en el cielo, así también en la tierra.
2. Romanos 5:8-11: Mas Dios muestra su amor para con nosotros, en que siendo aún pecadores, Cristo murió por nosotros. Pues mucho más, estando ya justificados en su sangre, por él seremos salvos de la ira. Porque si siendo enemigos, fuimos

reconciliados con Dios por la muerte de su Hijo, mucho más, estando reconciliados, seremos salvos por su vida.

3. Santiago 3:1: Los maestros incurren en mayor condenación.
4. 1 Corintios 3:8: Y el que planta y el que riega son una misma cosa; aunque cada uno recibirá su recompensa conforme a su labor.

Moisés: Balaam y la asna que habla: Parte 1

Números 22-25, 31

Los cuarenta años de los israelitas en el desierto están a punto de terminar y la nación de Israel se dirige de nuevo a la tierra prometida. Las historias de su huida de Egipto, la separación del mar Rojo y las batallas ganadas durante los cuarenta años en el desierto, eran bien conocidas por el pueblo de Canaán que vivía en la tierra prometida. Tenían miedo de lo que Israel pudiera hacerles. Imagine a dos millones de personas viajando por su país; sería como una plaga de hormigas o saltamontes devorando su campo. Cualquiera que intentara detenerlos perdería por muy fuerte que fuera, porque Dios estaba allí para proteger al pueblo escogido.

Mientras Moisés guiaba a la familia de Dios hacia la tierra prometida, entraron en la tierra de Moab. Aquí, escondida en el libro de Números, se encuentra una de las historias más divertidas pero en gran parte desconocidas de toda la Biblia. Aquí se nos cuenta que una asna mantuvo una conversación con un hombre. Aunque entretenida y divertida, esta historia está llena de ricas lecciones de las que podemos aprender mucho.

El rey de Moab pide ayuda al hombre de Dios, Balaam

Balac, el rey de Moab, tenía miedo del pueblo de Israel y estaba asustado por lo que este pueblo podría hacerle a su país, ya que había escuchado las historias del poderoso poder de Dios y la protección de los israelitas. Balac escuchó hablar de Balaam, un hombre de la tierra de Madián que tenía una relación especial con el Dios de Israel. Madián era uno de los hijos de Abraham que nació después de la muerte de Sara. Así que el nombre de Dios era conocido e incluso adorado fuera de la familia de Jacob. Era ampliamente conocido que Balaam era un gran hombre de Dios que a quien bendecía, ese hombre era bendecido (lo que significa que le sucedían cosas buenas), y a quien maldecía, ese hombre era maldecido (lo que significa que le sucedían cosas malas). Balac envió a sus hombres para llevar a Balaam a Moab.

Esta es la primera de las muchas lecciones que podemos aprender de esta historia. Balac no tenía que preocuparse por los israelitas porque solo querían pasar por su tierra. La tierra de Moab no era parte de la tierra prometida. Los moabitas eran descendientes de Moab, el hijo de Lot, y Dios no iba a dar su tierra al pueblo de Israel. Pero Balac no adoraba a Dios, y no se le ocurrió que habría sido mucho mejor hacer amistad con los israelitas y permitirles un paso seguro por su reino. En cambio, el miedo se apoderó de él y reaccionó en consecuencia[1].

Balac estaba dispuesto a dar grandes riquezas a Balaam si éste ofrecía una maldición sobre esta gente que invadía su tierra. Balaam estaba muy interesado en las riquezas prometidas por los hombres de Balac, pero les dijo que no podía hacer nada contrario al mandato de Dios. Así que consultó a Dios si debía cumplir la petición de Balac. Dios le dijo a Balaam que no fuera con los hombres del rey, diciendo: "No maldecirás a este pueblo; está bendecido". Así que Balaam envió a los hombres a casa y se negó a viajar a Moab.

Cuando Balac se enteró de las malas noticias, envió líderes adicionales, más numerosos y más distinguidos con más riquezas que el primer grupo. Volvieron a Balaam con este mensaje del rey: "Que nada, te ruego, te impida venir a mí; porque ciertamente te honraré ricamente y haré todo lo que digas; solo ven a Moab y maldice a este pueblo". Esta idea de grandes riquezas realmente llamó la atención de Balaam, así que consultó a Dios por segunda vez. Esta vez Dios le dijo que podía ir con esos hombres, así que Balaam montó su asna y se dirigió a Moab. Pero en realidad Dios estaba muy enojado con Balaam por haber preguntado por segunda vez. ¿Alguna vez ha deseado tanto algo que lo ha tomado a pesar de que sus padres le dijeron que no lo hiciera? ¿Se ha metido en problemas? Veamos cómo trataría Dios a Balaam por este error.

Una asna que habla para enderezar a Balaam

Cuando Balaam comenzó su viaje a la tierra de Moab, Dios envió a su ángel como un enemigo contra Balaam. El ángel se colocó directamente en el camino que recorría Balaam. Cuando la asna vio al ángel con su espada desenvainada, se apartó y corrió hacia un campo cercano para escapar del ángel. Balaam se enfadó y golpeó a su asna para

que volviera al camino; porque, como ve, Balaam no podía ver al ángel. Más adelante en el camino, el ángel se puso de nuevo en el sendero. Esta vez se colocó en el camino donde cada lado estaba amurallado con viñedos para que la asna no pudiera escapar al campo. La asna de Balaam se pegó todo lo que pudo al lado derecho del camino y apenas pudo escapar del ángel con su espada desenvainada. Mientras se apretaba junto al ángel, el pie de Balaam golpeó la pared, y mientras gritaba de agonía volvió a golpear a su asna por causarle tanto dolor. Balaam no se dio cuenta de que ella lo había salvado de la espada del ángel.

Finalmente, el ángel se colocó en el camino, pero esta vez se situó frente a un túnel y no dejó espacio para que la asna pudiera pasar por ambos lados. Así que la asna de Balaam simplemente se sentó en medio del camino. Balaam se puso tan furioso que comenzó a golpearla por tercera vez. Entonces Dios abrió la boca de la asna para que hablara. Sí, sé que es increíble que una asna hable, pero esto es lo que dice la Biblia. La asna preguntó: "¿Qué te he hecho, que me has azotado estas tres veces?". Entonces Balaam le respondió: "Porque te has burlado de mí. ¡Ojalá tuviera espada en mi mano, que ahora te mataría!". La asna le dijo entonces a Balaam: "¿No soy yo tu asna? Sobre mí has cabalgado desde que tú me tienes hasta este día; ¿he acostumbrado hacerlo así contigo?". "No", respondió Balaam[2]

Ahora, creo que esta es una conversación fantástica. Ya es bastante extraño que tengamos a una asna hablando. Pero es aún más asombroso que Balaam esté hablando con mucha naturalidad con la asna, como si lo hubiera hecho muchas veces antes. Creo que yo me habría quedado tan sorprendido que me habría quedado sin palabras. Tal vez estaba tan enfadado con la asna que no se dio cuenta de lo que estaba haciendo. O tal vez estaba tan avergonzado de que su asna se comportara de esa manera frente a estas personas importantes del rey de Moab. Cualquiera que sea la razón, esta conversación es notable. Piense en lo que habrán pensado los que iban con Balaam.

Entonces el Señor abrió los ojos de Balaam y vio al ángel del Señor de pie en el camino, al pie del túnel, con la espada desenvainada. Balaam se inclinó entonces ante el ángel, que habló a Balaam diciendo: "¿Por qué has azotado tu asna estas tres veces? He aquí yo he salido para resistirte, porque tu camino es perverso delante de mí. El asna me ha visto, y se ha apartado luego de delante de mí estas tres veces; y si de mí no se hubiera apartado, yo también ahora te mataría a ti, y a ella dejaría viva". ¿Estamos tan atentos a lo que queremos que no vemos lo que hasta un burro puede ver?

Sí, he utilizado el término "burro" para llamar su atención. Es otro nombre para un asno, pero describe mejor cómo actuaba Balaam.

Balaam respondió como Dios quiere que respondamos nosotros cuando contestó: "He pecado; mas ahora, si te parece mal, yo me volveré". Cuando fallamos y nos damos cuenta de nuestro error, incluso si somos tan testarudos que hace falta un burro para enderezarnos, debemos arrepentirnos inmediatamente volviéndonos a Dios y preguntándole qué quiere que hagamos. Y lo que es más importante, debemos estar dispuestos a hacer lo que Él diga[3].

Por el momento, Balaam estaba dispuesto a escuchar y volver a Dios. Así que el ángel le permitió continuar su viaje, pero le advirtió a Balaam que solo hablara lo que Dios le dijera. Tenemos que aprender de esta historia que Dios forma parte de nuestras vidas mucho más de lo que creemos y que nosotros, como Balaam, tenemos acceso a Él para averiguar lo que quiere para nosotros. A menudo estamos tan preocupados y ocupados con lo que queremos que nos olvidamos del camino de Dios y de lo que nos ha dicho. Dios siempre puede hablarnos como le habló a Balaam, pero la mayoría de las veces aprendemos el camino de Dios leyendo la Biblia y dedicando tiempo a sentarnos tranquilamente a pensar en Dios y a escuchar para que Él comparta con nosotros en nuestro corazón y nuestra mente[4]. ¿Está dispuesto a darle una oportunidad a Dios? Él quiere su atención. Quién sabe, puede que incluso reciba la visita de un ángel sin ser consciente de ello[5].

Preguntas para profundizar

- ¿Cómo se sentiría si viera a dos millones de personas invadiendo su ciudad? ¿Tendría miedo? ¿Recurriría a Dios en busca de ayuda?
- ¿Qué piensa sobre Balaam? ¿Querría usted todo el dinero que el rey quería darle a él?
- ¿Qué opina del hecho de que la asna vio al ángel con la espada dispuesto a matar a la persona que se acercara a él?
- ¿Cómo se habría sentido al escuchar a una asna hablar con usted?
- Piense en esta historia sobre un ángel con una espada y una asna que habla. ¿Cree que es cierta? Piense en esto: si Dios es lo suficientemente sabio y poderoso como para crearlo, ¿no cree que podría enviar un ángel para que lo viera y también hacer hablar a una asna?

Para estudio adicional

1. 1 Pedro 2:13-16: Por causa del Señor someteos a toda institución humana. Porque esta es la voluntad de Dios: que haciendo bien, hagáis callar la ignorancia de los hombres insensatos; como libres, pero no como los que tienen la libertad como pretexto para hacer lo malo.
2. 2 Pedro 2:15-16: Balaam, por amor al dinero, recibió una reprimenda por su propia transgresión por parte de una asna muda que hablaba con voz de humano y como resultado frenó la locura del profeta.

3. 1 Juan 1:9: Si confesamos nuestros pecados, él es fiel y justo para perdonar nuestros pecados, y limpiarnos de toda maldad.
4. Hebreos 8:10: Dios hace un nuevo pacto en el que pone sus leyes en nuestras mentes y las escribe en nuestros corazones.
5. Hebreos 13:2: No os olvidéis de la hospitalidad, porque por ella algunos, sin saberlo, hospedaron ángeles.

Moisés: Balaam y la asna que habla: Parte 2

Números 22-25, 31

Dios da su bendición incluso cuando Israel no lo sabe

En nuestra última historia dejamos a Balaam viajando a Moab para ayudar al rey Balac bajo la condición de que se sometiera a las directivas de Dios. Bueno, Balac se emocionó al ver a Balaam y corrió a su encuentro tan pronto como Balaam cruzó a Moab. Balac preparó todo para Balaam y siguió todas sus instrucciones porque estaba ansioso de que Balaam maldijera a esta gente que se atrevía a cruzar su tierra. Pero Balaam insistió en que solo podía hablar según las instrucciones de Dios. Se levantaron altares y se sacrificaron un carnero y un buey en cada uno de los siete altares.

Balaam encontró un lugar tranquilo para buscar la Palabra de Dios. Balac se molestó mucho cuando Balaam bendijo a la nación de Israel en lugar de maldecirla. Balac le recordó a Balaam que solo se le pagaría si maldecía a los israelitas. Balaam volvió a recalcarle a Balac que solo podía hablar la Palabra de Dios. Balac sugirió que lo intentaran de nuevo, esta vez en la frontera de Israel, donde la Palabra de Dios no sería tan fuerte. Pero de nuevo Balaam dio una bendición. Después de que

Balac exigió que Balaam lo intentara por tercera vez, lo cual no resultó en una maldición, lo envió a casa.

El pueblo escogido no se enteró de todos los intentos de Balac de maldecir a Israel ni de todas las bendiciones otorgadas por Balaam. Dios los estaba protegiendo, pero ellos no tenían ni idea de lo que estaba ocurriendo a su alrededor. Creo que deberíamos ser conscientes de que Dios a menudo está ahí para protegernos y cuidarnos incluso cuando no nos damos cuenta[1]. Por desgracia, los israelitas, como nosotros, estaban tan consumidos por los asuntos cotidianos de la vida que no buscaban a Dios ni seguían sus leyes[2]. Veremos que esta falta de atención a Dios y a sus caminos los meterá en problemas. ¿Sabía que Dios se preocupa por usted? Sí, en todo quiere lo mejor para usted, aunque a menudo no nos demos cuenta de que está ahí.

El mal encontrará un camino, pero Dios asegurará la victoria

Al principio Balac y Balaam estaban muy desanimados. Balac pensó que su tierra estaba perdida y Balaam no recibió las riquezas que quería. Desgraciadamente, Balaam no pudo olvidarse de ello porque estaba muy interesado en las riquezas que Balac le había prometido. Cedió a sus deseos por las cosas materiales de la vida y decidió abandonar a Dios[3]. Balaam aconsejó a Balac sobre cómo hacer que los israelitas cayeran en el pecado y, por lo tanto, perdieran la bendición de Dios, al menos por un momento. Sugirió que Balac invitara a los israelitas a participar en las ceremonias religiosas de los moabitas, que incluían la adoración de ídolos y la realización de actos inmorales, o pecaminosos, con las mujeres del templo.

Balaam sabía que si los israelitas pecaban contra Dios, perderían su protección[4]. Los israelitas aceptaron la invitación de Balac, y el truco de Balaam habría funcionado si no fuera por un hombre de Dios entre el pueblo escogido.

Finees, el nieto de Aarón, vio lo que estaba sucediendo y puso fin a todo el pecado matando al israelita que estaba llevando al pueblo a unirse a los malos caminos. Este acto llamó la atención de Dios. Quedó tan impresionado por las acciones de Finees que Dios desvió su ira de los israelitas y ayudó en la batalla para destruir a los ejércitos de Moab y a la gente de Madián, incluyendo a Balaam por su parte en el asesoramiento a Balac.

¿Con quién se compararía en esta historia? ¿Es como Balac, el líder que sabía quién era Dios, pero estaba tan ocupado protegiendo sus propios intereses que no se preocupó por Dios y siguió su propia manera de vivir, adorando a quien y a lo que quería? ¿O es usted como el pueblo de Moab, que seguía a su líder en el camino de la destrucción, sin molestarse en pensar por sí mismo? ¿Por ejemplo, dejando que su iglesia y su país lo alejen de las cosas de Dios?

¿O es como la nación de Israel, que no se daba cuenta de lo que ocurría a su alrededor porque estaban tan involucrados en sus asuntos cotidianos que Dios no era importante para ellos? En la actualidad, a menudo estamos demasiado ocupados con nuestro trabajo, nuestros deberes, el fútbol, el baile o los videojuegos. Tanto es así que cuando algo en este mundo parece bueno y atractivo, podemos unirnos a ello sin darnos cuenta de que caemos tanto en el pecado contra Dios y su plan que perdemos su favor.

O es como Finees, que estaba dispuesto a luchar por Dios. Con demasiada frecuencia creemos que es otro quien debe defender lo que es correcto. O pensamos que una sola voz no puede marcar la diferencia; pero usted puede ser esa voz que Dios elige para llevarnos de vuelta a Él. O tal vez haya personas con las que tenemos que compartir el amor de Dios.

Ruego que ninguno de ustedes se convierta en un hombre como Balaam, que una vez fue claramente un hombre de Dios. Balaam era un hombre tan cercano a la mente y los caminos de Dios que a quien bendecía, Dios lo bendecía, y a quien maldecía, Dios lo maldecía. Sin embargo, renunció a Dios por amor al dinero y al poder[5]. El error de Balaam fue tan grande que los escritores del Nuevo Testamento señalan un punto importante para advertirnos sobre sus caminos: debemos tener cuidado de no abandonar el camino correcto y "no seguir los caminos de Balaam, que amó el salario de la injusticia"[6]. Y también: "¡Ay de ellos! [...] que se lanzaron por lucro en el error de Balaam"[3].

Tenemos que ser como Finees, que acudió al rescate de Dios y se unió a Él con su celo. Como él, usted puede ser el que defienda lo que es correcto, una voz solitaria en el desierto. Creo que si lo hace, descubrirá que hay otros que están de acuerdo con su postura, pero que tienen demasiado miedo de dar un paso por temor a la venganza, a la crítica, a que se rían de ellos o a que los persigan por ponerse del lado de Dios cuando parece que todo el mundo nos dice que sus caminos son tontos o anticuados. Póngase del lado de Dios y Él se pondrá del lado suyo. Pruébelo y verá cómo se siente su corazón después.

Preguntas para profundizar

- Comente los errores de cada grupo/persona en esta historia:
- Balac
- Los moabitas
- Balaam
- El pueblo de Israel
- ¿Cómo podrían haber evitado sus errores?
- ¿Cómo salvó Finees a Israel de la ira de Dios? ¿Estaría dispuesto a honrar a Dios y ser tan obediente cuando nadie más lo hacía?

Para estudio adicional

1. Mateo 18:10: Mirad que no menospreciéis a uno de estos pequeños; porque os digo que sus ángeles en los cielos ven siempre el rostro de mi Padre que está en los cielos.
2. 2 Timoteo 2:4: Ninguno que milita se enreda en los negocios de la vida, a fin de agradar a aquel que lo tomó por soldado.
3. Judas 11: ¡Ay de ellos! porque han seguido el camino de Caín, y se lanzaron por lucro en el error de Balaam, y perecieron en la contradicción de Coré.
4. Apocalipsis 2:14: Pero tengo unas pocas cosas contra ti: que tienes ahí a los que retienen la doctrina de Balaam, que enseñaba a Balac a poner tropiezo ante los hijos de Israel, a comer de cosas sacrificadas a los ídolos, y a cometer fornicación.
5. Números 31:16: He aquí, por consejo de Balaam ellas fueron causa de que los hijos de Israel prevaricasen contra Jehová en lo tocante a Baal-peor, por lo que hubo mortandad en la congregación de Jehová.
6. 2 Pedro 2:15-16: Los moabitas siguieron el camino de Balaam, que por amor al dinero recibió una reprimenda de un asno, que hablaba con voz de hombre.

Moisés: El final de su ministerio

Números y Deuteronomio

Moisés era más cercano a Dios que cualquier otro hombre que haya vivido, aparte de Jesús. Dios se aseguró de que Moisés sobreviviera su niñez haciendo que la hija del Faraón lo adoptara para que creciera en el palacio del rey. Luego Dios protegió a Moisés durante sus cuarenta años viviendo en un país extranjero hasta que un día Dios lo llamó para liberar a su pueblo escogido. Durante los últimos cuarenta años de la vida de Moisés, estuvo bajo el cuidado de Dios las veinticuatro horas del día. Se encontró con Dios durante cuarenta días y cuarenta noches en el monte Sinaí. En una ocasión, durante estos cuarenta días, Dios permitió a Moisés ver su espalda al pasar por delante de él. Era tan cercano a Dios que cada vez que regresaba con los israelitas después de visitar a Dios, el rostro de Moisés brillaba por la gloria de estar en la presencia de Dios.

Moisés estuvo bajo el cuidado de Dios toda su vida, pero Moisés no era perfecto. Por ejemplo, Dios se enfadó con Moisés en la zarza ardiente porque se resistió fuertemente a la orden de Dios de que regresara a Egipto para liberar al pueblo escogido. Sin embargo, a Dios le molestó aún más que Moisés no le reconociera debidamente el mérito de haber proporcionado agua durante los cuarenta años de los israelitas deambulando en el desierto. Dios le pidió a

Moisés que le hablara a la roca, pero Moisés optó por golpear la roca dos veces como lo había hecho años antes.
Moisés se basó en su conocimiento de lo que había funcionado en el pasado en lugar de confiar en Dios y realizar el acto como Dios le instruyó. Moisés fue castigado por este acto desobediente y no se le permitió entrar en la tierra prometida con el pueblo escogido. Murió antes de que los israelitas cruzaran el río Jordán y entraran a la tierra dada a sus antepasados.

Esto puede parecer un castigo fuerte por una indiscreción tan pequeña, pero Dios pasó tanto tiempo personal con Moisés que se esperaba mucho más de él que de cualquier otra persona que haya vivido antes[1]. Muchos de nosotros recibimos tanto hoy en día con nuestras casas, autos, calefacción, aire acondicionado, televisores, computadoras y videojuegos. Entonces, ¿cree que deberíamos estar dispuestos a prestar algo de atención a lo que Dios quiere? Tal vez deberíamos dedicar un poco más de tiempo a pensar cómo podemos ayudar a los que no tienen estas cosas bonitas.

Moisés, el hombre más manso de la tierra

Esta idea de que Moisés era cercano a Dios se demuestra mejor en el libro de Números. Pero veamos primero los antecedentes de los personajes.

La Biblia dice: "Moisés era muy manso, más que todos los hombres que había sobre la tierra". Un hombre humilde es alguien que pone a los demás antes que a sí mismo2. Pero además es mucho más; un hombre humilde y piadoso es aquel que es disciplinado y está bajo el control de Dios. En Mateo 11:28-30, Jesús nos dice:

Venid a mí todos los que estáis trabajados y cargados, y yo os haré descansar. Llevad mi yugo sobre vosotros, y aprended de mí, que soy manso y humilde de corazón; y hallaréis descanso para vuestras almas; porque mi yugo es fácil, y ligera mi carga[3].

Este mundo nos enseña que si alguien es manso es débil, que la gente pasará por encima de él y se aprovechará de él. Pero ve, incluso Jesús era manso. Y no creo que nadie pueda decir que era débil. Jesús era fuerte, disciplinado y estaba bajo el control de Dios, y nos llamó a comportarnos de la misma manera cuando dijo "llevad mi yugo" y dejar que nos guíe. Un buey se utilizaba para llevar cargas pesadas, pero para poder controlar a una bestia tan grande había que ponerle un yugo (collar) al animal para que hiciera lo que uno quería. Así que nuestra disposición a ponernos el yugo significa darle a Jesús el control sobre nuestras vidas. Sin embargo, Jesús promete que su "yugo es fácil" y la pesada carga o problema que nos pedirá que llevemos será ligera. El Jesús humano le dio a Dios el control mientras vivió aquí en la tierra, y Él a su vez nos ha pedido que lo hagamos por Él[4].

Como hombre manso, Moisés era disciplinado y seguía los mandamientos de Dios. No era débil; era poderoso. No nos gusta que alguien nos diga lo que tenemos que hacer; sin embargo, ¿puede empezar a ver por qué escuchar y hacer lo que Dios quiere que hagamos podría ser un mejor plan que lo que pensamos que es mejor?

Aarón y Miriam fueron la mano derecha de Moisés durante todo el Éxodo de Egipto. Si recuerdas, Miriam colocó a Moisés en el río Nilo en una cesta de juncos y luego vio cómo la hija del Faraón lo adoptó como si fuera suyo. Pero necesitaba una madre que amamantara a Moisés porque era un bebé recién nacido, así que Miriam se ofreció a conseguir una mujer hebrea (su madre) para que cuidara de Moisés hasta que tuviera la edad suficiente para estar solo. Aarón fue la voz de Moisés ante el Faraón, y recibió el honor de que él y sus descendientes fueran los sacerdotes que oraran y ofrecieran sacrificios a Dios por el pueblo escogido.

Ahora volvamos a la historia. Aarón y Miriam se sentían bien con ellos mismos y estaban orgullosos de su posición ante Dios. Como hermanos mayores de Moisés, Aarón y Miriam decidieron que podían juzgar a Moisés; así que criticaron a Moisés porque creían que había sido desobediente al casarse con alguien fuera de la familia judía. El Señor escuchó sus críticas y, enfadado, llamó a Moisés, a Miriam y a Aarón diciéndoles: "Salid vosotros tres al tabernáculo de reunión". Esto fue como si le llamaran a la oficina del director cuando sabía que había hecho algo malo; ¿recuerda pensar "oh no, ahora estoy en problemas"? Entonces el Señor bajó en una nube y se puso a la entrada de la tienda. Llamó a Aarón y a Miriam para que se acercaran y les dijo:

Oíd ahora mis palabras. Cuando haya entre vosotros profeta de Jehová, le apareceré en visión, en sueños hablaré con él. No así a mi siervo Moisés, que es fiel en toda mi casa. Cara a cara hablaré con él, y claramente, y no por figuras; y verá la apariencia de Jehová. ¿Por qué, pues, no tuvisteis temor de hablar contra mi siervo Moisés?

¿Cómo se sentiría si fuera Aarón o Miriam en este momento? La ira del Señor ardió contra Aarón y Miriam, y cuando Dios se fue, Miriam tenía lepra. Aarón le rogó a Moisés que no les echara en cara su pecado y que salvara a Miriam de la terrible enfermedad que Dios le puso.

Moisés pidió a Dios que sanara a Miriam y Dios accedió a hacer lo que Moisés le pedía, pero la hizo esperar siete días antes de quitarle la lepra como recordatorio de que debía seguir los caminos de Dios. ¿Deberíamos tener más cuidado antes de criticar a alguien que es un líder en nuestra iglesia? Aunque no lo estén haciendo todo bien, tal vez deberíamos escuchar a Dios antes de decir más de la cuenta.

Moisés, un verdadero hombre de Dios

Aunque no era perfecto, Moisés era realmente un hombre de Dios. Dios no permitió que ni siquiera personas piadosas como Aarón y Miriam hablaran en su contra. Al final, Dios llevó a Moisés al monte Nebo, que está justo enfrente de Jericó, el lugar donde los israelitas entrarían en la tierra prometida. Dios le mostró a Moisés toda la tierra desde Galaad hasta Dan (la costa mediterránea), y fue allí donde Moisés murió y fue enterrado en un lugar desconocido de Moab. Dios no solo lo honró durante su vida, sino que sigue honrándolo hoy. En el Nuevo Testamento vemos la evidencia de que Moisés es tenido en alta estima por todos los escritores del Nuevo Testamento. Además, Moisés finalmente pudo entrar en la tierra prometida cuando vino con Elías a encontrarse con Jesús en la famosa visita en el Monte de la Transfiguración[5].

A través de Moisés aprendemos que Dios está siempre con nosotros, aunque si somos desobedientes tengamos que pagar las consecuencias de nuestras acciones indebidas. Es decir, debemos ser castigados por no seguir a Dios. ¿Alguna vez ha sido castigado por algo que hizo mal? ¿No es bueno saber que cuando algún día esté ante Dios en la puerta del cielo, Él habrá olvidado (y perdonado) todas las cosas que hizo mal?

En resumen, mientras que el mundo llama débil a una persona mansa, aprendemos del ejemplo de Moisés, y aún más con Jesús, que si somos mansos cuando Dios nos dice que lo seamos, somos realmente fuertes. Cuando elegimos dejar que alguien se aproveche de nosotros estamos en control porque lo estamos haciendo a la manera de Dios. Cuando somos obedientes a la manera de Dios, Él hará grandes cosas a través de nosotros. Y recuerde, al final tendrá la victoria en lugar de la persona que lo trató mal o le hizo daño. Puede ver cómo Dios cuidó de Moisés cuando fue criticado por Aarón y Miriam. La próxima vez que alguien lo trate mal, sea amable a cambio y mire lo que pasa. Incluso si no cambia la actitud de la persona hacia usted, verá el beneficio de seguir a Dios de alguna otra manera especial. ¿No vale la pena intentarlo? Tenemos a Moisés y a Jesús como ejemplos para demostrar que sí.

Preguntas para profundizar

- ¿Cómo se sentirías si fuera el "gran amigo" de Dios? Moisés fue humilde y se dedicó a dar la gloria a Dios, y eso le hizo ser amigo de Dios, al menos tanto como un hombre puede serlo mientras vive en la tierra.
- ¿Alguna vez ha estado en una situación en la que alguien se haya aprovechado de usted? ¿Cómo se sintió? ¿Y si se hubiera reído por dentro y se hubiera dicho a usted mismo "dejaré que Dios se encargue de esto y no me preocuparé por lo que pase"? Dios podría llamar a la persona como lo hizo con Aarón y Miriam en esta historia.
- ¿Alguien lo ha tratado mal? ¿Cómo le respondió? Si respondió de la misma manera, probablemente empeoró el problema y acabó discutiendo. ¿Podría haber sido mejor si simplemente hubiera ignorado a la persona en lugar de responder?
- Miriam estaba siguiendo la ley que Dios dio cuando criticó a Moisés por casarse con una mujer fuera de la familia judía. Entonces, ¿por qué se enfadó Dios con Miriam?

Para estudio adicional

1. Santiago 3:1-9: Los maestros incurren en mayor condenación.
2. Filipenses 2:3: Nada hagáis por contienda o por vanagloria; antes bien con humildad, estimando cada uno a los demás como superiores a él mismo.
3. Mateo 11:28-30: Venid a mí todos los que estáis trabajados y cargados, y yo os haré descansar. Llevad mi yugo sobre vosotros [...] porque mi yugo es fácil, y ligera mi carga.
4. Filipenses 2:5-11: Jesús se humilló haciéndose hombre y asumió nuestras cargas y murió por nosotros y Dios lo exaltó. Nosotros debemos tener la misma actitud/mentalidad para servir a los demás.
5. Marcos 9:3-8: Moisés y Elías visitan a Jesús en el Monte de la Transfiguración.

Conclusión

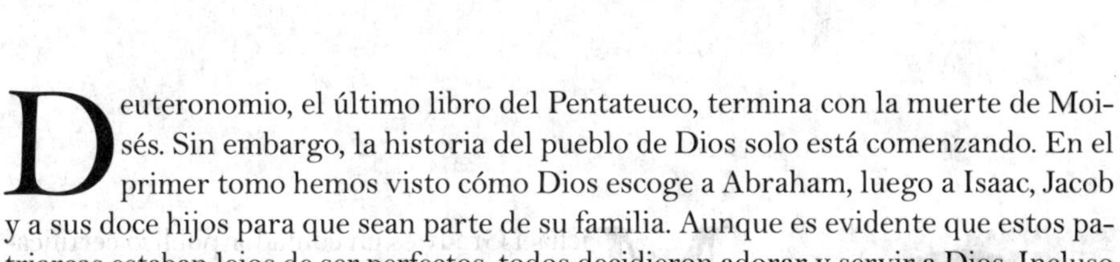

Deuteronomio, el último libro del Pentateuco, termina con la muerte de Moisés. Sin embargo, la historia del pueblo de Dios solo está comenzando. En el primer tomo hemos visto cómo Dios escoge a Abraham, luego a Isaac, Jacob y a sus doce hijos para que sean parte de su familia. Aunque es evidente que estos patriarcas estaban lejos de ser perfectos, todos decidieron adorar y servir a Dios. Incluso los doce hijos de Jacob al final terminaron en los caminos de Dios. Pero a medida que la familia crecía hasta llegar a ser más de dos millones de personas, nos dimos cuenta de que su voluntad de confiar en Dios vacilaba cada vez más.

Ahora, al final del Tomo 1, se renueva una esperanza. La familia escogida de Dios había vagado durante cuarenta años por el desierto y una nueva generación había alcanzado la mayoría de edad. La instrucción final de Dios a Moisés fue dejarle el liderazgo a Josué, quien fue escogido para guiar a los israelitas hacia la tierra prometida. Con mucho entusiasmo y anticipación, estaban listos para recibir la promesa que se le dió primero a Abraham: una tierra solo para ellos, un lugar para adorar sin interferencia de personas extrañas. Estaban listos para convertirse en una nación dedicada y al servicio del único Dios verdadero.

En el Tomo 2, veremos cómo les va. La vida no es fácil y las tentaciones de esta vida terrenal serán grandes. Pero Dios tiene expectativas. Es un Dios celoso que nos ordena honrarle y servirle. Sin embargo, afortunadamente, Dios es más bien un creador clemente y misericordioso que nos ama a pesar de nuestras acciones y reacciones. Al igual que en el Tomo 1, tendremos la oportunidad de aprender de sus fallas y logros.

Pero aquí también hay una historia más grande. Dios escoge a esta nación, su familia, para llevar a cabo su plan de salvar al mundo a través de su Hijo, Jesús. Sin embargo, Dios no podría enviar a este salvador prometido hasta que ellos solo lo sirvieran a Él. Primero tenían que establecer el concepto del verdadero Dios viviendo sus vidas según sus instrucciones, conocidas como la Ley de Moisés. No sería fácil, pero con un Dios misericordioso, todo es posible.

Espero que ya haya comenzado a ver el plan de salvación de Dios para toda la humanidad a través de su Hijo, Jesús. Además, hemos aprendido muchas lecciones prácticas de vida a través de las historias de los patriarcas que vivieron durante estos primeros tiempos bíblicos. Pero todavía hay mucho más que analizar, así que espero que continúe estudiando en la próxima serie, empezando por Josué y continuando con los reyes de Israel.

Sobre el autor

Michael Grady es un contador público certificado. Durante su carrera profesional, Michael se convirtió en un educador experimentado y en un orador profesional. Como resultado, ha escrito y presentado numerosos cursos a nivel de educación continua, cursos universitarios y presentaciones de publicidad.

Aunque ha tenido una exitosa carrera empresarial, le dirá que su ministerio cristiano es el aspecto más importante de su vida. Al igual que el apóstol Pablo hacía tiendas para mantener su ministerio, Michael da consejos a la gente. Es padre de un hijo y una hija y abuelo de tres nietos. Michael vive con su esposa, Nan, en Florence, Carolina del Sur.

Michael ha enseñado en la escuela dominical y en grupos de estudio bíblico de todas las edades (niños de primaria, adolescentes y adultos) durante más de treinta años. Continúa ejerciendo como orador invitado en múltiples iglesias, orador laico certificado dentro de la Iglesia Metodista Unida y líder de una asociación evangelística. Tiene una gran facilidad exponiendo todo tipo de temas cristianos. Michael ofrece charlas en iglesias, escuelas o eventos cristianos especiales. Cuenta con un equipo que puede organizar un evento dominical o durante un fin de semana entero que incluya enseñanzas bíblicas para todas las edades y servicios de adoración llenos de música y testimonios.

Esta serie de libros ha sido un deseo de Michael durante más de veinticinco años. A través de sus años como profesor, descubrió que muy pocas personas tienen un conocimiento básico de la Biblia. Para ayudar a los cristianos a aprender fuera de los servicios del domingo por la mañana, diseñó este libro de estudio en forma de historias. Estos volúmenes iluminan los mensajes bíblicos que brindan beneficios prácticos para nuestra vida diaria y recompensas eternas para todos los que creen en las buenas nuevas de Jesús.